U0612798

大汉女主

吕雉

江云 著

SPM
南方传媒
广东人民出版社
·广州·

图书在版编目（CIP）数据

大汉女主吕雉 / 江云著 . —广州：广东人民出版
社，2024.1（2025.2 重印）
ISBN 978-7-218-17091-6

Ⅰ . ①大… Ⅱ . ①江… Ⅲ . ①吕后（前 241—前 180）
—传记 Ⅳ . ① K827=341

中国国家版本馆 CIP 数据核字（2023）第 208893 号

DAHAN NÜZHU LÜ ZHI

大汉女主吕雉

江云 著

出 版 人：肖风华

项目监制：高 高
责任编辑：马妮璐
责任技编：吴彦斌 周星奎
装帧设计：WONDERLAND Book design
仙境 QQ:344581S34

出版发行：广东人民出版社
地 址：广东省广州市越秀区大沙头四马路 10 号（邮政编码：510199）
电 话：（020）85716809（总编室）
传 真：（020）83289585
网 址：http://www.gdpph.com
印 刷：三河市中晟雅豪印务有限公司
开 本：710mm×1000mm 1/16
印 张：21 字 数：242 千
版 次：2024 年 1 月第 1 版
印 次：2025 年 2 月第 2 次印刷
定 价：78.00 元

如发现印装质量问题，影响阅读，请与出版社（020-85716849）联系调换。
售书热线：（020）87716172

序言

纵观中国封建史和外国封建史，阅览传统正史和坊间野史，男性始终占据着历史舞台的绝对篇章，而女性在这舞台上仅有寥寥数笔。但在中国封建史中，却有三位女性不得不提及，她们分别是：中国第一位皇后（第一位"称制"女主）吕雉，中国第一位女皇帝武则天，中国最后一位临朝听政者慈禧。

从留存至今的历代史料分析，综合当代历史著作、文学创作和影视演义，记载介绍武则天和慈禧的题材作品较多。历史学家、文学著者和影视编剧，以不同载体演绎，向世人全面深刻阐释了武则天和慈禧的人物形象、心理特征及历史作为。但是由于史料的局限和诸多其他客观原因，无论是史学专著、文艺著作或者是影视作品，都未对吕雉做全面介绍，世人对吕雉人物形象、心理刻画和政治作为都缺乏基本的了解。

有些著作，对吕雉的描述过于简单粗暴，渲染其残暴和淫虐色彩，而本书笔者对史料细微梳理，将诸多历史资料碎片整理，深感吕雉身上演绎着世人所不甚了解的传奇人生：她是中国第一位皇后、第一位来自民间的皇后、第一位两度入狱的皇后、第一位临朝听政的皇太后、第一位称制执政的皇太后、第一位两度废立少帝的皇太后、第一位分封女性为侯的皇太后……俨然，吕雉是无可争议的中国历史上第一位实质意义上的女主。本书在充分尊重《史记》《汉书》和其他史料、学术著作的基础上，突出人物心理特征，全面把握人物外在形象，重点描述人物历史作为和历史地位影响，外加必要且合理的逻辑推演，尽可能为读者展示一位有血有肉、有情有义、有形有骨的大汉女主。

通观吕雉的一生，从公元前194年到公元前180年，她实际掌权天下15年，其间有8年时间是以皇太后的身份临朝称制。吕家的命运与她紧密相连，吕家从一户普通相面之家，因吕雉得道升天实现华丽转身，一跃成为权倾朝野的外戚派，也因吕雉去世而遭遇万劫不复的灭族境地。

吕雉的前半生除了联合父亲吕文为刘邦聚众叛乱充当秘密使者、为刘邦争权夺位而造势宣扬之外，她在反抗暴秦、楚汉争霸的历史舞台上出镜率非常之低。吕雉的后半生则表现出了过人的政治手腕和独到的政治眼光。司马迁评价吕雉"性格刚毅""佐高祖，定天下"，其中细腻的描述，极尽展示了她阴狠却又大爱的心理特征。

吕雉为刘邦争权而制造舆论；为建立新秩序而辅定朝纲；为稳固政权而杀韩信、酱彭越、逼卢绾、弑刘氏、封吕氏；为安刘保吕而大肆联姻；为平息外交风波而隐忍屈辱；为体恤民情而无为而治。吕雉因制造"人彘"事件而臭名昭著；因残杀三任赵王而万夫所指；因建筑"斗城"而民怨载道；因荒淫无道而受人唾弃；因大肆分封吕氏为王而让人敢怒不敢言；因两度废立少帝而让人咋舌；也因厉行"无为而治""依法治国"而让人敬仰。吕雉对待异姓诸侯王，除恶务尽，刻薄寡恩；对待戚姬母子及后宫佳丽，肆意虐杀，令人发指，赤裸裸地展示近乎病态的嫉妒和深入骨髓的复仇心理；对待刘氏宗室子弟，吕雉任意诛杀，妄加处置，其"家天下"思想贯穿始终。

　　本书共二十八章，洋洋洒洒二十余万言，全面介绍了她的出生、成长、婚姻、情感和台前幕后的诸多政治作为，笔者希望通过本书描述，让大家对大汉女主吕雉有全新的了解和认知。

目 录

第一章

待字闺中

战国是我国历史上第一段诸国混战且人才辈出的特殊时期，是一段兼并与被兼并的混沌历史。

连年征战、徭役、屠戮，伴随天灾、瘟疫，那时的百姓一心想的不是如何脱贫致富，而是如何能挣扎着活下去。

话说到了战国末期，秦、楚、齐、燕、韩、赵、魏七雄并立。经过战国百年风云际会，斗转星移，特别是经过秦国几代统治者的励精图治，秦国逐渐成为心最狠、手最辣、势力最大的大哥大，天下统一于秦的历史趋势已不可逆转。

除非你是秦国人，否则，想凭借一身蛮力，以高超武艺去建功立业已是徒劳；想偷师综艺节目主持人耍嘴皮子的技能，用纵横之术游说各国联合抗秦也已是痴心妄想。所以，你若生于秦国之外的国家，唯一出人头地的办法就是要有一技之长，不能靠一张小白脸吃饭。

当时社会首选热门技能专业，是相面之术。现代人看来，相面之术不过是江湖术士坑蒙拐骗的雕虫小技。可是在战国末期，当时没有普及教育，上至君王权臣，下至普通百姓，能识几个斗大字的人没几个，人们自然对相面这门专业怀有极大的敬畏之心。

自然科学的落后，导致诸多现象无法得到合理的解释，而渴求情感平衡的人们便求助以鬼神为代表的超自然"感神"心理帮助。

时代越早越是如此，比如我国历史上第一个有文字记载的朝代殷商，当时我国早已进入文明时代，社会生产力有了相当大的进步，有先进的农业生产方式、系统的政治军事和经济管理制度，但是商王面对国家所有大小事务，都还要借助占卜的方式询问神灵的意志之后才敢行动。殷墟发现的卜辞就是关于商王进行占卜的记录档案。

到了战国时代，科技水平有了很大的进步，人们对大自然的认识水平也有了相当的提升，但是相面、占卜之类的职业仍然有很大的社会市场。特别是当时社会动荡不安，人们对未来把握不定，很多事情还得依赖于求神问卜，就连国家官吏在处理日常行政事务时也离不开占卜相面。

1975年年底，在湖北云梦睡虎地秦墓中曾经出土一批秦朝竹简，其中就有一部分竹简记载的内容是《日书》，相当于我们后来说的皇历，不过内容较后来的皇历要复杂得多。那时，平头老百姓有个红白喜事琐碎家事要翻看《日书》，就连官吏查案断讼也要翻阅《日书》为断案依据。

那时，懂得求神问卜、相面观天的人，被称为"日者"。从事日者职业的人会得到大家的特殊尊敬，因为他们是人和鬼神之间的牵连者。老百姓不仅没有太多文化，而且胆子也很小，谁敢轻易得罪鬼神呢？相术是相者根据人的体貌特征，指示人的未来福祸吉凶，预测人生未来荣华富贵，所以相者的地位很高。

相者社会地位高，经济收入也不菲，不少青年才俊都梦想成为一名优秀的相面人，成为大家都爱戴拥护的知识分子，但相者也不是谁都能轻易成就的职业。他需要具备一套专门的知识，接受系统专业教育。在饭都吃不饱的战国末期，这就要求相者要有一定的家学渊源和经济实力。

在战国末期，有一个人一心向相，他名叫吕文。吕文，名文，字叔平，生卒不详，山东省单父县吕堌村人，世人后尊称其为吕公。吕文从小就是乖乖仔，小时候尊师敬长，长大了恪尽职守，捍卫道德操守。

要想在乱世之中安然立命，吕文从小就立志，不能去学偷鸡摸狗、坑蒙拐骗，要学就要学过人绝技。经过充分调研论证，他义无反顾地选择相面这一职业，开始了他潜心钻研相面之术的漫长人生历程。

吕文虽然四肢不勤、五谷不分，但他非常痴迷于相面之术，整日手捧相面书卷爱不释手。他凭借过人的天赋，并经过长时期的钻研专攻，终于学有所成，得到了当时相面界的广泛认可，并被素有相面"世界名家录"之称的《相经》所收录，可见他的相术水准绝非一般江湖术士所能比拟。《相经》可是一本全面深入记载了古代相面理论、方法和名人的专著。

也正是因为吕文身怀相面绝技，所以他的家庭经济条件相比一般人家要好很多。话说吕文和他老婆一共生育了五个子女：老大吕泽、老二吕释之、长女（由于历史文献上没有记载，对其基本信息不得而知）、二女儿吕雉、小女儿吕嬃。

这里，我们重点说一下吕雉。

那是公元前 242 年的一天，街上鸡飞狗跳，路人脚步匆匆。乌云

第一章 待字闺中

压城城欲摧；电闪雷鸣震心碎；狂风骤雨，倾如瓢。

一个女婴，嘤嘤啼哭，降临在山东省单父县吕堌村吕文家中。这个女婴就叫吕雉，她就是本书的主人公。

自从吕文喜得吕雉之后，他的内心便如泛滥的黄河一发不可收拾，隐隐蕴藏着一个不可告人的梦想。

吕文时常仰望天空、低头思忖、掐指观面，望着吕雉莫名出神，眼中涌岀坚毅光芒，口中亦似有若无、发出喃喃感慨。

吕文坚信，此女天庭饱满、地阁方圆、眉清目秀，贵相贵相，非一般富贵命。吕文暗暗地与自己较上了劲，梦想能运用相面之术为吕雉寻找真命天子，成龙化凤，光耀门楣。

吕文一生的成就，正应验了他的梦想，在吕雉28岁时，他将吕雉成功嫁给了又矬又穷的糟老头子——楚国沛县泗水乡乡长（亭长）刘邦，这且后话。

吕文为什么给女儿取名吕雉，正史上没有相关记载，杂家野史倒有这么一个传说，我们暂且不去纠结这个传说的真假，权且描述一番：

话说在山东省单父县吕堌村，村南二里地之外有一座小山，当地人称它为小兀山。在小兀山的山顶上有一块大青石，半截埋在山顶的土堆中。

在吕雉出生的前夕，吕堌村有一位猎人路过小兀山，远远看见大青石上落着一只异常美丽的大鸟，很像民间传说中的凤凰。

传说中的凤凰虽然谁都没真正见过，但猎人也知道凤凰是女神的化身，所以不敢肆意猎杀，反而又跪又拜，祈祷凤凰女神能保佑他牙好胃口好，吃嘛嘛香。

猎人回到村里后周身疲乏，为了解乏，来到了村里唯一的一间小酒馆，一屁股坐到正堂中央，龇着牙咧着嘴，将一条裤腿撸到小腿处，将腿搭到椅子上，让店小二上了廉价的酒菜，大口吃肉大碗喝酒。

话说这位猎人是一位八卦爱好者，为了丰富乡邻的业余生活，他充分发挥了将八卦进行到底的本色，三碗酒下肚之后，便吆三喝六地向其他食客描述那只落在大青石上，身披一身锦羽的大鸟。猎人借着酒意，绘声绘色，一口咬定那只大鸟就是传说中的凤凰。凤凰究竟是何物，谁也没见过，它只出现在民间传说之中和大家梦境之中。

猎人因为平日就有大喇叭的外号，吹牛皮吹习惯了，乡邻们自然不会轻易相信他的话。他便借着酒劲拍着胸脯对着灯发誓，与众人打起了赌约，约定第二天一同前往小兀山大青石处，探个究竟。

第二天一大早，猎人依约领着一群闲得发慌的村人去探寻那只传说中的美丽大鸟。二里地不算远，大家蜂拥而至，来到大青石旁，大青石上根本没有大鸟的身影，只见大青石上有数行清晰爪痕。

虽然大青石上留有爪痕，却也不能证明猎人所见的大鸟就是传说中的凤凰。本着娱乐为本的村民，兴致勃勃来到小兀山大青石旁，却连大鸟的一根毛都没看见。被扫了兴致，村民们自然就不干了，经过投票表决，一致认定猎人又吹破了牛皮，要处罚他。

猎人见乡邻们要处罚他，犹如哑巴吃黄连有苦说不出，虽然他平日里大话连篇，但是这次好不容易说了回真话，却被大家误解，不禁感叹自己点真倒霉，并暗暗思索着应对之策。

猎人的脑子不好使，但这回急中生智，眼珠一转，计上眉梢，那就请众人都敬重的人来论断此事吧，此人可是他们村的风水先生。

一袋烟的工夫，猎人屁颠颠连拉带拽地请来了村里的风水先生，因为走得急，风水先生上气不接下气地喘着粗气。稍作休息，风水先生便摆出了一副高深莫测的表情，眯着迷离眼，掐着兰花指，摇头晃脑，嘴里振振有词念个不停，身子围着大青石转了几圈，看了看、闻了闻。突然，风水先生一拍大腿，得出结论：小兀山周围百里之内定有贵人降临人世。

真是无巧不成书，吕堌村大户人家吕文的妻子那时已经怀孕。吕妻在梦中梦见了一只金色的大鸟，还若隐若现地听见了小兀山上有凤鸣之声，便从梦中惊醒。

无独有偶，吕文也做了个跟他老婆相似的梦。他梦见一只金喙长尾的大鸟飞进内室，梦醒当日，吕妻便生下了女婴。

因为夫妻二人都梦见了凤凰般的美丽大鸟，吕文便给刚出生的女儿取名为"雉"，自然是希望女儿能攀龙附凤，光宗耀祖。

据《山海经》记载，丹穴山上有一种鸟，"其状如鸡，五彩而文，名曰凤凰"，雉乃是凤的化形。

据民间另一说法，吕文之所以给女儿取名为"雉"，是基于"好生养"的角度出发。"雉"在民间也称为野鸡，古代有贱养的习俗，取名卑贱的名字可以避免鬼神作祟，从而保护儿女平安健康。与过往农村给娃娃取个阿猫阿狗铁蛋的小名，有异曲同工之妙。

上述关于吕雉名字由来的传说，不仅符合战国末期旧有的风俗，而且也符合吕文深谙相面之术的特点。当然，也不能排除后人对已成名之人的阿谀奉承，无端增添些许神秘感，好给人一种神圣无形的威慑力。

且不论吕雉名字由来归因，至少表明吕文对女儿寄予了无限的希望和期许。吕雉名字的由来，也直接映射出吕雉成长道路轨迹的必然。

我们先说说吕雉当时所处的社会大环境。

从历史地缘看，单父县在战国末期的地理位置处于丹水和济水的交界处（鲁国），地处西楚的东边，与东楚西北交界，处于魏国的东端，实际上兼有四者的风俗特点，即逐利、重商、尚智、崇武。

从传统文化看，单父县在西周和春秋时期属于鲁国，鲁国是周人文化在东方的延伸。正是在这个背景下，为吕雉日后施政大汉王朝奠定必要的"重道轻儒"理论思想基础。

我们再看看吕雉当时生活的家庭小环境。

吕雉从小在父亲耳濡目染之下，对相面精髓有深刻的体悟，吕文一直坚信吕雉日后定能成就一番伟业，实现大富大贵。所以他对吕雉也是格外的关爱，并将她列为重点培养对象，广泛涉猎琴棋书画、诗词古曲、百家之言、相面之术，尤其是相面之术，更是手把手地传授毕生才学。

因此，吕雉能轻易通过辨别刘邦头顶上的雾气，便可精准找到其藏身之处的事例可佐证一二。

吕雉出生在一个时局动荡、混乱不堪的社会大环境中，因父亲的才学而家境相对不错，不需要手提肩挑做苦力，属于无忧无虑的大家闺秀。

吕雉从小心性敏慧，独立坚强，见识独到，在秦末动荡无常的年代，她真切身体力行地见证诸多社会底层百姓所遭遇的不平和不幸。

随着年龄的增长，原本无忧无虑的吕雉日益感受到了外界无形的压力。这压力直接来源于母亲吕老太太及社会世俗舆论压制。引发压力的导火索因为时间，也因为爱情，因为吕雉年纪越来越大了。

吕老太太像所有天底下母亲一样，面对儿女的嫁娶终身大事，犹如去西天取经的唐僧一般终日喋喋不休，不厌其烦地重复昨天的故事。

起初，吕雉为此极为心烦，耳中始终塞满了母亲细碎的念叨，耳朵都快长出了老茧。但随着时间推移，日复一日、年复一年，吕雉便对母亲的唠叨产生了免疫，习以为常且麻木了。对此，吕雉既无办法，又无可奈何。

关于婚姻大事，在秦朝就践行"父母之命，媒妁之言"，女性往往没有什么自主选择权，更不可能自由恋爱。要是哪个不长心眼的小姑娘无意间被青春撞了一下腰，那名声可就臭了，变成一般人家所不敢问津的人选。就这样，吕雉成年之后，居然莫名其妙地成为一般人家不敢问津的大龄剩女。

在秦朝，男女青年基本上是在 15 岁行成年冠礼。一般人家的姑娘也都在十五六岁就谈婚论嫁了，要是一位姑娘 20 岁还没嫁人，那是这个家庭的悲哀，也是这位姑娘的不幸。至少说明，这个家庭要么贫困潦倒，要么这位姑娘身心有毛病。

史书上说得很清楚，吕雉是在 28 岁时出嫁，可想而知，吕雉当时面临着多么大的社会舆论压力，已经算得上是超级"剩斗士"了。

吕雉直至 28 岁时才把自己嫁出去，是不是吕家家境潦倒或者是吕雉身有残疾？事实并非如此，吕雉不仅身心健康，而且家境还相当不错。吕家家底比较殷实，之前也已经分析过，吕文早已通过相面技能赚了家底。

吕雉自身条件也十分过硬，她虽无沉鱼落雁之美，闭月羞花之色，但她属于标致型山东美女，面容姣好、身材火辣，且知书达理，是人见人爱、花见花开的知性女子。

单县吕堌村方圆百里之内，慕财、慕才而来提亲的公子哥大有人在，其中不乏高富帅。

也不知道吕文哪根筋搭错了，他从来没正眼瞧过那些外在条件都十分过硬的公子哥。吕文认为这些公子哥都是凡夫俗子，根本配不上吕雉。

就这样，吕雉一直到年28岁都待字闺中。

第二章

无端惹祸

就在吕文为吕雉"老大难"问题愁苦之际，一则意外狗血剧情却彻底打乱了吕家原本平和安定的生活。吕文无意间冤大头般地与人结下了冤仇，最后不得不从山东单父县举家搬迁外逃江苏沛县，这也为后来故事演义埋下了伏笔。

要论起这个意外，吕文真是一个脑袋两个大。究竟发生了什么事情呢？原来吕文惹谁不好，偏偏惹上了单父县当地最大的帮派势力——赵龙集团。赵老大是地地道道的地痞流氓恶霸，是一条靠杀人越货起家的地头蛇。

吕文是如何得罪这位草菅人命、睚眦必报的赵老大的呢？由于正史没有相关记载，姑且看看野史是如何介绍的吧。

据《秦汉补记》记载，故事的原委竟是如此这般。

吕文因相面之术精湛而名声在外，是单父县公认的名流绅士。作为当地少有的高级知识分子，吕文在当地备受百姓的爱戴和敬重，那些个平头老百姓都以能得到吕文指点未来一二为幸事，争相前往吕家请求吕文指点迷津。

吕文已悄然成为单父县家喻户晓的明星，他非但没有耍大牌，还坚持走群众路线，为乡邻免费"义相"。

在浩浩荡荡慕名而来的人群之中，就有这么一位钱掌柜，只因前来的人实在太多，钱掌柜几次前往吕家求见都没能见成，这也让钱掌柜耿耿于怀。

钱掌柜本做着小本买卖，生性胆小怯懦，生怕踩死一只蚂蚁，任何风吹草动，他就会将心提到嗓子眼上。钱掌柜天黑就关门，从来不走夜路，生怕遇见鬼，心胆比针眼还小。

那天，晴空万里，风和日丽，鸟语花香。

吕文访友恰巧路过钱掌柜的小店铺，钱掌柜二话没说就将吕文半拉半请强行拽进内屋，厚着脸皮硬要吕文给他相面。

吕文本来就急着要赶去访友，没成想在半道上被这个不太懂礼貌的钱掌柜拦下，内心自然就有点不太高兴，但他自持是个文化人，不能跟凡夫一般见识，也就索性耐着性子替钱掌柜观起了面相。

大约是由于钱掌柜的命实在不好，吕文始终眯眼、皱眉、摇头，左瞧瞧，右瞅瞅，嘴里叹息不止，却也没说出半个字。

正当吕文使劲摇头，准备背手拂袖夺门离开之际，钱掌柜一反懦弱怕事常态，不顾一切一个箭步抢先用身体挡在门口，非要让吕文说出个子丑寅卯才给走。

吕文望着既可怜又可气的钱掌柜，内心五味杂陈。吕文心想，好歹自己也是当地有头有脸的人物，你一个小小的掌柜怎么能强行阻挡我出入？也太拿相士不当回事嘛。

吕文这是秀才遇到了兵，见实在无法推脱，又着急赶路，加之已对钱掌柜心生厌恶，便摇了摇头，语气生硬地对他说"天机不可泄露"，便挥一挥衣袖，不带走一片云彩。

吕文是潇洒地地走了，可钱掌柜却彻底傻眼了，钱掌柜丢了魂一般杵在门口动弹不得。钱掌柜整日盼星星盼月亮，总算是盼来了大师吕文，可万万没有想到，最后竟然是这样一个让他内心无法承受的结果。

钱掌柜一心想从吕文那获得一份心灵慰藉，一份对未来的憧憬，可真是人算不如天算啊。万念俱灰的钱掌柜继续发扬了疑神疑鬼的特点，当晚他彻底失眠了。由于紧张害怕，口干舌燥的钱掌柜在睡前喝了不少水，晚上起夜了几次，春寒料峭，一不小心就感冒了。

突然之间身染风寒，让钱掌柜不由自主地浮想联翩，吕文眉头紧锁、摇头叹气的画面时刻浮现在他眼前。钱掌柜越想越怀疑，越怀疑就越胡思乱想，再加上他胆小却懦，体虚身弱，没几天的工夫就一命呜呼了。

要是这位钱掌柜只是普通百姓人家，此事也许就这样无声无息地过去了。可是这个钱掌柜虽然是个怂包软蛋，但他的另一个身份却是地痞恶霸赵龙的表弟。

赵龙本来与钱掌柜联系不多感情也不深，他原本不愿意因此事为钱掌柜出头得罪吕文。只因那时吕文红极一时，大有盖过赵龙风头的趋势，赵龙对吕文就有些看不顺眼。在赵龙集团几名师爷怂恿之下，赵龙思量再三，为了维护赵龙集团在单父县的威望，便决定打压打压吕文，好让吕文和全县父老乡亲知道，谁才是最耀眼的明星，谁才是真正的老大。

吕文深知赵龙是什么角色，面对以赵龙为首的地方黑恶势力，他紧急召开了首次闭门家庭圆桌会议，群策群力想办法化解此次危机。

吕文不争气的两个儿子吕泽和吕释之，成事不足，败事有余，在家庭圆桌会议上凭借二两小酒兴头，大肆地轻蔑藐视了赵龙集团一番。

未曾想，原本是闭门研讨的家庭圆桌会议内容竟然被赵龙的耳目听得，赵龙得知被吕氏父子羞辱，自然很生气，后果很严重。

当时赵龙正跟一帮酒肉朋友在自己开的青楼开怀畅饮，被旁人一通告状，赵龙得知吕文竟然大放厥词，挑衅自己的权威，直接当场怒摔酒杯，并且放了狠话一定要报仇。

这样一来，吕文一家算是与赵龙集团结下了梁子。赵龙对吕家老小下达了全城追杀令。单父县各路流氓地痞势力，为了讨好赵龙，都纷纷表态效忠，蠢蠢欲动，一显身手。吕家上下此时犹如即将入虎口的小绵羊，人为刀俎，我为鱼肉，奈何奈何。

吕文凭借多年积累的人脉，很快便得知赵龙很生气，后果很严重，当即召开第二次闭门家庭圆桌会议。

面对危机，吕泽和吕释之彻底傻眼了，原本只想过过嘴瘾，没想到竟然闯下了这天大的祸端。吕家上下手足无措、犹豫不定，个个犹如热锅上的蚂蚁。

吕家几个兄妹，老大吕泽、老二吕释之属于典型的纨绔子弟，虽然不是什么官二代，但由于家境较好，再加上从小家庭溺爱，便养成了他们四肢不勤、五谷不分的怂包样。小妹吕媭，当时年纪尚小不懂事，帮不上什么忙。

吕雉从小接受父亲良好的言传身教，逐渐树立了独立的世界观、人生观和价值观，已成为一个有理想、有知识、有文化、有教养的青年。

就在吕家方寸大乱危机时刻，吕雉毫不惧怕地站了出来，主张权宜之计，唯有"跑路"才是唯一可能存活下去，保住小命的不二办法。

吕雉的主张向来在吕家具有举足轻重的话语权。在吕雉的一再劝说之下，吕文决定采纳女儿"跑路"的建议——举家迁徙。就在当夜，吕家老小携带家资、佣人踏上了他乡之路。这一走，吕雉再也没有回到生她养她的那片土地。

吕文举家搬迁到江苏沛县，之所以搬迁至此地，是因为沛县的最高行政长官县令是吕文多年的老友，吕文想凭借与县令多年的交情，以获得关照和保护。

酒宴婚姻

话说在吕雉的强烈建议之下，吕文携全家老小举家搬迁到江苏沛县，由于人生地不熟，吕家上下在沛县是两眼一抹黑，多亏得到沛县县令无微不至的关照。

世上没有无缘无故的爱，也没有无缘无故的恨。沛县县令无微不至关照吕文全家老小，自然也有他不可告人的小九九。

按照当时秦国的制度，朝廷考核以县令为首的地方官吏，最重要的政绩不是考核社会经济有没有发展，而是考核地方人口的增长。

在人口基数小、生育率偏低，又因连年战乱、瘟疫疾病，医疗水平又十分落后而导致非自然死亡率奇高的年代，人口尤为珍贵。那时候，国与国之间的征伐，比拼的不是抢了多少只羊多少头牛，而是掳掠了多少口人。人口不仅能增加税赋，而且能为政府徭役、国家兵源提供充足的保障。

此次，吕文一家从山东举家搬迁到江苏沛县，不仅增加了沛县人口，也为县令赢得了无限声誉，这说明沛县是山好水好风光好的地方，说明县令治理有方，所辖地域国泰民安，为日后仕途升迁大大增添了政绩砝码。

吕文一家的到来，对沛县县令而言就有了双重意义：于私，老友重逢相聚，以续前谊；于公，县令治理有方，前程似锦。

话说在县令府中有一位骗吃骗喝讨巧卖乖的门客，门客因为略懂相面之术，县令对他十分器重，时常将他带在身边出谋划策。这位好吃懒做的门客因伴随县令左右，也就有机会第一时间与吕雉相见。

门客第一次见到吕雉，便暗暗称奇，脑袋嗡嗡作响，他无法准确判断吕雉的命能贵到何种等级，只能隐约察觉吕雉具有非凡的"旺夫相"。

时至秦末更迭，时局动荡，主政一方的县令早已隐隐察觉到风云际会，暗潮涌动。时代变迁将会英雄辈出，县令也是热血老男儿，心中从小便有"王侯将相宁有种乎"的梦想。而蝇营狗苟的门客早已窥探县令胸怀小志，遂投其所好，为其壮志。

县令对门客有知遇之恩，门客对县令也是重情讲义。因此，就在县令与吕文吕雉相见的当晚，门客便图文并茂、声泪俱下将吕雉"旺夫相"如实向县令禀报，并向县令一再强调，"欲成霸业，必先娶雉"的良言忠告。

县令那时已有家室，美妻娇妾三两成群，但在县令看来，家中妻妾只是"花瓶"，好看不中用，于他的儿时英雄梦起不到任何帮助。此时听闻门客对吕雉的隆重介绍，心中早已浮起层层涟漪，心胸起伏，双拳紧握，大有誓死干一番惊天伟业的冲动。

吕雉算不得沉鱼落雁、闭月羞花，但偶尔带出去也不至于丢了面子。县令便对吕雉心生美意，想乘势择机向吕文提亲，好成美事。

为了向吕文示好亲近，县令大笔一挥，决定在沛县城中心的黄金地段专门为吕文划拨了一套大院子，作为吕家安顿家眷的住地。此外，县令借吕文在沛县定居立宅的机会，以县令的名义广散消息，大摆筵席，大张旗鼓地为吕文恭贺乔迁大喜。恭贺当天，沛县各方士绅名流、县廷属吏来者络绎不断，可谓人山人海，锣鼓喧天，那场面是相当的壮观。

县令也想借拉拢吕文之机，一并检验辖区各路人马的忠心。而对于地方名流绅士和政治上有追求、有理想的进步青年，自然也乐意借此机会向县令拍胸脯宣誓效忠。

按照秦国当时的旧有习俗惯例，寻常百姓要是遇到红白喜事都要送些钱财意思意思。县令为吕文张罗的贺宴谈不上有多么丰盛，来宾却要破费不小。来宾多也以此酒宴作为一项政治投资，抓住酒席机会不断拉拢结交名流豪杰，进步青年则借机亲近上司好抱定大腿攀上高枝。

为了办好高质量贺宴，县令撸起袖子挽起裤腿亲自上阵，左右周旋调度，还命县主吏（又称公曹，负责全县官吏考核，是地方政府的主要属吏）萧何在吕家大院门口摆桌设坛，专门负责登记收受宾客的贺钱，并规定贺礼不满一千钱的不能进入大堂喝酒，只能在外堂喝酒。

一千钱是什么概念呢？

按司马迁在《史记·货殖列传》记载的汉武帝前期的物价，一匹马约四千钱，一头牛约一千两百钱，一头猪不到八百钱，一个奴隶两千钱，一钟粮食才两百钱。

以货币对粮食的购买力而言，一钟相当于六石四斗，一石不过三十文钱。也就是说，一千钱可以买三十多石粮食，相当于汉武帝前期三十亩地一年的总收成。

这还只是汉武帝初期的物价，如果在重农抑商的秦末，物价比商品经济相对发达的汉武帝初期要低得多，所以金钱的购买力就更高。

按秦末当时的货币购买力，一千钱对一般人家绝对不是小数目。平日乡邻亲友之间凑个婚丧、小儿满月酒之类热闹，也就送个三文钱，关系感情到位的也就送个五文钱就很给面子了。对前来赴宴的宾客来说，无端端要掏出一千钱实在是有些肉疼。但面对顶头上司县令，宾客还得装出很荣幸的模样。

众人正为贺钱头疼不已之际，突闻一声吆喝"贺礼一万钱"。这一声来得实在太突然了，有几个心理防线脆弱的宾客当即昏厥过去。就连见过大世面的县令也为之一振，而作为东道主的吕文则是喜出望外，深感沛县真是人杰地灵、富甲辈出的好地方，坐大堂之上的宾客出贺钱一千钱，这会还来了个人居然出钱一万，这回可发达了。深藏内室闺房的吕雉闻声也是按捺不住好奇，蹑手蹑脚来到大堂偏窗，细观大堂发生的见闻。

此声刚落，众多宾客在极度兴奋惊愕好奇之余，纷纷起身探头探脑，都想争相一睹沛县城内敢一掷万钱的人物到底是何人。吃一顿饭就敢挥霍万钱，此人必定是沛县福布斯富豪榜榜首最佳人选。

在众人万般期待之下，此人隆重登场，但迎接他的并没有鲜花美女和尖叫呐喊，伴之而来的是不屑嗤鼻和唏嘘之声。因为，此人并不是什么上市公司的 CEO、远近闻名的煤老板或是什么官二代，他的真实身份是沛县泗水亭乡长（亭长）——刘邦。

大家见来人是刘乡长，都面露不屑之色。刘乡长虽然贵为一乡之长，但平日里无赖相十足，嘴巴比裤腰带还松。因此，县令、萧何以及其他宾客都不相信刘乡长"贺礼一万钱"的鬼话。要是让刘乡长的老父母亲知道，为了吃顿酒宴就挥霍一万钱，那一定要骂他败家子，甚至刘家列祖列宗在天有灵，闻之也会被气活过来。

吕文闻声竟有如此这般大方的人物前来贺宴，那是又高兴又吃惊，急忙出堂亲自相迎。刘乡长无视众人神色，大笑三声夺门而入，简单与吕文等人点头拱手示意后，就径直大摇大摆一屁股坐到贵宾席上。

刘乡长那是脸不红心不跳，毫无愧色，旁若无人般撸起袖子卷起裤腿，大碗喝酒大块吃肉。见过脸皮厚的，没见过脸皮如此厚的。这是公然当着县令和各界名流官吏之面，堂而皇之目中无人地骗吃骗喝。

刘乡长到底是个什么样的人，胆敢如此放肆目中无人。我们先来简单介绍一下。

刘邦，沛县丰邑中阳里人，家中共有兄弟三人，刘邦最小，排行第三，所以他父亲给他取名"季"。

据推测，刘邦出生年份应该在公元前256年，比吕雉要大15岁左右。刘邦的老父母亲，由于正史上没有留下相关记载，后来因为刘邦发迹了，世人尊称其为刘太公和刘媪。刘太公是个老实巴交的农民，刘媪是一位少言寡语的农家妇女。

据说刘邦和他的几个兄长不一样，他的几个兄长都是肉体凡胎，而刘邦是天生的龙种。略懂历史的人都知道，刘邦在秦末时期算是个大人物，后来在沛县集团的努力下，推翻了万恶的秦王朝，建立了大汉王朝。

大人物的诞生都有比较相似的套路，都身世离奇，且总会留下些蛛丝马迹给人以暗示，至于结果就要发挥你超级无敌的想象力。

关于刘邦的身世，还有个故事。

据《史记·高祖本纪》和《汉书·高帝纪》记载，刘邦并不是刘太公的亲生子，而是龙种，故事原来是这般——一天，刘妈妈如往常一样在田间劳作，劳作间隙便在田间旁靠近湖泊的树荫下休息，微风徐徐，刘妈妈睡意渐起，迷迷糊糊间梦到一位天神与她偷欢。

突然天昏地暗、电闪雷鸣，眼看就要狂风暴雨将至。刘妈妈早上出门时没带雨具，刘爸爸担心妻子被雨淋湿，就带着雨具到田间送雨伞。眼看就走到田间，刘爸爸远远就看见刘妈妈背靠大树而睡，此刻一条天龙正蟠伏在她身上。见此情形，刘爸爸吓得瘫倒在地，目瞪口呆，双腿哆嗦不停，半张着嘴巴却无法吐出一句话来。

不多久，雷消云散，艳阳高照，刘妈妈揉揉惺忪睡眼，伸伸懒腰，脸上还若隐若现浮现少女思春特有的红韵，回忆梦境，不禁傻笑，觉得自己内心龌龊，这般年纪了还跟小姑娘一般怀春思欲。

刘妈妈缓过神来，正准备继续干农活，刚抬头就看见瘫坐在田埂上的刘爸爸。刘妈妈惊讶之余，小跑上前将他扶起。刘爸爸在她的反复叫喊询问之下才缓慢回过神来，对于此前发生的一切，哪里还敢多问，只能战战兢兢地陪着刘妈妈回家。之后奇迹出现了，刘妈妈十月怀胎生下了屁股上长着七十二颗黑痣的男婴，这个男婴就是后来的刘邦。

话说刘邦既然身上流有皇室的血，那自然就要有皇室的种种特征，相貌也较平常人家不同："隆准而龙颜，美须，左股有七十二颗黑子。"

"隆准"就是长着一个又直又高的大鼻子。

"龙颜"是个什么样子，不得而知，因为谁也没有见过龙的模样。

"美须"是较常人有更加浓密有型的胡子。

"左股有七十二颗黑子"，这是刘邦的绝色。据传说，谁的屁股上有七十二颗痣，则说明他是帝王之身，是上天在人间留下的儿子。刘邦左屁股上是否真的有七十二颗痣，那就只有天知道了。

简单点说，刘邦就是一个猪腰子脸、高鼻梁、浓须眉，屁股上还有七十二颗痣的大个子。无论是参照秦朝当时的审美眼光还是按照现今的时尚达人标准，刘邦都算不得是个美男子。刘邦出生的故事纯粹是为他称帝及维护政治统治所需，而美化编撰的。

纵观历史，但凡帝王之家，都或多或少渲染某种神秘色彩，学术上称之为"感生神话"。目的就是要让普通老百姓知道，他们的国君不是一般凡人，是有神仙这个大佬做靠山的，你们这些凡夫俗子就要毫无条件地衷心拥戴、服从无上伟大光荣永远正确的君王统治。君王是代表上天的旨意来统治老百姓的，老百姓若是要反君王的统治，就是反天、反神、反祖宗。

渲染刘邦神秘身世，巧妙暗示他是不同凡响的神人，为他顺利问鼎中原称帝建国，提供民间世俗舆论基础和正统法理基础。在古代，天就是法，天就是理，如果刘邦代表了天，那么他就具备了统治天下的法理基础。

刘邦虽然一副痞子无赖样，但他却从小就有仁爱之心，待人宽厚，不拘小节，胸怀鸿鹄之志，他既不甘愿成为脚踏实地的农民，也不想成为精打细算的贩夫走卒，他所追求的是无限荣耀的仕途。古人说"学而优则仕"，可小刘同学连小学的门都没踏进过，是一个彻头彻尾的文盲，就连他这样的人也对官宦仕途锲而不舍，真是令人惊讶。

至于刘邦称帝之后，作了流芳千古的《大风歌》等绝世诗篇，这与他的学历无关，而是源自生活经验历练。

在时局动荡混乱年代，百无一用是书生，社稷稳固需要蛮力武夫。刘邦向来不甘心成为农民，整日游手好闲四处浪荡，广交朋友，黑白通吃，时间久了也就造就了他干练果敢的办事才能。

刘邦的仕途起步于秦末动荡时期的沛县泗水亭（亭长）乡长一职，他这个乡长由当地官员和百姓"公推公选"产生，只有他这个地痞无赖才能震慑得住无良刁民。你别看亭长级别不高，但作为一方辖区专门执法官吏的权力却实在不小。

刘乡长这人坏得很，他一生有两大喜好，一是"喜渔"，二是"喜色"，简单点说就是喜欢喝大酒，爱好调戏妇女。

在吕雉出现之前，刘乡长就与中阳里的女人曹氏一起鬼混，两人生有一个私生子，取名叫肥。稍微了解历史的读者都知道，刘乡长生性风流，除了曹氏之外，外面还有数不清的风流趣事，路边的野花，他都要采采采。

刘乡长虽然贵为一乡之长，但他善于结交广舍，每月发工资当日，必定也是他与一般酒肉朋友胡吃海喝之时，一般情况下他口袋比脸蛋还干净。因此，他每次到当地小酒馆喝酒吃肉，向来都是赊欠记账，而到了年底清账时，酒馆老板娘都会以各种看似很正当的理由，当着众人面把他赊账的竹简全部烧掉，将一年到头的酒钱清零，而且对刘乡长还万分感恩戴德，感谢他常年以来白吃白喝关照，随时欢迎他常来光临。

刘乡长的上述陋习，在秦末时期都悄然演变成他人无法比拟的优势，可谓时势造英雄。随着时间的推移，沛县逐渐形成了以刘邦为首，身边聚拢一群社会闲散人员，有组织、有构架、有纪律的集团，萧何、樊哙、卢绾、曹参等人都是该集团的主要成员。

由于刘邦一穷二白，好吃懒做，又不务正业，吃喝嫖赌俱全，因此远近他乡知道他底细的人，都不愿意将女儿嫁给他。而一般人家女子都想找个高富帅，至少也得找个老实本分能踏实过日子的郎君，无论如何都看不上又穷又矬的刘乡长，所以他一直到43岁还没有成家，俨然就是一个名副其实的老光棍。

就是这样一个老光棍，脸皮比城墙还厚。在吕家乔迁新居时，堂而皇之开出了一万钱的空头支票，骗吃骗喝，毫无顾忌。县主吏萧何向来具有独到的眼光，他十分看重刘邦自带的英雄气场，特别是他在大街上一呼百应的大哥风范，平日里就对他多有关照。比如，按秦朝旧有习俗惯例，同僚之间若有谁承担押解囚徒远途充劳役兵役任务时，都会馈赠一些路费，刘邦每次押解囚徒前往咸阳（秦朝首都）服役时，萧何所馈赠的路费总是比他人多出一倍。

萧何担心吕文对刘邦开出的空头支票信以为真，就对吕文说：刘季真不是东西，狗嘴里吐不出象牙来，平时就爱吹牛皮，贼不靠谱了。萧部长言下之意就是想告诉吕文不要把刘邦的话当真。

吕文对萧何的劝解不以为然，对刘邦依旧敬重有加，推杯换盏，亲密无间。酒过三巡、菜过五味，心怀各异，已达目的的宾客纷纷酒足饭饱告辞离席。县令为了表现，十分主动，多喝了几杯，居然有几分醉意，索性就将向吕雉提亲的事情往后放放，计划等到第二天酒醒之后再提。

酒席将尽，吕文眼神会意，请刘邦留步详谈。刘邦虽然已经有几分酒意，但也领会吕文用意。待宾客散尽，吕文便与刘邦愉快地小手拉大手来到内堂。刘邦毫不谦让地一屁股坐到上座，吕文毕恭毕敬地让下人上了醒酒茶，紧挨着刘邦落座。

吕文："君有妻室否？"

刘邦："鄙人才疏财浅，至今无妻无室。"

吕文："君想成亲否？"

刘邦："……（无声憨笑，不置可否。）"

吕文："君有心上人否？"

刘邦："……（无声憨笑，连连摇头。）"

吕文窃喜暗笑："很好，吾家有女初长成，待字闺中，年芳28，貌美如花，许配予君，君愿否？"

刘邦傻眼、迷惘、无语。

吕文："无论贫穷富有，无论健康疾病，君愿娶吾女吕雉为妻否？"

刘邦半张着流着哈喇子的嘴巴，深陷无尽迷茫之中，内心展开了激烈的思想斗争。吕文举家搬迁到沛县的时间虽然不长，但他也听说了吕家不仅家境殷实，且是书香门第。吕雉是吕文的宝贝女儿，虽没有沉鱼落雁、闭月羞花之美，却也是个标致的山东大美女。

吕雉年芳28岁，年龄虽大了些，但刘邦暗想，自己也老大不小，况且自己的口袋比脸蛋还干净，家徒四壁一贫如洗，吕刘两家根本就是门不当户不对。

婚姻本来应以感情的愉悦为基础，但在人类历史上，真正以爱情为基础的婚姻并不多，尤其在封建社会，讲究门当户对、讲求彩礼聘金，这些都以家庭经济为基础。

战国时期，上至达官显贵，下迄平民百姓，或以婚姻巩固政治地位，结成政治联盟；或以婚姻猎取财富，谋求发家致富。即使已婚夫妇，彼此在家中的地位，往往也取决于双方家族的经济实力。

基于上述分析，刘邦第一反应是，男人的嘴，骗人的鬼，吕文肯定是喝高了，脑子不清醒，发现自己无端给他开了一万钱的空头支票，便恼羞成怒，没事逗自己玩，甚至羞辱自己。

虽然刘邦觉得自己的分析很有道理，并为此而得意不已，但是面对吕文三番两次的追问，他内心动摇了，这诱惑实在是太大了，刘邦是多么想要一个家。因此，面对吕文的追问，他选择了沉默无语。

吕文看出了刘邦的心思，于是便直言道出了原委情由：

"臣少好相人，相人多矣，无如季相，望季自爱。臣有息女，愿为箕帚妾。"

翻译成大白话，吕文的意思是：我从小就喜欢相面，以相面见长，相过很多人，但都没有你刘季的面相尊贵，希望你自我爱护、珍惜和保重。我有一个女儿，现在请求能嫁给你，如果你已经有妻室了，恳请你能将我女儿收为打扫庭院的下人。

刘邦望着一脸真诚恳切的吕文，竟然莫名被他感动了，一丝也看不出吕文有玩弄自己的迹象。刘邦被这突如其来的幸福瞬间冲昏了头脑，东南西北摸不着边际。但他很快就意识到，这种美事发生的概率比朗朗乾坤之下无端遭雷劈的概率还来得低，为了避免吕文反悔，刘邦没有片刻假意推让，立即答应这门婚事，并商定婚期和相关具体事项。

从此，吕刘两家结为姻亲，吕家兴衰成败便与刘邦紧紧捆绑在一起。吕刘两家风云主宰了汉朝初期，并对整个汉朝甚至中国历史都产生了不可估量的重大影响。

第三章 酒宴婚姻

025

吕文与刘邦，按年龄，吕文是长者；按辈分，吕文是长辈；按地位，吕文是县令的贵宾，吕文的身份和地位都远远在刘邦之上。

吕文之所以如此坚决，力排众议挑选痞性难改、生性风流的刘邦为乘龙快婿，也在于他对相术专业近乎疯狂的偏执和自信。说得好听点是吕文果敢自信，说不好听点是吕文一根筋。

吕文主动提出把爱女吕雉下嫁刘邦，吕文就成了刘邦的岳父，而作为岳父的吕文居然自谦称臣，这说明吕文万分看好器重刘邦，对吕雉的婚姻怀有无限期待。

回顾吕文的行为，大家难免心存困惑。此前提及，吕文最大的心愿和理想便是想将吕雉嫁个好人家，光耀门楣，谋求富贵。不成想，吕文如今却一反常态放弃众多官二代、富二代，甚至放弃沛县县令缔结姻亲的请求，而极力放低身段，几近央求刘邦"勉为其难"地接受吕雉为妻妾。

这是为何？难道吕文的脑袋被驴踢了还是被门夹了不成？

吕雉的母亲对这个荒唐的决定也是老大不乐意了，怒气冲冲地质问吕文："你个老糊涂，平常你总教导我们，雉儿非常人可比，将来一定能有非凡的作为，要嫁一个真正富贵之人。沛县县令对你情深恩重，有意纳雉儿为妾，你尚且不同意，现在却怎么把雉儿嫁给了一穷二白、没权没势、口无遮拦的刘季呢？难道刘季就是你所谓的贵人吗？贵人就是这副痞子德行吗？"

面对老婆的质疑，吕文并不多加解释，只是不咸不淡地回了一句："你个妇道人家懂什么，头发长见识短，以后自然就明白了。"

历史事实证明，吕文的选择是既对又错。

对，是因为吕文实现了最初的梦想，帮助吕雉完成了完美华丽转身，从一个乡间农妇转变成历史上第一位皇后，不仅让吕雉享受了人间所有繁华，而且光耀了吕家列祖列宗门楣。

错，是因为吕文最初的梦想，在吕雉过世不到两个月的时间内便烟消云散，甚至引发了灭族惨剧，与起初的愿望背道而驰。

虽然那时吕文、吕雉已不在人世，他们对后世所发生的事情无从知晓，但是如果他们地下有知，吕文、吕雉一定也会为当初的选择而懊恼不已，当然这是后话了。

在吕雉心中，父亲是一位形象高大的知识分子。她从小在父亲的教导之下，接受了良好的教育，得到了吕文相面之术的真传。可以说，吕雉对父亲始终怀着崇拜和敬仰之情。吕雉得知父亲将她许配给没钱、没权、没势、没貌，还年老的（当时刘邦已43岁）"五不好"的刘邦时，她心乱了，犹豫了，也害怕了。

吕雉那时已老大不小，年芳28岁，光荣迈进"超级剩斗士"的阵营。吕雉对刘邦丝毫不了解，隐约听说刘邦是个彻头彻尾的地痞流氓。但父命不可违，只能服从，就是有什么不满意，也不能轻易表露出来，婚姻大事"父母之命，媒妁之言"。

吕雉之所以敢于接受父亲的决定，是因为她深信父亲的眼光和学识（相面之术）。她坚信父亲的专业会让她遇到顶天立地的如意郎君。

吕雉从小在父亲潜移默化的熏陶影响之下，逐渐养成了心怀自命不凡的优越感，吕雉虽然心有不甘，却也坦然接受了父亲这桩婚事安排。

吕雉和刘邦的婚姻可以用一个词来形容——"裸婚"。因为，刘邦的家庭实在是太困难了，家徒四壁，要是哪个不开眼的小偷前来光顾，看到如此家境也会含泪离开，顺便丢下些碎银子接济这家人。与吕家不同，刘家是地地道道的农民家庭，刘家上下几口人，除了刘邦之外个个都是农民，世代以种田为业。

按秦朝制度，土地由国家分配，实行授田制度，所有成年男子只要符合法定条件，最少可以领到一百亩土地，不管耕种与否，都要交纳固定数量的田租，剩下的才是个人的，产量越高，个人得到的也就越多。

秦朝鼓励的是多劳多得分配制度，只要完成一定量的田租，剩下的就是劳动者的劳动成果，应该说，这种制度客观上有力地刺激了社会生产力发展和极大调动了人民群众劳动积极性。但是，每个正常的成年男子都能获得一百亩土地，固然不假，可这地究竟是什么地，就成了问题的关键所在了。

这些地都是些实实在在的荒地，其土地肥沃程度和产量都非常有限。单就以一个成年劳力而言，根据当时的社会生产力水平，在无现代农耕机械辅助下，根本无法耕种一百亩土地。在土地产量有限、劳动生产力无法满足一百亩土地耕种需求，加之连年大批成年男子服劳役兵役等因素之下，秦朝仍然严格按照土地数量交纳固定数量的田租，这是赤裸裸的讹诈盘剥，极大加重了农民的负担，使得绝大多数务农家庭根本无法承受田租压力。

说明此点，不仅有利于读者了解秦朝末期社会动荡背景，也便于读者体会吕雉从家境殷实的大家闺秀，一夜之间转身为乡间农妇的艰辛和不易。

据《史记》记载，刘邦还在打光棍时便经常带酒肉朋友回家蹭吃蹭喝，这让他的兄嫂很不满。刘邦的嫂嫂有几次当着刘邦朋友，薄了他的面子，让刘邦很丢份儿。刘邦好吃懒做、好逸恶劳的恶习致使他在家里很不受欢迎，他的兄嫂恨不得早早分家过日子，只是苦于刘太公立下规矩，刘邦一天没成家，就一天不能分家过。

吕雉下嫁刘邦不久之后，刘太公便在两个儿媳的软磨硬泡之下，无奈决定刘家三兄弟分家过日子，刘太公、刘媪和刘邦、吕雉一起搭伙过日子。刘邦就是个二流子，浪迹本性难改。这对吕雉而言无异于是雪上加霜，直接将吕雉推到生活第一线无情碾压，她需要独立承担操持刘家老小的各项事务。

婚后几年，吕雉为刘邦生下了鲁元和刘盈。吕雉整日风里来雨里去地操持家务，承担重活，日渐成为家庭主妇。刘邦则继续游手好闲无所事事，而公公婆婆年岁渐大，耳聋眼睛不好使，家中所有家务都只能落到吕雉肩上。

刘家兄嫂各有一大家子，日子过得也不宽裕，他们不会主动为吕雉分担什么，婚前兄嫂本已嫌弃刘邦是拖累，婚后兄嫂更觉得没义务帮衬吕雉和刘邦过好小日子。

刘太公是个一心想通过务农而发家致富的主。他对刘邦游手好闲、四处浪荡的恶习很看不惯。在刘太公眼里，刘邦是一个不孝二流子，无论是做生意还是务农都比不上他的两个哥哥。

吕雉与刘邦结婚之后，并没能用好似一把火的温柔热情感化刘邦。不是吕雉不妩媚，而是刘邦就是厕所里的一块石头——又臭又硬。刘邦婚后不仅死性不改，反而变本加厉，很少住在家里。家里家外都只靠吕雉一个人操持，着实苦了吕雉。

刘邦仗着自己是秦朝官员，手中还有些小权力，整日游手好闲，吃喝嫖赌无所不来，每月领的死工资，还不够塞牙缝，就连平日里喝酒吃肉都是常年赊账，一年到头根本没有往家里拿一分钱贴补家用。

若仅仅只是体力上的操劳，也许还不是什么磨难，就在吕雉刚进刘家家门没几天，一次偶然对话，犹如晴天霹雳般深深地刺激伤害了她。

那天，吕雉正在内屋收拾房屋，一个约莫好几岁的小男孩在刘家屋外大声叫唤"爷爷我渴了"。起初，吕雉以为是邻家小屁孩，没在意，但接下来的对话，让吕雉深深地陷入了迷惑，感受到了前所未有的羞耻。

小孩："爷爷我渴了。"

老者："是肥儿呀，快进屋来喝水，爷爷给你倒水。来来来，对了，肥儿，前几天你爸成亲，你怎么不在家，又跑出去玩了吧？"

小孩："爷爷，我回我娘家住了几天，是我爸让我回去的，说是怕我后妈看见我，心里不舒服。"

老者："哦，原来这样啊，也好，省得老三家小媳妇生气，来来来，爷爷还给你留了红烧肉，快吃吧。"

这个老者的声音怎么这么耳熟呢？这不是自己的公公刘太公的声音吗？爷爷、肥儿、爸爸、成亲、娘、老三家媳妇。一连串的关键词像过电影一般闪现在吕雉脑中。

当吕雉明白过来时，顿感头重脚轻，一脚没站稳整个身子瘫软在内屋地上，无声而泣，泪如雨下，她懊恼愤怒，又感屈辱无奈。

门外的小孩叫刘肥，是刘邦跟其他野女人生的私生子。吕雉作为刘邦唯一的合法妻子，却对此全然不知。吕雉深感自尊受到了伤害，感受到了前所未有的侮辱。吕雉劈头盖脸地质问了刘邦，刘邦很是诧异，根本没有任何解释，脸上闪过了一丝若隐若现的微笑，看不懂这微笑是对吕雉的不屑还是对自己的自嘲。

吕雉是接受过秦朝高等教育的知识青年，她有教养懂礼节，所以她没有死去活来地哭闹，也没有小肚鸡肠地寻短见，她选择了默默妥协和接受，但一颗哀怨的种子已悄然埋在了内心深处。

吕雉沉默思索许久，仰天长叹之后，便擦干了满脸的泪珠，无声坦然接受这个不可改变的事实。吕雉是一位有大丈夫气概的女子，深知要想成就大事就应不拘小节，在父亲的多方鼓励开导之下，吕雉不再对刘邦的行为横加干涉，任凭刘邦随心所为，她则全心全意操持家务，争当贤妻良母。

吕雉与刘邦婚后不久便生下了女儿鲁元，两年之后又生下了儿子刘盈，添丁进口自然是喜事。刘邦在外面已经生了个儿子刘肥，因此鲁元和刘盈的出生，并没有给刘邦带来太多的惊喜，他依然在外面花天酒地，全家老小生活起居照料，全一股脑地丢给了吕雉。

吕雉心怀父亲寄托，坚信父亲的英明决断和专业水准。她担负着常人无法忍受的生活重担，咬紧牙关，即使再操劳，再被冷落，也无怨无悔，只求刘邦早日成就大业，全家老小好跟随安享清福。

吕雉承担起了家里家外的所有事务，农闲时还稍微好些，照顾好刘太公、刘媪和一双儿女，争当模范好媳妇、好妈妈。农忙时节，吕雉的辛苦就可想而知了，她在嫁给刘邦之前是富足大户人家的大小姐，衣食无忧，平日里不是吹拉弹唱就是舞文弄墨，几乎没有参与过什么体力劳动，日子好不惬意。

吕雉自从下嫁给刘邦之后，生活指数直线下滑，每日起早贪黑，原本娇嫩嫩的双手早已磨出了一层厚厚的老茧。

刘邦虽然浪迹无常，但他对仕途追求却始终如一，经常自告奋勇押解囚犯到全国各地服役。他常年不在家，刘太公上了年纪，经常间歇性地犯老年痴呆症，家中大大小小的事情都由吕雉把持掌管。

吕雉仅仅是一位普通的女性，她手不能干粗活，肩不能挑重担，可她却要独自承担起刘家一大家子起居生活。女人难，没有男人的女人难，没有男人却要手干粗活、肩挑重担的女人难上加难。

吕雉的婚姻起步是艰难的，她内心极度渴望被尊重、被需要、被疼爱、被呵护。她坚信刘邦绝对不是凡夫俗子，这个泗水亭乡长将来一定能够成就一番惊天地泣鬼神的伟大事业。

那时候的吕雉还很单纯，认定自己是刘邦的人了，一家老小的命运都要靠丈夫来实现，她时刻秉持着"悔教夫婿觅封侯"的理念，全身心地种好几亩旱地，伺候好公公婆婆，养育好一双儿女，好让刘邦毫无牵挂地去奋斗"大丈夫当如此也"的理想。

第四章

老者相面

日子一天一天过，人会慢慢长大。

那一天，吕雉像往常一样带着鲁元和年仅一岁多的刘盈在田间忙农活，劳作间隙，母子三人来到田埂旁的一棵老槐树下歇息。吕雉一边撩起衣裳给刘盈喂奶，一边招呼鲁元吃点干粮，自己则咕咚咚地猛喝几口凉溪水解渴。

一阵沁人心脾的凉风拂面吹过，吕雉和一双儿女困意顿生，眯眼打瞌睡之际，一位发白须飘的老者径直从远方飘到他们跟前。老者有着十足的古道仙风之感，犹如一个老神仙，他儒雅恭敬地向吕雉讨碗水喝。

吕雉本是一位心地善良的女人，与刘邦几年底层生活的经历，让她切身体会到劳苦大众的艰辛与不易，她对社会底层百姓怀有很深的同情心和认同感。这段经历也为她日后母仪天下而奉行不扰民、不厉民的治国理政理念有着密切的关联。

吕雉热情款待了老者，不仅请他喝足了水，而且还分出自带的少量干粮给老人吃。老者对吕雉的热情甚是感动，他久久地注视着吕雉和她身边的刘盈及鲁元，连连点头赞许不止。

原来老者是一位高深莫测的相面高手。

老者：这两个娃娃都是大富大贵的命，尤其是这个男娃娃更是贵不可言，夫人你的命运也将因为这个男娃娃而大富大贵。

吕雉听闻后虽面不露声色，但内心却早已心潮澎湃，老者的吉言与她翘首以盼的梦想不谋而合。吕雉礼节性谢过老者。老者便飘飘然去向远方。

少顷，酒足饭饱的刘邦正好路过田间，也就顺便瞧瞧在田间辛勤劳作的吕雉，逗逗乖巧可人的一双儿女。半醉半醒的刘邦睡眼惺忪，左手抱着儿子刘盈，粗糙的右手情不自禁在吕雉身上肆意揉搓取乐。吕雉见刘邦过来，也顾不上迎合他，当即一五一十将刚与老者相见的情形和盘托出。

刘邦本心满意足沉浸在曼妙淫乐之中，听闻吕雉详细介绍描述一番，酒意瞬间全散，他怀着极度的兴奋和好奇，追问吕雉："老者现在何处？吕雉说：刚走不久，应该未走远。"

此刻，刘邦也顾不得身边的吕雉做何感想，一把将刘盈塞给吕雉，撒开脚丫子就朝着吕雉所指的前方追赶老者。刘邦不久便气喘吁吁地追上老者，死皮赖脸硬要老者替他相面。

老者本就有意慢行等候，因此对刘邦的鲁莽行径倒也不作计较。经过一番端详之后，老者连连点头称赞，掐指作揖之际便直言："刚才的夫人和孩子皆因你而富贵荣耀，希望你多加珍重啊。"

听闻此番美言，刘邦自然十分高兴，连连点头哈腰道谢："若真如先生所言，我发誓，绝不敢忘记先生的大恩大德。"

后来的事情印证了老者预言精准靠谱，而刘邦也信守了对老者的诺言，刘邦登基后虽经多方搜寻，但老者却再也没有出现过，为此，刘邦在汉宫殿内用黄泥塑造了一位发白须飘老者，以供敬拜，了还心愿，寄予思托。

刘邦话还没说完，老者便消失在迷雾蒙蒙的远方，至于他走向何方，无从探究，也无须探究。

有历史学家认为上述故事是后人为刘邦建国掌权政治需要而瞎编乱造。有意思的是，也有历史学家提出，该故事其实是由吕雉和吕文联合上演的一出双簧戏，目的是为了勉励学渣小刘同学好好学习，不图将来刘家祖坟冒青烟而考个状元什么的，至少也好发达一番，让吕刘两家过上富足的生活。

吕雉一心想嫁个好人家，相信了父亲的安排，没想到却成了面朝黄土背朝天的农民，一个妇道人家，里里外外一把好手，受尽艰辛，不知何时是个头。要想摆脱眼前的困境，只能依靠丈夫发奋图强，而以刘邦的个性，正面劝说根本无济于事，于是吕雉和吕文便择机上演了这么一出双簧，老者是吕文请来演戏的托儿。

上述故事是由正史《史记》所记载，不难发现，各种略带神秘色彩的阐述在正史、野史中频繁显现，可以说是当时社会科学发展滞后，民众愚昧无知，面对无法解释的现象及迷茫的心理，往往通过鬼神来神秘模糊化，给人一种敬畏感和不确定感。

若老者真是由吕文请来的托，从逆推逻辑分析，这违背了吕文最初的人生信仰，若刘邦的富贵不是命中注定，而是需要外界蛊惑，甚至是需要吕文找托鼓励鞭策，这无疑是对吕文学术专业的极大亵渎，更是对吕文职业操守的莫大羞辱。

若吕雉也参与此次双簧戏，那只能说明吕雉太不可思议了，作为一个妇道人家，她能努力略微改变物质困扰就很不易了，难道她具有

第四章　老者相面

035

如此前瞻性的预见能力？笔者深表怀疑。

笔者更愿意相信，处于此阶段的吕雉只是一位普普通通的妇女，一位整日辛勤劳作的妻子、母亲。

第五章

初次入狱

　　话说刘邦与秦始皇是同个时代的英雄人物。刘邦比秦始皇还小三岁，他亲历见证了秦始皇一统六国的恢宏气势，目睹了秦始皇治理天下的功败垂成。刘邦对秦始皇是身虽不至心向往之，内心深处始终怀有强烈的"大丈夫当如此"的理想。

　　起初的刘邦认为，秦始皇般的"大丈夫"理想仅仅只是一个遥不可及的白日梦，可谁承想，白日梦也有一不小心实现的那么一天。

　　司马迁在《史记》中曾记载这样一个故事。

　　一天，刘邦和几个小伙伴押送一批囚犯前往咸阳服役，待办完囚犯交接手续之后，烦躁不安的刘邦便领着闲散的一群人到处瞎晃荡。繁花似锦的街市，莺歌燕舞的景象，让他们意乱情迷，手足无措。

　　就在刘邦一群人踩着小碎步、哼着小曲之际，恰巧遇见了秦始皇出巡的仪仗队。刘邦双眼瞬间瞪圆，贼溜溜地瞥着秦始皇威武雄壮的车骑、庄严肃穆的仪仗队。那一瞬间，他脑袋里忽然闪现出一张老脸，坐在车骑里的并不是秦始皇，而是自己，是自己君临天下模样，那是何等的威武，何等的神圣。当威严无比的仪仗队浩浩荡荡经过黑压压的人群时，一股无可名状的强大天子气场逼得人们无法直视，此

037

刻的刘邦却也情不自禁撅着屁股趴伏地上，连头也不敢抬起半分，感慨万千之余，竟然失声发出"嗟乎，大丈夫当如此也"的豪气感叹。

发完感慨，刘邦屁股顿感挨了几下闷棍，很是疼痛难耐，却也不敢抬头半分。原来是因为刘邦感叹太过大声，惊扰了始皇帝的仪仗马队，被巡视官吏一顿拳打脚踢，揍个半死。

与之相比较，司马迁还描述了另外一个故事，说的是项羽巧遇秦始皇出巡时的情景。项羽本是楚国宗室，是个典型的传统贵族，楚国被秦国灭亡之后，项羽和他的叔父项梁一起逃到了吴地，藏身于会稽吴中（今江苏苏州）。他们暗中结交吴地少年英杰，窥测天下形势，准备一旦有变，便揭竿而起。

那是公元前 210 年（秦始皇三十七年）的一天，秦始皇东巡，途经会稽，项梁、项羽叔侄夹在人群中，项羽见秦始皇出巡的威武雄壮场面，便不经过大脑地脱口而出："彼可取而代之。"意思就是说：我可以取代你当皇帝。项梁听闻大惊失色，一把将项羽拉出人群，一双肮脏粗糙的老手堵住了项羽嘴巴，"不能乱说，否则要招来满门抄斩之祸"。项羽虽然不服气，却也只能如小鸡啄米连连点头，因为项梁那双脏兮兮的手堵在项羽嘴上，让他实在有点恶心。

项羽和秦始皇也同属于一代人，年龄要比刘邦小一些，在"抗秦战争"中与刘邦共同上演了推翻残暴秦朝的历史活话剧。

刘项二人一度主宰着秦末征伐的历史舞台，都是了不起的英雄人物。我们将"大丈夫当如此也"和"彼可取而代之"稍作比较，不难看出刘邦和项羽之间的性格差异和政治上的分野，这也直接决定了刘邦与项羽纷争的最终结局。

刘邦发出"大丈夫当如此也"的政治宣言，初步展示了他的无限政治抱负。但严格来说，当时的刘邦还没有深层次地思考过将来，更没敢想聚集豪杰起兵造反闹革命，那时的他还只是秦朝的一名普通基层公务员，捧着铁饭碗的他也不舍得轻易将碗砸碎。

刘邦最初的梦想是想通过仕途努力，来日好谋个肥缺美差罢了。当然，从另一个方面看，这也说明刘邦不安于现状、心怀不俗的政治报复，做亭长只是一个起点，他的内心还怀有更为远大的"燕雀安知鸿鹄之志"，至于这个"鸿鹄之志"是什么，恐怕刘邦自己也说不清楚。

刘邦的政治价值取向是希望固守旧有制度，他是秦始皇的铁杆粉丝，他希望通过从"沧海一粟"般的基层官员做起，实现"大丈夫"式的理想，梦想着成为大秦帝国的重臣，最终光耀刘家门楣。刘邦虽然对现状稍有不满，但他并没有自暴自弃、怨天尤人，他是个有理想、有抱负、有追求的进步中年。

刘邦始终不相信"知识改变命运"的忠言，没有安稳本分争做"好学生"。他一如既往发扬吊儿郎当本性的同时，极其勤恳地做好本职工作，总希望能得到领导的赏识和重用，希望自己在仕途上能有所进步有所作为。

对绝大多数百姓而言，无论是秦国旧民，还是六国新民，他们并不在乎谁来统治他们的思想，谁来收赋他们的田租……他们唯一关心的是，谁能给他们提供一个相对安定平和、衣食无忧的生活环境。

事实证明，封建王朝都是万恶的吃人社会。秦朝一统六国之后，并没有像百姓希望的那样带来安居乐业的平和生活环境。相反，在秦朝建立之日起就开始了无休无止的徭役征伐，修长城、建陵墓、筑宫殿，规模庞大，用人无数，史无前例。这些劳逸苦力主要都来自于原有的六国旧民，而且秦朝律例之繁杂严苛更是六国旧民以往所想象不到的。

据历史学家估计，当时全国人口 2000 万多一点，成年男子不超过 600 万，但秦始皇仅为修筑骊山墓（秦始皇陵）、阿房宫、驰道、长城等几项工程就征伐了超过 300 万人。

保守估计，当时服役人数占到了全国人口总数的 20% 以上，"丁男披甲，丁女转输，苦不聊生，自经于道树，死者相望"绝不是文学家的夸张，而是历史现实的真实写照。

再者，秦朝的律法十分严酷，曾有人形象地说，"秦法繁于秋荼，而密于凝脂"，不仅轻罪重罚，刑罚名目繁多且异常残酷。

据现存资料不完全统计，秦朝光刑罚名目就有十几种，每一种又分为不同细目。这些严苛律令在秦朝一统六国之前就在秦国开始施行，秦国人自然是见怪不怪。秦朝一统六国之后，秦始皇本着与时俱进，针对新时期新形势新发展的统治需求，对秦律又加以补充和完善。对旧有六国劳苦大众而言，大部分人都没有经历过上述苛法，那些刑罚无不让人胆寒心惊、瑟瑟发抖。

严刑峻法一夜之间贯穿六国庶民，民众完全没有心理思想准备，人们是摇手触禁，动辄得咎，举国上下可谓是一片白色恐怖世界。在 2000 万多一点的人口中，最保守的估计也有 100 万刑徒，以至于"赭衣塞路，囹圄成市"。

秦始皇死后，秦二世在李斯、赵高等乱臣贼子的谋划下登上皇帝宝座。秦二世本身就是个不学无术、扶不起的阿斗，他在秦始皇的道路上越行越远，不仅残杀忠臣，更恣意妄为，屠杀无辜，大事兴作，把广大劳苦大众推向了更加苦难的深渊，秦家王朝新诞生的政权根本没有代表最广大人民群众的根本利益。

农民实在没办法生存活命下去，只好提着菜刀、举着锄头就闹起了革命。早在秦始皇还在世的时候，全国各地已经有零星的造反火种，只是这星星之火还没有呈现燎原之势罢了。

话说到了公元前 211 年（秦始皇三十八年）的一天，在东郡（今河南濮阳）落下一块陨石，不知是人为雕刻还是自然形成，陨石上竟然刻着"始皇帝死而地分"七个大字。这块陨石的出现，至少表明社会劳苦大众对现实生活状况已极度不满。

秦始皇为了遏制革命萌芽，对陨石方圆百余里实行屠杀，场景惨绝人寰。

刘邦身为泗水亭乡长，平日里除了处理鸡毛蒜皮的纠纷外，就是跟一群刑徒火热地打成一片。

刘邦对刑徒知根知底，也知道他们多是因为秦律严苛而无端入狱，刘邦深刻了解当时的民心向背。这些刑徒多是他熟悉的父老乡亲，所以刘邦对待刑徒总是会有所保留，特别是跟吕雉结婚之后，在吕雉和吕文的多方提醒之下，刘邦十分注意搞好民众关系，从来不会与这般把脑袋别在裤腰带上过日子的父老乡亲结怨生仇。

初入仕途的刘邦，本想做一个称职的乡长，通过努力工作，凭借自己的豪爽洒脱，一步一个台阶地向上爬。但是，每当刘邦抬头望天时，他意识到，即使为朝廷卖命累得吐血也难以实现"大丈夫"的理想，特别是在社会各界纷纷揭竿而起之时。在吕雉多次吹响枕边风"你闹革命我织布"后，刘邦二话不说，毅然决然地踏上了"抗秦战争"的历史康庄大道。

那是公元前 210 年（秦始皇三十七年）的一天，刘邦又一次奉命押送刑徒前往骊山服苦役。刑徒知道等待他们的结局只有一个字：死。即使安然无恙地到达骊山工地，不是累死饿死就是被活活打死。

古往今来，前往骊山服苦役的人就没几个能喘着气回来的。所以，刚上路不久，刑徒就想方设法逃跑。起初，刘邦还想尽办法阻止"越狱"恶性突发事件发生，但奈何人的求生欲望太过强烈，任何力量都无法阻挡刑徒四处逃命。

刑徒都是乡里乡亲，随着逃亡人数增多，刘邦索性也就对刑徒逃亡事件听之任之。从第一个刑徒顺利实现胜利大逃亡之时起，刘邦就明白，等待他的也只有一个字：死。

按秦朝律法，刑徒逃走，监管官吏要负全部责任，即使按时到达咸阳，也无法得到额外宽恕。左也是死，右也是死，与其等死，不如反了。

那天，晴空万里、雁过留声，刘邦押解的队伍来到丰邑（今徐州丰县内）西部的湖荡里。刘邦将队伍停了下来，对着苍茫长空，默默无语。

此时的刘邦内心纠结无法释怀，从他内心而言，他从来没有想过要造反闹革命，他甚至想极力维护秦王朝的旧有统治，成为一名受秦王朝欣赏的"卫道者"。毕竟闹革命是条不归路，是脑袋别在裤腰带上的活，是个正常人都不会轻易去尝试。

事已至此，就算刘邦一心想继续为秦王朝服务，成为维护秦王朝统治的"卫道者"，也已是不可能。为了活命，目前摆在刘邦面前的只有一条路可以走——揭竿而起。

刘邦虽然在形式上揭竿而起，但他给自己也留有余地退路。他没有像其他造反者一般，撸起袖子挽起裤腿就干，他选择躲在深山泽莽之中，静观事态发展变迁。如果将来革命不成功，他至少没有实施具体的反革命举动，说不定还能争取得到从轻发落的机会。

刘邦下定决心之后，便与全体同僚和几个熟知的刑徒一声不吭地喝起了闷酒。当夜幕降临之时，刘邦亲自为所有未逃走的刑徒解开绳索，老泪纵横、深情款款地说："公等皆去，吾亦从此逝矣。"

面对刘邦的义举深情，所有刑徒都向他投以无限感激的目光，喝了换命酒、磕了生死头，随后如鸟兽散般三两成群结伴逃离。最后，还剩下十几个身强力壮小伙子不肯逃离，个个举着双手，对着月亮拍着胸脯发誓，誓死愿意追随刘邦，愿一同将革命进行到底。

刘邦对这群不离不弃的刑徒视如兄弟，很是欣慰，当即歃血磕头结为异姓兄弟。纳了投名状，他们开怀畅饮至深夜。正当刘邦一行酒足饭饱准备逃往山东、安徽交界的芒砀山中之际，一条白色的巨蟒突然豪横栏在了路中间，众人见状，无不害怕哆嗦不敢前行。此时，刘邦借着二两小酒的劲头，毫无畏惧，提着二尺长剑，手起剑落，将白色巨蟒斩成两段，溅了刘邦一身血。

众人见巨蟒已死，就紧随刘邦继续往前赶路，可没走几步路，就见一位白发苍苍、拄着拐杖、佝偻着腰的老妇人在路边呜呜啼哭，刘邦见状便让一位囚徒上前询问缘由。

囚徒：老人家为何深夜在此哭泣？

老妇：我本是天上的神仙，家中有两个儿子，一个叫赤帝子，另一个叫白帝子。今夜乾坤星移，赤帝子竟然私自下凡人间，装扮成凡人。这也就罢了，可奈何不知什么缘故，下凡成人的赤帝子竟然提二尺长剑，斩杀了白帝子，我可怜的儿子呀！

众人听闻，无不惊愕，纷纷望着刘邦，刘邦也是一脸的错愕，遂想起他刚提二尺长剑斩杀的白色巨蟒，莫非那条被斩杀的白色巨蟒就是这位老妇人所说的白帝子？而自己就是老妇人所说的赤帝子吗？

正当刘邦缓过神来之际，想向老妇人问个究竟之时，前方突然冒起一股青烟，老妇人随即消失在青烟之中，无从找寻。

众人见状都是云里雾里摸不着头脑，但大家又不敢在大虫（老虎猛兽）横行的深山多停留。还是刘邦胆识过人，大吼一声，招呼大家，便又匆匆赶路。从那以后，在刘邦称帝建国历程中，就隐隐传开了他是天神赤帝子下凡的传说，"赤帝子斩杀白帝子"的故事也广为流传。

好事不出门，坏事传千里。

吕雉很快便得知刘邦造了反，她虽然早有思想准备，之前也给刘邦多方鼓励支持，但真正得知刘邦走上不归之路后，她的心情又十分复杂，既惊又喜。吕雉自然明白造反闹革命是很危险的选择，随时都有可能丢掉吃饭的家伙，不仅刘邦本人，就连家眷都要被定性为"现行反革命"。

但吕雉毕竟不只是普通的妇道人家，在惊恐慌乱过后，心底又飘过一丝喜气。在吕雉内心深处，冥冥之中似乎已感受到，他们的命运即将伴随着刘邦的起事而有重大改变，甚至飞黄腾达、富贵难当。

如果可以选择，吕雉并不希望刘邦通过造反来改变人生。因为革命造反，并不是吕雉、刘邦改变现状的最佳选择，她更希望刘邦能遇到赏识他的"伯乐"贵人，通过自身努力被提携获取位高权重的官职，进而改变现状，获得幸福美满生活，走上人生极乐巅峰。

刘邦拍拍屁股闹起了革命，却苦了在家操持的吕雉。吕雉左等右等却没有等来富贵生活，等到的是当头棒喝，迎来了人生第一次牢狱羞辱遭遇。

按照秦律，一人犯法，全家连坐，四邻也要吃官司，所以自刘邦揭竿而起之后，官府就倾其全力追缉寻找，但刘邦一行人均不知所踪。找不到造反之人，那也不能就这样不了了之，县令大发雷霆，决定缉拿刘邦的家眷问罪。作为刘邦的妻子，吕雉自然是第一个被捕入狱。

秦朝的司法原则是轻罪重刑，知情不报，罪加一等，处以重刑。

刘邦身为基层一乡之长，不仅没有起到很好的表率作用，积极响应朝廷的号召，将稳定工作当作头等大事来抓，反而自由放任刑徒逃亡，最后甚至带头聚众叛乱造了反，这还了得，罪行之严重可以想象，官府自然是严加追查。

吕雉得知自己将被捕入狱，她没有哭天抢地喊冤枉，也没有魂飞魄散跪地求饶，她内心异常平静淡定，安抚好一双儿女和公公婆婆，便二话不说，抬着头挺着胸，雄赳赳气昂昂地踏进监牢大门，大有将牢底坐穿的巾帼气概。

刘邦叛逃起事之后，最为担忧和害怕要数县令。按照秦律，本辖区子民有叛逃作乱，作为党政军一把手的县令负有不可推卸的责任。

县令凭借多年的努力，好不容易坐稳了位置，成为实质意义上的一番诸侯，他很珍惜现有地位和职权。为了保住头上的乌纱帽，县令顾不得与吕文之间多年情面，决心挖地三尺也要将刘邦及其党羽缉拿归案。

刘邦毕竟是久混社会的老油条，别说缉拿他归案了，就连他的踪迹也无从查起。没办法，县令只好严格依法办事，拿吕雉开刀，说不

第五章　初次入狱

定吕雉还能提供些有价值的信息。县令决定对吕雉刑讯逼供。

此前交代过，县令起初在门客"欲成霸业，必先娶雉"的唆使之下，千方百计讨好吕文，想娶吕雉为妾，没承想被刘邦捷足先登。此情此景再面对吕雉，县令内心五味杂陈。

县令既感庆幸又感惋惜，庆幸的是他没娶得吕雉，因为事实证明，吕雉并没有旺夫命，从刘邦当下处境状况而言，吕雉应该是"克夫命"；惋惜的是吕雉的貌美如花即将在严刑逼供中不复存在，心中未曾得到的美丽即将陨落，不免生出些兔死狐悲的凄凉。

也许是县令不忍心亲眼见到吕雉受苦磨难，他将刑讯逼供的重任交给他的得意干将——县委组织部长萧何，去完成。

心乱如麻的县令显然忽视了一个事实，沛县各个部门的官吏大都是刘邦的老相识，又是乡里乡亲的，而且萧部长对刘邦一向欣赏有加。

萧部长也是有理想、有抱负、有知识、有文化的"四有"青年，他对秦王朝施与的暴政也多有不满，理解刘邦揭竿而起的苦衷，对刘邦起事掺杂了钦佩之情。因此，由萧何主审的刑讯也就如同走过场，应付场面而已。

虽然只是应付场面，但这过场毕竟还是要认认真真地走。吕雉虽然没有尝遍秦律十八般刑讯花样，但也着实吃了不少苦头。由于刘邦的作乱，根据秦律连坐制度，自然也连累了左邻右舍。吕雉不仅要承受对刘邦安危的担忧和刑讯所带来的苦痛，而且无法回避左邻右舍的质问和冷眼，那是一种心灵的煎熬。

吕雉人生第一次入狱，那感觉是既新鲜又害怕。秦末的监狱人满为患，沛县监狱也不例外。吕雉作为初入监狱的"新人"，虽然得到了萧何的关照，没吃太多苦头，但在狱中却没少受牢头狱霸的欺辱。

曾看过一则故事，说是县令为了报复吕文未曾将吕雉嫁给他，在吕雉被捕入狱之后，其阴暗潮湿的心理不可遏制地发作了，他不仅强奸了吕雉，还纵容众多狱卒轮奸了吕雉，并导致吕雉无法再生育。

笔者无法判断这则故事的真实性，经查阅诸多史料，包括野史，都没有发现相关记载，也许是其他史者为了故事情节所需而做的臆想、猜测罢了，但从故事的发生、发展过程分析，足以说明一个事实，吕雉第一次入狱的确吃了不少苦头，甚至受到了欺辱。

在众多欺辱吕雉的狱卒之外，有一位满身侠肝义胆的狱卒对吕雉格外关照，他就是刘邦的同乡——任敖。

任敖为人仗义、豪爽，率性而高傲，是个天不怕地不怕的硬汉子，他从来就认为我天下第二，就没人敢说自己天下第一的人物。就是这样一位自负无比的人物，唯独对刘邦钦佩得五体投地，甘为刘邦马首是瞻。

因为，刘邦比他更仗义、更豪爽、更高傲、更自负。

任敖对吕雉怀有深深的江湖大哥嫂子之情。当他得知吕雉在狱中无端受到欺辱之时，他怒了，手提二尺长剑，将欺辱吕雉的狱卒打得满地找牙，并对所有狱卒宣誓，吕雉是他的大嫂，其他人莫想再欺，否则莫怪他无情毁灭打击。

狱卒原本只是想借着羞辱吕雉一番要么消遣娱乐，要么报复刘邦平日无礼辱笑，都没太当回事，此时见任敖如此认真，不仅打伤了那些曾经欺辱过吕雉的狱卒，甚至摆出了拼命三郎的架势，大家也就觉得索然无味了，多一事不如少一事。

在萧何、任敖多方关照之下，在吕文多方斡旋奔走之下，吕雉入狱不久就获得了保释。回到家，见到多日不见的儿女，吕雉最后一道心理防线彻底崩塌，任凭眼泪打湿脸庞，任凭哭泣哀号放肆怒吼。

第一次入狱，让吕雉百般受辱，她从一个大家闺秀、千金小姐，成为家庭主妇、农家妇人，甚至沦为阶下囚，她已丧失尊严，甚至隐隐埋下了对刘邦某种说不清道不明的恨意，若不是刘邦不顾家人死活闹什么革命，她也不至于入狱；若不是刘邦平日戏谑成性得罪那般虎狼狱卒，她也不至于受其莫大羞辱；若不是刘邦逍遥在外无法无天，她也不至于如此无助。

恨归恨，吕雉心底还是不可遏制的萌生出希望的种子，她多么希望刘邦在"抗秦战争"中能有所建树，能有所成就，甚至……往后的希望她却不敢奢求，她所能做的就是全心全意照顾好刘家老小，一心一意争当刘家三好媳妇。

第六章

秘密信使

　　无端遭受了牢狱之灾后，吕雉没有因为受尽苦难而变成心理扭曲的怨妇，也没有因为遭受羞辱而变成絮叨喊冤的祥林嫂。

　　牢狱经历，不仅没有摧垮柔弱的吕雉，反而让她更加坚毅果敢。吕雉前往芒砀深山充当刘邦的通讯联络员，将朝夕莫测的时局风云际变，特别是沛县局势动荡一五一十告知刘邦，好让其静观其变。

　　吕雉毅然决然接受吕文的建议，表明她对父亲的充分信任和崇拜，也折射出吕雉心理的微妙变化，一颗阴暗潮湿的种子正蠢蠢欲动势不可挡地萌发破土。

　　吕雉这次是真的豁出去了，大有誓与刘邦将"抗秦战争"的"夫妻店"经营到底的架势。吕雉之所以敢豁出去，并不是因为她有多么高尚的觉悟，也不是单纯为了打击报复或者谋求富贵，她内心深处更多的是想通过做一些事，通过让身心疲惫而麻痹心灵，试图让灵魂深处得以片刻安宁和慰藉，甚至暂时忘却曾经遭受过的无端屈辱。

　　此前提及，县令多方设法通缉追拿刘邦，可最后连个鬼影也没能找到，刘邦等人犹如石沉大海，杳无踪迹。官府百般追寻无果情形之下，吕文为何会唆使吕雉前去联络刘邦呢？个中缘由甚为奥妙。

按照《史记·高祖本纪》和《汉书·高帝纪》记载，吕雉之所以每次都能准确无误地找到刘邦的藏身地，是因为刘邦无论走到哪儿，哪里就有五彩云气缭绕。

据传说，五彩云气是天子之气，是象征皇权君主之表征，也正是该云气一直隐隐困扰着秦始皇，秦始皇甚至派过军队镇压这股"邪气"。

"高祖隐于芒砀山泽间，吕后与人具求，常得之。高祖怪，问之，吕后曰：'季所居上常有云气，故从往常得季。'高祖又喜。沛中子弟或闻之，多欲附者矣。"

司马迁在《汉书·吕后本纪》中曾描述吕雉"性格刚毅""佐高祖，定天下"。

那么吕雉如何佐高祖定天下的呢？

据现有史料推测，这一描述还得从刘邦藏身芒砀山，吕雉往来通风报信传递消息开始。

有史学家认为，吕雉能精准地找到刘邦于芒砀山之中的踪迹，是人为效果，是吕雉和刘邦合演的一出夫妻双簧戏，刘邦与吕雉合谋叛乱，属于"先谋而后动"。

背叛官府，啸聚山林，是株连九族的严重罪行，刘邦身为基层人员，对其严重性应该有清醒而深刻的认识。因此，认定刘邦在决定逃亡芒砀山之前，已做了充分的考虑，并做了妥当的安排。

芒砀山距离刘邦老家不远，刘邦作为负责地方治安的一乡之长，对芒砀山的地理环境早已了然于胸。同时，刘邦在逃亡之前已对家人作了一定的安排，对逃亡之后的行动计划也有了长远打算，所谓"斩蛇起兵"——赤帝斩杀白帝，隐身芒砀山，绝对不是一时心血来潮之举，而是深思熟虑之后的慎重选择。

有的史学家则认为，吕雉和刘邦已经深刻地洞悉秦朝统治难以长久，反秦怒潮不久便会淹没大江南北，与其尽心职守而殉葬于反秦的怒潮之中，不如逃亡江湖，召集乡邻，等待时机，窥天下大乱之时，一举成就千秋伟业而留名青史。

还有的史学家认为，刘邦隐身芒砀山之与英布、彭越"为盗"不同。刘邦有着明确的政治目的和价值取向，他在释放囚徒之前，早已与吕雉、吕文商量妥当，把藏身之地、行动计划悉数告知吕雉，好让吕雉为他传递消息，了解时局风云。

吕雉则坚信刘邦不是凡夫俗子，她也不甘心只是一名混迹于田间地头、厨房厅堂的家庭主妇，就此消耗一生青春年华。所以，吕雉对刘邦的选择当然坚决支持。吕雉在吕文的帮助之下，利用封建迷信的力量，编造神话蛊惑人心，多方施展妙计，为刘邦在一群草莽之中树立了不可逾越的威信力和不可比拟的号召力。

上述是诸多关于吕雉与刘邦隐藏芒砀山而造反的"阴谋论"，也是历史学界众多普遍观点之一。

笔者认为，持上述观点的历史学家大大高估了吕雉、刘邦的心智和眼光，犯了严重的形而上学静止观论断。用现代人的思维理解和审视2000多年前的社情民意，是现代人对吕雉、刘邦心理及行为的无端臆想。

且不说吕雉与刘邦合演双簧的现实操作可能，暂论吕雉心理微妙变化便可窥探一二。

吕雉原本只是一个平凡的大龄剩女，她对生活充满了无限憧憬。吕雉内心并非狂荡不羁，初心不改的她，始终希望刘邦能顾及一家老小，好好在朝为官，获得上司赏识，早日谋一个肥缺美差好官职，多捞些外快，好改善家庭物质生活条件，称心如意地过把官太太隐便也知足。

那时候的吕雉还是比较保守，瞻前顾后。所以，单从接受程度而言，吕雉不仅不会配合刘邦如此这般乱臣贼子，甚至还会百般劝阻其犯上作乱闹革命，不为自己小命考虑，总得为家中妻儿老小着想吧。

而从现实操作层面分析，沛县距离芒砀山的距离有240里，在"交通靠走，通讯靠吼"的古代，一个正常的成年人如何去熟知远在240里之外的地域？即使是常年奔走于沛县和芒砀山之间的成年男子，也不容易辨识其方位和具体地点，更何况是一位从未出过远门（至少史料中没有任何证据显示吕雉此前到过芒砀山之中）的家庭主妇呢？

芒砀山即不是吕雉从小成长的娘家，也不是她闲来无事逛街购物度假休闲之地。240里路，按照一个成年妇女正常行走速度，至少要3至4天时间，那么吕雉如何度过这漫长且危机四伏的路途呢？

再者，芒砀山是什么地方？在当时，那是深山老林，有古老秀美、神奇的芒砀十三峰，有许多至今都未开发的岩洞和墓群，峰峰有传说，洞洞有传奇，山中野兽草莽层出不穷，处处危机暗藏。

一般普通女子根本无法完成精确寻找一群居无定所、飘忽不定囚徒踪迹的任务，这是一项不可能完成的任务。

持上述"阴谋论"观点的史学家还认为，刘邦身为基层官员，对背叛官府、啸聚山林行为的严重后果是有深刻认识的，他在决定逃亡芒砀山之前，已与吕雉商量妥当，做了充分考虑和妥当安排，与吕雉约定他将藏身芒砀山的详细计划。

持这种观点的人其内在逻辑也是经不起推敲的。刘邦此前也多次押解刑徒前往咸阳等地服役，此次刘邦如往常一般押解一批囚徒前往咸阳服役，不料中途发生"越狱"突发恶性事件，不少刑徒逃跑了。

这一突发事件，于刘邦而言是"如有雷同，纯属意外"的事件，事前无任何征兆。面对突发意外事件，刘邦甚至还来不及反应，那么他如何有时间有空间与吕雉达成夫妻"攻守同盟"约定？

即使事前真有某些约定，请问能详细至变化莫测的具体行程安排吗？且通过事前约定，吕雉就能轻易多次精确寻找到刘邦等人的藏身处所，如果这一切真的是吕雉和刘邦事前约定沟通好的，只能说，上苍太过眷顾吕雉，她十分幸运地每次都能猜到刘邦身居何处。如果吕雉有机会买彩票，一定会中几个亿的大奖。

综上所述，笔者大胆推测吕雉成为秘密使者，经历是如此这般：

吕雉出狱不久之后，冒着累犯加重处罚的风险，在吕文唆使和秘嘱之下，决定亲自前往远方寻找刘邦，一来看望慰藉刘邦；二来为刘邦送去沛县最新社会动态，好让他了解外界形势。

至于这个远方是何方，吕雉心底一开始也完全没有底，她只听父亲吕文说过，刘邦身处峻林险恶的芒砀深山之中。

刘邦一行人藏匿于芒砀山之中，是他们十几个人才知晓的绝密，外界根本不知道他们藏身何处。所以，当县令发出通缉令之后，其他人根本无法找到藏身之所。

"高祖隐于芒砀山泽间，吕后与人具求，常得之。"为何吕雉能常得之，而其他人却无法得之？

这其中的隐情就在于吕雉身怀绝技，这绝技源自吕文的言传身教，具有观天纳气的本领，这也是吕文敢于唆使吕雉前往远方寻找刘邦的原因所在。

　　刘邦自带天子气象，头上常常环绕五彩云气，因此，吕雉只要跟随远方的五彩云气定能毫不费力地找到刘邦。

第七章

辅助定天下

司马迁评价吕雉"佐高祖，定天下"，就是以为刘邦谋划起义，为刘邦充当秘密信使为起点。

吕雉可不像后来的那些个官太太、姨太太，整天只知道浓妆艳抹花枝招展，听戏遛狗打麻将，叼根大烟跷起二郎腿就敢替老公受贿钱财。

在辅佐刘邦定天下方面，吕雉有两个突出作为：一是为刘邦传递消息；二是为刘邦舆论造势。

关于传递消息，吕雉在听从父亲教诲之下，凭借一身"能耐"，担忧丈夫安危，只身一人深入荆棘遍布、猛兽横出的芒砀山泽间，为刘邦传递外界最新消息。此举并没有太多的政治考量，可以说是无心之举，自发之行。

关于舆论造势，则是吕雉和吕文在刘邦起兵之初最重要最得意的政治作为，可以说是吕雉政治意识觉醒的成熟表现。

早在刘邦啸聚芒砀深山之初，吕雉便凭借三寸不烂之舌功夫，抓住普通百姓无知、蒙昧的心理，广泛散布"赤帝子斩杀白帝子"、"五彩云气定行踪"等蛊惑人心的言论，使刘邦的威望在短时期内就飙升到了新高度，获得了不同凡响的效果。吕雉昧着良心为刘邦摇旗呐喊躁动鼓吹，这已充分展示了吕雉不一般的政治智慧和过人手腕。

在刘邦为首的匪军攻打入城前夕，沛县城中的父老乡亲在吕文的亲自掌舵之下，用占卜的方法推演预测了此前关于刘邦种种神异传言的真实可信度。

一时间沛县的老老少少，都认定刘邦是上天下凡的一代明君，所有人的荣华富贵都得靠刘邦来实现。

也许是时局动荡人心慌，大伙儿都忽略了一个重要信息点，是谁用占卜的方法来演示推测刘邦种种神异？又是谁认定刘邦就是上天下凡的一代明君？这个人就是吕雉的父亲吕文，而有力的助推手就是吕雉。

吕文、吕雉充分运用占卜专业知识，以"天"的名义认定刘邦是沛县反秦领袖，他们至少犯了先入为主的形而上学错误观。

吕文一开始便认定刘邦绝非池中之物，日后定能成就一番伟业，在心理暗示之下，他闭着眼就认定刘邦将来必定会是个明君。

吕雉则不假思索全盘接受父亲观点，更有添油加醋、大肆奔走相告之举。吕雉父女二人吹风造势，让刘邦轻易制胜于社会舆论风口。他们硬生生地将刘邦从一个地痞流氓、恶棍无赖扶持为代表天、代表神、代表祖宗的救世主。刘邦一夜之间爆红于民间巷里，成为民间热议、公众热捧、乡绅热推的"公众人物"。

吕雉和吕文的大肆造势，让刘邦毫无悬念地抢占了舆论制高点，获得了传统"法理"基础。吕文假借上天旨意，他说的话就代表着神和祖先的意思，而上天、神、祖宗则是最具权威的传统"法理"。

随后，在吕雉、吕文、萧何等人的帮助下，以刘邦为首的沛县籍匪军雄赳赳气昂昂，地开进沛县县城。通缉犯刘邦摇身一变，竟然华丽丽转身成为沛县的新主人。

话说刘邦是欢天喜地地回来了，却也有一堆问题亟须他解决。首先要解决的就是要公推公选出一名沛县反秦领袖。

吕雉和刘邦都清醒地认识到，反秦领袖位置的重要性，这个位置是刘邦实现"大丈夫当如此"的首要位置，因此，他内心十分渴望能得到该职位。

虽然刘邦平日里就以臭不要脸出名，但他没有突破人格底线，没有公然干起"跑官""要官""买官"的勾当。

刘邦深深明白，"跑官""要官""买官"在时局不稳的混乱时期是犯大忌的，若出现纰漏，被人痛骂臭不要脸事小，被人侮辱人格低贱事大。

刘邦自认为是个讲究的人，虽然平日里骗吃骗喝惯了，但他也有强烈的自尊、独立的人格。因此，面对反秦领袖这一位置，刘邦心里犹如被猫抓一般痒，想要却又不能伸手、开口去要，这让刘邦很着急上火，他倍感煎熬，以致内分泌失调、代谢不通畅，顿时让刘邦感到一个脑袋两个大。

刘邦脸黑得像口大黑锅，深深地陷入了进退维谷之境。刘邦冒着被通缉杀头，家人遭株连的风险，振臂一呼揭竿而起，富贵险中求，最终被众人推举为沛县反秦领袖。

刘邦领回来的一群匪军死士都与他有着过命生死之交，大伙儿也都早认定他为老大，誓死效忠，绝不背叛。如果轻易将反秦领袖位子让予他人，他内心自然十分不甘不愿不舍。

但在异乎讲究身份、地位、血统、门第的秦朝末期，按照当时的身份、地位、血统和门第而言，萧何、曹参都是部级、局级了。此外，还有众多名流绅士、豪气义士，他们的影响力和话语权，都不在刘邦之下。

那时的刘邦只不过是沛县泗水亭乡长，连个堡股长都比不上，显而易见，萧、曹等人的身份地位都远远在刘邦之上。

刘邦还算有些自知之明，隐隐觉着自己学艺不精、游手好闲、一穷二白，与萧、曹二人相比，实在不敢相提并论。

就在刘邦犯难摇摆不定之时，吕雉的一句话点醒了梦中人：屁股决定脑袋，位子才是关键。若此次轻易将反秦领袖让贤他人，看似刘邦大度大气大量，但若再想上位，就没有那么简单了。

再者，即使刘邦愿意将反秦领袖一职让予他人，可他是否想过追随他的那些个亡命兄弟感受？就算刘邦能答应，可那帮兄弟能否答应？就算兄弟们嘴上能答应，可他们手上的家伙能否答应？到时候道上的各路兄弟会如何看待他？他这张老脸以后还怎么在江湖道上混？

吕雉得出结论，这个领袖之位坚决不能让贤，毫不客气地据理要争，无理取闹也要争，头破血流更要争，天昏地暗还要争，反正就是争、争、争，争到手才是硬道理。

听了吕雉的话，刘邦内心更加坚定。他笑了，吕雉也会心地笑了，她的笑容是那么的淡然，淡到几乎察觉不到。

萧、曹二人在密谋举事造反之初，内心也是多有不安，犹豫矛盾之际召开会议，定下了个万全之策：让刘邦充当老大。在举事未成之前，暂时先任由他过几天领袖瘾，绑着线的蚂蚱蹦跶不了几天。

萧、曹暂且放弃头把交椅的决定，自然有他们的深度考虑。以刘邦为匪首，如果起兵成功了，自然什么都好说，萧、曹二人随便凭借已有身份、地位和权势，有信心、有决心、有能力夺回头把交椅位置。如果失败了，主要责任可以推给刘邦，他们不过是胁从者，甚至可以保全身家性命全身而退。

萧、曹二人在沛县是家大业大的大户人家，家室田产甚多，宗族势力庞大，一旦起兵失败，举族问斩，这个风险实在是冒不得。而刘邦就不同了，烂命一条，即使起兵失败了，谁都不会在乎他的死活。

人算不如天算，自作聪明的萧、曹二人，千算万算却漏算了一个简单的道理：兵权至关重要。

刘邦的身份地位固然比不过萧、曹二人，但他身边早已聚拢了一批烧过香、磕过头、喝过酒、拜过把子的敢死队。

动乱不堪的秦末，道上的朋友还是很讲职业道德的，出来混，就讲一个"义"字。

当刘邦领着一群衣衫褴褛、凶神面煞的亡命之徒回到沛县之时，王者霸气已初显，道上兄弟个个都为刘邦马首是瞻。萧、曹二人见势，已知大势不利，徒有乡绅之名望，已无法驾驭这群视死如归的绿林好汉。退一万步讲，即使刘邦谦虚让出匪首职位，他们也没有十足的把握能统领好这般粗野匹夫。

此前萧、曹二人为了拉回刘邦草寇举事造反，用蒙蔽伎俩欺骗县令，不料县令迷途知返，待清醒之后，全城缉拿萧、曹二人。萧、曹二人为了自保，在夜黑风高之夜，买通守城将士，从戒严防范甚密的城墙头顺根绳子逃至城外，灰头土脸地投靠了扎营城外的刘邦。

至此，萧、曹二人已明显处于劣势。萧何善谋，曹参善兵，而刘邦善御人。萧、曹二人虽然有超乎常人的谋士将才，但刘邦却有驾驭谋将之术，此将帅能力，绝非萧、曹尔等可以匹敌抗衡。

在吕雉吕文舆论造势鼓吹之下，在萧、曹等人虚伪推让之下，刘邦假意几番谦让之后，便心安理得接受了吕雉的提议，一屁股坐到了沛县反秦匪首的宝座上，世人尊称其为"沛公"。

为了严肃军纪，敬畏天意授命，刘邦在吕雉、吕文的强烈要求之下又隆重举办了反秦匪首就职典礼仪式。在就职典礼当天，吕雉再次柬言刘邦，你刘邦本是流氓废柴，所以，唯一能让你高大上的办法，就是要学会攀附，具体点说就是要攀附天、神和祖宗。吕雉要求刘邦在就职典礼上大肆再次鼓吹赤帝子杀白帝子的传奇，并将刘家军的旗帜定为红色，祭祀皇帝和蚩尤，希望皇帝和蚩尤保佑反秦战役战无往不胜。

至此，刘邦拉来开了"抗秦战争"的历史大幕，以丰邑为根据地，聚集了一支两三千人的队伍，正式加入到陈胜、吴广发起的反秦洪流之中。吕雉在刘邦"抗秦战争"中始终如一地支持其事业，成为名副其实的贤内助。而在吕雉父女的强烈推荐和要求下，吕氏族人也大都加入到反叛的队伍中，成为日后吕氏"外戚派"的中流砥柱。

在随后长达近8年的抗秦战争、楚汉战争中，历史舞台尽显男人间的权力之战，历史演绎了一幕幕活话剧——刘邦、项羽、张良、韩信、萧何等人的一生故事。在历史战争中，女人从来都不是主角。从现有史料和各种文学素材看，吕雉在抗秦战争、楚汉战争中的出镜率极低，而虞姬和戚姬的历史地位和影响力远不如她，出镜率却高过她。

吕雉在抗秦战争、楚汉战争过程中出镜率极低，即使是唯一出现的一幕，却也渲染了极其浓烈的悲剧色彩。

此阶段的吕雉出镜率低下，直接表明了她被冷落、被忽视、被抛弃的命运，也预示着她必然会通过抓住一切权力、玩弄一切欲望而实现内心世界的平衡和慰藉。

第八章

因为爱情

　　长话短说，在吕雉等人的推波助澜之下，刘邦正式向全世界宣布，他将代表老百姓根本利益，反了秦二世。在此之后的几年里，刘邦经过无比艰辛经营和难以想象残酷争斗，他所率领的"反秦军"已初显规模。

　　世间万事万物时刻处于发展变化过程中。刘邦起初面临的主要矛盾是秦王朝旧有封建势力和反秦新生封建势力之间的争斗。

　　随着秦军主力被项羽消灭，刘邦巧妙绕道攻陷夺取咸阳，反秦各路义军势如破竹，秦王朝瞬间土崩瓦解不复存在。刘邦所面临的主要矛盾转变为刘家军和项家军谁主沉浮逐鹿中原。

　　刘项二人从鸿门宴到火烧栈道，从平定三秦之地到彭城大战，从鸿沟义约到十面埋伏，最后结局是，项羽败北，自刎于乌江，刘邦实现了"大丈夫当如此"的宏伟梦想。

　　胜利的果实不可能轻而易举摘得，刘项之间的争斗不仅跌宕起伏扣人心弦，而且异常残忍激烈。在刘邦南征北战初期，闯南走北风餐露宿，实在不方便携着负重前行。刘邦思虑再三，所以决定将吕雉妻儿老小留滞家中，拍着胸脯对月亮发誓，待其宏图大展之日，定不辜负结发之妻和家中老小，共享荣华富贵安享人生。

吕雉一如往日般乖顺，默默颔首，悄然无声拭去已落下的泪珠，内心多了几分期待，多了几分担忧。这里头不仅饱含了对刘邦人身安危的记挂，也隐含了对刘邦放荡不羁性格的纠结。

当然，刘邦如此这般安排，除了从战略战术上有一定考虑之外，还暗藏了其不可告人的小秘密。刘邦生性喜渔色，纵然拓疆扩土厮杀相拼异常艰辛，却也丝毫不耽误拈花惹草。倘若吕雉伴随左右，定有诸多不便，岂不束缚手脚。

吕雉自然明白刘邦的小心思，她努力树立好妻子、好母亲、好媳妇形象。因此，在刘邦还未来得及发咒赌誓之时，吕雉便用一双已不再娇嫩的双手堵住了刘邦的大嘴，力劝他要以事业为重，要他心无牵挂去奋斗去追求，若有朝一日发达辉煌了，切莫忘记为他守家尽孝的。

随着身份地位权势的不断提升，刘邦在情感忠贞方面的确有负吕雉，但他对吕雉也还念夫妻之情，建汉称帝之后，不仅封吕雉为皇后，而且也给了吕雉家族极大权势，大概"糟糠之妻不下堂"也不过如此吧。在崇尚三妻四妾的秦汉时代，刘邦彩蝶相拥实在算不得什么大事，更何况刘邦已是开天辟地权极巅峰的一代帝皇。

刘邦的痞子无赖形象早已深入人心，可在他即将踏出家门去追求不可预知的明天之时，他铁汉柔情流露出作为一名儿子、一个父亲、一位丈夫的人性之爱，内心深处多了一丝不舍、不安和不放心。

刘邦决定，在离家之前要为吕雉为家里做一些事，好求得心理的慰藉。刘邦对自己所从事的造反事业有着清醒的认识，长期出门混社会，过着脑袋系在裤腰带上的日子，出来混，迟早是要还的。因此，刘邦思前想后，决定给家里雇佣一名管家。

雇佣管家，看似很小的一件事情，但管家人选着实让刘邦费了不少心思，这个人不仅要能干，而且要忠诚；不仅要忠诚，而且还要本分；不仅要本分，而且还要厚道，他可不愿意"家中红旗变绿帽"，果真那样的话，那他刘邦将是历史上一大笑话。

经多方物色、推荐、考察，刘邦决定聘请看似忠厚本分的审食其担任管家，代为料理家中事务。

审食其何许人也？他是刘邦的同乡，年龄与刘邦相仿，长着一张老实巴交的憨厚脸，是连放个屁都不响的半拉子秀才，没有什么真才实干。刘邦正是看中了审食其的薄才与本分，才放心将家眷后庭全权交由其操持管理。

为了安抚审食其，刘邦与他来了个"苟富贵勿相忘"的约定，而审食其平日里就对刘大哥言听计从，此次受重托，异常激动，便信誓旦旦拍着胸脯发誓：绝不辜负大哥的重托期望，必将全心全意照顾好刘家上下老少，尤其会照顾好嫂夫人，请刘大哥放心安心地去闯天下吧。

那一刻，刘邦望着满腔热情、纯朴无邪的审食其，他放心了；面对吕雉和家人，他安心了。

那一刻，审食其的漠然脸上似有似无地闪现了一瞥让人看不懂的笑意，那笑容有些诡秘还有些潮湿。

自命清高又无所事事的审食其得了这个美差自然十分高兴，整日厮混度日，喝着小酒唱着小曲，眼里瞄着心里想着丰姿绰约却又独守空房的美人儿，这日子真是惬意宜人。

审食其没什么才干，起初还算本分，守着年轻貌美情欲旺盛的吕雉虽然心中犹如猫抓般搔首难耐，但言行总还算规矩谨慎。

抗秦战争、楚汉争霸期间，刘邦常年不在家，刘老太公年事已高，经常间歇性犯老年痴呆症，因此家中大大小小的事务都由吕雉和审食其把持掌管。

吕雉只是一名手不能干粗活、肩不能挑重担的普通女人，可她却要独自承担起一大家子起居生活。吕雉起步阶段异常艰难，她内心极度渴望被尊重、被需要、被疼爱、被呵护。

吕雉本一心想寄托于丈夫，即使肉体上暂时无法得到满足，但她多么渴望心灵精神方面能获得些许慰藉。可生性喜渔色的刘邦怎么可能耐得住寂寞，顾得了吕雉的情感需求呢？关于刘邦的种种桃色绯闻，如滔滔江水，连绵不绝流传涌入吕雉耳中。

此前刘肥的存在，吕雉无法也无力改变，毕竟是她与刘邦结婚之前的既定事实，可之后关于刘邦的种种绯闻，则是她灵魂深处无法逾越的一道天堑。

吕雉是有教养、有学识的知性女性，她没有像很多头发长见识短的村姑悍妇般一哭二闹三上吊。

吕雉内心本充满了无限期待，可接连不断的桃色八卦新闻，让她内心一次又一次倍感痛苦和折磨。刘邦尽干那些丑事，吕雉恨不得把头埋到地缝里不再见人，她根本无法也无处宣泄积蓄已久的压抑情绪，时间一长几乎让她陷入人格分裂和心理扭曲的深渊。

简单点说，刘邦离家打拼天下的那几年，吕雉过得非常不容易。现实生活迫使吕雉无尽挣扎，内心空虚寂寞冷，她孤独煎熬，她多么希望自己的男人能陪伴在身边，哪怕是瞬间的短暂也行，可这所有的一切，对她而言显得太过奢侈，太过无奈。

终于有一天，吕雉得知刘邦身边多了一位能歌善舞的戚姬，要是这个戚姬也只是刘邦一时兴起的朝露之水也就罢了，可刘邦对戚姬却格外疼爱有加，即使上前线打仗都形影不离地带着她。

那一刻，吕雉的心被猛烈刺痛着。那晚，北风呼号、天地潇潇，连惯常哀号的野狗也懒得发出叫唤，吕雉将一双儿女推给公公婆婆，独自一人跑到离家不远的小土坡上号啕大哭，任凭泄了洪的泪水浇湿脸庞，凛冽的寒风无情拍打着不再光滑的肌肤。

那一夜，吕雉似乎是无助的弃儿。吕雉深深地明白，此时的她，已然是一名弃妇，一名心怀怨恨，无限悲伤的弃妇。

那一夜，吕雉的心已死，她已不再是她，她终将成为历史上真正的大汉女主吕雉。

既然黎明的太阳还会升起，那么生活就得继续。吕雉决定：既然改变不了世界，那么就改变自己，让孤独无助的内心变得强大，宁可我负世人，决不让世人负我。

再说审食其，他人如其名，懂得审时度势，隐隐窥探吕雉辛酸情结，心中的非分之想时刻撩拨得他躁动不安。

这还要从他第一次遇见吕雉说起。那是吕雉举家搬迁到沛县不久，那时吕雉还并不认识刘邦。那天，腼腆羞涩的审食其在人海茫茫的集市之中，不经意偶遇出来看热闹的吕雉和妹妹，穷困潦倒清高孤傲的审食其，一眼便瞧上了这位山东标志型大美人吕雉，并将她深深地装进了心底，他无法自拔地欣赏暗恋着吕雉，犹如吕雉是只因天上有的"仙女"。

审食其与刘邦同岁，早年家境尚好，读过几年私塾，但后来突遭变故，家道中落，自身条件又不过硬，他始终没有成家，甚至连场像样的恋爱都没谈过，日复一日成长为油腻中年大叔。

审食其对吕雉可谓是一见钟情，他单相思暗恋上了吕雉。纵然审食其怀春欲盛，暗恋成灾，终究无法捅破那层懵懂中年情怀的窗户纸。

审食其毕竟读过些书，相较一般文盲莽夫有较高的政治觉悟，他能清醒摆正自己的位置。虽然受托于刘邦，可当下的主人是吕雉，正所谓县官不如现管，因此吕雉说什么他就做什么，言听计从，唯唯诺诺。

审食其的言行举止让吕雉充分感受到被尊重、被需要，这也极度膨胀了吕雉对权力对欲望的奢求。吕雉毕竟只是一个女人，一个似水柔情的女人，问世间情为何物？真情只在朝夕默契之间。

女人需要男人，需要男人的力量，需要男人的疼爱，哪怕只是一个温柔的眼神，一丝沁人心肺的笑意。刘邦常年不在家，吕雉很孤独。虽然审食其不够纯爷们，但他毕竟还算是一个正常男性，至少生理上功能上是健全的。

审食其就这样毫无征兆地闯进了吕雉的生活，或者说，是吕雉未加防范地闯入了审食其的生活。他们朝夕相见，她似水柔情的眼神，他举手投足的魅力，这一切都让他们彼此感到新鲜刺激，也让吕雉有了完整家庭的感觉。她在寂寞的夜里感觉不再那么孤独那么煎熬。也不知道从什么时候开始，他们渐渐生出了眉来眼去的苗头，再进一步就眉目传情兼心有所想了。

到底是谁先眉目了谁，无从考究，但终归一点事实是，他们逐渐发展出婚外情。

当时刘太公年老眼花，心迷脑晕，根本管不了那些个鸡鸣狗盗、鼠辈苟且之事。吕雉的一双儿女尚且幼小，怎么可能察觉呢？即使察觉了，他们也不能理解其中的隐情。

吕雉与审食其相互勾搭，几度刺激几番缠绵，二人掩人耳目，瞒着家中老老少少悄然过起了同居夫妻生活，演绎了一出露水情缘的戏码。吕雉与审食其自从第一次偷情成功之后便一发不可收拾，干柴被熊熊烈火点燃，成就了他们的人性欲望。从此吕雉与审食其私密之情，伴随着吕雉一生。

那时的刘邦正由东向西夺城拔寨，离家乡沛县相去越来越远，音信越来越少，战乱风云扑朔迷离，刘邦无暇也无力顾及吕雉家眷。这倒也成全了吕雉和审食其相亲相爱。

战事纷飞人烟灭，古往今来几人回？

征伐裹戈乡音无，空留荒冢望天际。

历史上所有的战争本残酷无情，楚汉争霸尤为异常激烈，公元前205年刘邦兵败项羽于彭城。

在项羽的军营中，有一位才智过人的谋臣——陈平，因才高过人，被人羡慕嫉妒恨，他在楚军中处处被人压制受人排挤，没有得到项羽的信任和重用。

陈平具有非凡的洞察力，他窥探出项羽残暴不仁，他亦明白"水可载舟，亦可覆舟"人心向背的道理，纵然项羽具有过人的武夫之勇，但历史大势必定向有利于刘邦的方向发展，所以陈平毅然决然地弃暗投明，归顺刘邦。

陈平归汉之后，刘邦翔实掌握了楚军虚实，遂决定趁项羽忙于齐地战事后防空虚之机，一举端掉项羽的老巢——彭城，也好在父老乡亲面前扬眉吐气风光耀人，让一直默默在家乡的父母妻儿也美美风光一番。

刘邦占据了三秦之地，又巧妙地找了个借口，所谓师出有名，集结五十六万大军，在几乎毫无抵抗的情况下，沿着黄河南岸迅速推进到外黄（今河南兰考东面）。

那时曾经一度臣服齐国的彭越，已经攻占了原属于魏地的十余座城池，发展到三万多兵马，主动投奔刘邦。彭越是秦末最早起兵的英雄之一，勇敢善战、谋略过人，有股狭义气概。彭越投奔刘邦，不仅在军事上增强了汉军的实力，更为重要的是在政治上极大地提升了汉军的士气。

刘邦为了抚慰彭越，立即恢复魏王豹的王位，任命彭越为魏相国，授予他收复魏国土地的全权，实际上是把治理魏国的权力交给了彭越。

在对部队稍作一番休整之后，刘邦以近六十万大军之势，轻轻松松地夺取了彭城。刘邦就这样把汉军军旗插到不可一世的西楚霸王项羽的都城之上。

彭城虽然插上了由吕雉亲手设计的汉军军旗，可让人大跌眼镜的是，狗血剧情再次真实上演，战事瞬息万变，一转眼，刘邦不仅失去彭城，就连吕雉和家眷老小也都成为项羽的俘虏。

到底怎么回事呢？按理来说，刘邦夺取项羽的首都是锣鼓喧天鞭炮齐鸣的天大好事，是对竞争对手的致命一击，但事物往往不会如此简单而又合理，问题的症结点就在于刘邦。

略懂历史的人都知道，之前刘邦巧夺咸阳，亲手接过了子婴的传国玉玺，贫农出生的刘邦根本无法抵御咸阳宫殿的极奢诱惑，美女珍宝楼阁庭钰，无不让刘邦迷失自我。后来，迫于战势，刘邦在樊哙、萧何等人力劝之下成功实现胜利大逃亡，躲过"鸿门宴"之危，但咸阳的珍宝美女则被项羽悉数运回彭城。

此时，刘邦在彭城再次轻易地重获曾经失去的美女珍宝，这一切让他再次无法自拔地迷失自我，根本无法判断所面临的危急形势，更忘记了近在咫尺的吕雉家眷老小。

喜好酒色的本性蒙住了刘邦的理性政治慧眼，在咸阳宫殿中没能尽情享受的欢乐，他要在彭城找回来。那段时日，刘邦终日置酒高会纸醉金迷，对父母妻儿全然不顾，甚至连最大的现实危险——项羽，也置之不理，好不潇洒，好不快活。

刘邦作为汉军主帅犹如此，其部将可想而知，跟随刘邦的关中兵士回想起当年项羽在咸阳的种种罪恶行径，早将刘邦不得烧杀抢掠的"约法三章"束之高阁，活生生展现人性最丑恶的恣意报复。一夜之间，彭城陷入一片白色恐怖之中。

刘邦此次长途奔袭，轻取彭城，完全是侥幸成功。刘邦率领六十万大军攻伐之时，留守彭越的少量楚军根本没有任何防备，那时楚军的军事力量主要集中于齐地，彭城几乎是一座空城。

刘邦虽然夺取了彭城，但汉楚大军还没有真正正面交锋，项羽的有生力量并没有伤筋动骨。如果项羽以迅雷不及掩耳之势回师反击，那才算是真正的决战。虽然此前有陈平的铺垫，但刘邦对项羽军队的战斗能力还并没有真正的了解。

历史总是惊人的相似，一遍又一遍重复着昨天的故事。刘邦被表面所谓的胜利冲昏了头脑，自以为手握六十万大军，无论项羽如何彪悍也不可能是他的对手。

殊不知，刘邦高估了自己。其中缘由不难理解，刘邦所统率的六十万大军，只有少部分是刘家军，大部分军队都被心怀各异的诸侯王所掌控，他们只因利益才牵强走到一起。

所谓强扭的瓜不甜，各诸侯王并不衷心拥护刘邦。表面上看，刘邦所统领的汉军在人数上以绝对优势完胜项羽，但汉军战斗指数并不高，内部犹如一盘随时都有可能崩盘的散沙。

可惜的是，刘邦并没有看清现实危机，早早忘我于温柔乡之中，陶醉在虚无的胜利梦境之巅，既没有部署兵力阻击可能回师反击的项羽军队，也没有在彭城周围做任何防御准备，就连个侦察兵也没安设，终日只知道饮酒作乐，只争朝夕过把"大丈夫当如此"的生活。

项羽虽然四肢发达头脑简单，但得知老巢失陷的消息之后，震惊异常，在一群谋士的激辩之下，当机立断，留下部分军队继续与齐军周旋，他则亲率三万精锐，由鲁（今山东曲阜）经胡陵（今山东鱼台）马不停蹄，星夜兼程，兵贵神速，在汉军毫无察觉的情况下，抵达现在的安徽萧县，切断了汉军退路。

项羽恶狠狠地摆出了关门打狗的架势。次日凌晨，楚军突然转兵向东，对彭城发起了猛烈进攻，一盘散沙的汉军面对楚军凌厉的攻势，连招架之力都没有，不战即溃，战而更溃，狼狈不堪地向西南方向逃亡。

此次彭城大战极富戏剧性，起初是刘邦不费吹灰之力轻松夺取了彭城。随后项羽来了个回马枪，瞬间收复失地，并给予汉军几乎致命的承重打击，几十万人的生命就在这你来我往之中泯灭。

一将功成万骨枯，生生潇潇，何以言愁，壮哉，悲哉。

侥幸逃之夭夭的刘邦，在逃亡之中意识到汉军已经土崩瓦解，此时已不可能组织力量与楚军抗衡，当务之急的唯一退路就是奔回老家，将吕雉和家眷带走，以防止他们成为项羽的阶下囚，成为项羽要挟自己的筹码。

而早在半年之前，刘邦曾派手下亲信谋士王陵前往沛县迎接吕雉和家人，但因为项羽的拦截而没有如愿，期间还发生了一个故事，让笔者久久不能释怀，这里必须提及描述一番。

王陵也是刘邦的沛县同乡发小，属于过命的交情，在刘项争霸斗争过程中，王陵作为刘邦最忠实的朋友兼铁杆粉丝，始终毫不动摇地围绕在以刘邦为中心的刘氏中央政权周围。王陵为人侠肝义胆，谋略过人，他在刘邦阵营中有不可估量的精神影响力。

话说在刘项争斗初期，刘邦大败项羽。在一次激烈战斗中，项羽攻占了刘邦的一个据点，王陵的母亲成为缴枪不杀的对象——俘虏，并被软禁在项羽的军营中。

项羽平时给人的印象就是武艺高超，一夫可勇担万夫，但是头脑却简单得要命。项羽这回抓了刘邦得力干将兼同乡发小王陵的母亲，他的脑袋瓜灵机一动，智商指数蹭蹭直线飙升。项羽深知王陵是方圆千里之内出了名的孝子，遂想通过胁迫王母来逼迫王陵就范投降，从而给予刘邦阵营沉重的精神创伤。

让项羽失望的是，王陵的母亲十分有忠义节气，无论项羽如何威逼利诱，王母都誓死不肯写书信规劝儿子投降楚军。为了达到目的，项羽的智商指数再次直线飙升，他居然让人前往阳夏，假传王陵母亲的遗命，要求王陵弃汉归楚。

项羽还是严重低估了身为伟大谋士的智商水平，大有侮辱谋士行业水准的嫌疑。王陵是何等聪明的人物，这等小儿科伎俩肯定不能欺瞒他。王陵预料事由必定有诈，并且他也不愿意投降效忠项羽。

作为大孝子，王陵得知母亲的下落后心急如焚，派遣心腹前往楚地看望母亲，以探明虚实。心腹抵达彭城，却找不到王母，不得以求见项羽，说是来传达王陵的话，让其见王陵母亲。

项羽见王陵派人前来洽谈，以为王陵即将上钩，兴高采烈地让人请出王母，与来人相见。王母出来后，项羽让她向东而坐，直面王陵遣来的心腹。项羽用手指着心腹的鼻子，趾高气扬要求王陵马上前来投降，乖乖归顺。

王母从小就对王陵灌输"忠义信"，为了保全王陵名誉，也为了不为难心腹，她在项羽面前不便直发遗言感叹，突发老年痴呆一般，支支吾吾地对心腹敷衍几句。

待心腹告辞准备回阳夏，王母以送心腹出门为由，徒步走出了辕门。直到心腹准备登车拜别时，王母才泪流满面地对心腹说："麻烦您代我向我儿王陵传个话，让他好好辅佐汉王刘邦，汉王宽厚得民，将来必定取得天下，让我儿千万不要顾念我这个老太婆而心怀二主，我已经把话说到这个地步了，我这个老太婆就以死相送了。"

心腹虽然平时显示出了高超的智商和非凡的外事社交能力，但此时的他也完全暴露出了另一面。至此，他还不知道王母已抱必死的信念，只是简单认为是老人家一时的气话，没有放在心上，对王母说了"尊体保重"四个字后就匆匆忙忙登上了马车。

可哪承想，说时迟那时快，就在那不经意的一瞬间，王母已从袖子中取出一柄亮晃晃的匕首，面向西边，叫了两声王陵乳名"陵儿陵儿"，便咬着牙关，用匕首向颈部一横，顿时鲜血如注，身体歪倒于马车旁，向阎王爷报到去了。

王老太太真是位志节高超的母亲啊，她以鲜血和性命诠释了"忠义信"的深刻内涵。

王陵母亲虽然已经死亡，但项羽对王母为忠义信殉葬表示强烈不满。

结果自然是，项叔很生气，后果很严重。

项羽不顾大将风范，大叫大嚷地命左右侍卫将王母的尸首丢到鼎器之中，用火一烧，顷刻糜烂，尸骨无存。

从此，王陵与项羽就结下了不共戴天的杀母之仇。

此次，刘项彭城大战，刘邦攻破彭城之后，被一时的胜利冲昏了头脑，以为天下从此姓刘，即将家天下，何时迎接吕雉和家人并没那么迫切，无外乎早一天或晚一天，终日纸醉金迷，醉生梦死，早将吕雉和家人抛到了九霄云外。

瞬息之间，兵败如山倒，何时能够再回到彭城无法预计，更何况马上要与项羽展开正面争锋，鹿死谁手还不敢轻易定论，内心百感交集五味杂陈的刘邦才想起要把吕雉和家人接走。

项羽不仅是个军事高手，而且身边聚拢着一批智商高超的谋略家，在众人的出谋划策之下，项羽秉持"先下手为强，后下手遭殃"的原则，在楚汉两军对垒彭城郊外之际，项羽已派人包围沛县丰邑，要绑架吕雉刘老太公家眷，从而好要挟刘邦就范。

占领彭城之后，刘邦就派王陵前往丰邑向吕雉和家人通报喜讯。正当吕雉和刘老太公还美美地沉浸在大战告捷的胜利喜悦之中，项羽已兵贵神速地反攻，残酷无情地大败了刘邦。

吕雉等人还没缓过神来，就要面临如何保住小命的重大人生命题，这一反差打击实在是太大了。王陵和管家审食其在关键时刻挺在最前面，时刻准备着做好转移和迎战。楚军铁筒一般包围了丰邑，王陵和审食其为保护吕雉等人，奋力拼杀，但是吕雉拖家带口，势孤力单，在突围过程中被楚军冲散了。吕雉、刘老太公、刘肥和审食其在慌乱之中误打误撞地闯进了楚军队伍中，自投罗网成为项羽的战利品。

吕雉万万没有想到，千挑万选的如意郎君竟使她成为项羽的阶下囚，这是她有生之年的第二次入狱。吕雉再次深刻地体会到政治斗争的残酷无情。

吕雉和审食其在楚军驻地一待就是三年，在这长达三年的囚牢生涯中，她发生了剧烈的人格分裂。第二次入狱，吕雉深刻地明白一个道理：权力至上。她将所有遭遇都归结为"权"与"势"。正是刘邦的权势不如项羽，他们才遭此不幸；如果刘邦的权势大过项羽，甚至这权势如果掌握在自己手中，那么……

当刘邦率领几十名残兵回到丰邑时，呈现在他眼前的已然是一片狼藉废墟，尸横遍野，不远之处有几间茅草屋正冒着烟火，无从探知吕雉和家人的下落。

年过半百的刘邦披头散发，一副邋遢狼狈样，面对此情此景，真是百感交集，五味杂陈。他顿时老泪纵横，但为了保住小命却也不敢久留，不得不当即调转马头，向东南方向狂奔而去。

可能是苍天有眼，也可能是纯属巧合，刘邦奔逃不久便遇到了前来接应的贴身警卫员夏侯婴，人困马乏的刘邦立即上了夏侯婴的车子。

大家都知道，夏侯婴是车战高手，可谓车神附体，从刘邦起兵以来亲自指挥车兵取得多次胜利，战功赫赫。刘邦被封为汉王以后，夏侯婴因功被封为侯爵，任太仆之职，一直负责刘邦的车骑和警卫工作，驾车技术十分高超。

说也稀奇，不久刘邦又遇到了抱头鼠窜的儿子刘盈和女儿鲁元。硝烟混乱之中能遇到一双儿女，刘邦自然是喜出望外，以为有神灵庇佑，立即将刘盈和鲁元拉上马车。

就在这时，一支楚军骑兵又追赶将至，领队的是楚军大将季布。季布见前面有一辆豪华版马车，想来乘车之人一定不是个等闲之辈，抓住此人，说不定能立个大功，好成就一番功名利禄，所以季布对刘邦车队那是紧追不舍。

刘邦还是个贪生怕死之辈。俗话说，虎毒不食子，可刘邦为了能摆脱季布追赶，轻车简从，在生死攸关时刻，竟然连续三次将刘盈和鲁元推下车马。还好身边有个驾车技术超群，心怀侠肝义胆的夏侯婴，他连续三次不顾自身安危跳下马车将刘盈和鲁元救回。

秦汉时期的驾车姿势是站在车上，夏侯婴担心两个小孩再掉下去，就让他们抱着自己的大腿。为此，刘邦万分恼火，对夏侯婴破口大骂，甚至有几次要拔剑威胁夏侯婴，而夏侯婴不为强权所迫，凭借高超的驾车技巧，终于摆脱了季布的追击。

季布虽然被甩开了，可四处都是楚军，就在夏侯婴不知朝何处逃跑时，刘邦做出了一个令人吃惊的决定，令夏侯婴掉转方向，驰回丰邑老家。

刘邦是个十足的赌徒，他深知赌徒心理，最危险的地方也是最安全的地方，楚军绝对不会想到刘邦会冒险再次回到刚被严密搜查过的丰邑老巢，与楚军玩了把灯下黑。

经过几天的东躲西藏，刘邦打听到吕雉的大哥吕泽此时正率领一支军队驻扎在下邑（今安徽砀山），便率领残部和一双儿女来到下邑，收容散兵游勇，开展下邑整风运动，稍作休息之后，便有计划地开始西撤。

根据《史记》记载，刘邦由于有盟军田荣来牵制项羽，从而得以从容西退。

公元前 205 年 5 月，刘邦退到了荥阳，被打散的其他各部陆续地在此地会集，汉军至此才逐步稳住了阵脚。刘邦意识到与项羽之间的争夺不是一朝一夕的事情，要做长远的布局，他集中精力干了五件事情，其中一件就是立刘盈为太子，另一件事情是将关中军民政务全部委任萧何统管。这两件看似不经意的安排，却让汉军重新迅速稳定了人心，恢复了往日的秩序，为汉军日后击垮楚军奠定了坚实的基础。

此前提及，就在楚汉军队玩了命地相互厮杀，刘邦自顾逃命之时，吕雉和刘老太公不幸成为项羽的人质。

审食其在吕雉身陷危难时刻，没有像自私小人一般自顾逃命，而是最充分展现了一个男人应有的担当，有情有义，不抛弃不放弃，不求同年同月同日生，但求同年同月同日死。

吕雉一家老小被项羽软禁了三年，审食其就日夜不离地照顾、陪伴了他们三年。审食其不为别的，只为吕雉，一个让他爱恨交加的女人。吕雉，一位普通的感性女人，她被审食其的情义深深打动了。

万幸的是，项羽虽坑杀二十万秦军，早已丧失了作为人类应有的本性，但他对吕雉及其家人还算人道，从来没有为难过他们。

吕雉和审食其在项羽军营内并没有过多被限制人身自由，这倒也让他们得以继续偷欢。

随着战事发展，楚汉战争逐步呈现出白热化焦灼状态，表面上看项羽处于攻势，占据优势地位，但在战略上，楚汉两军对垒却悄悄发生了变化，战争的天平逐渐向刘邦这边倾斜。

经过一年多的休整，至公元前204年，汉军的实力已与一年前不可同日而语。楚汉争霸拉锯战中，刘邦逐渐占据了主动权。

那时的刘邦已有敖仓之粟保证军需，有关中之地作为战略纵深，有彭越军队在项羽后方袭扰其粮道，有刘贾、卢绾军队在南，有韩信军队在北。楚军实际上已处于汉军的重重包围之中。

项羽实际控制的土地人口远远少于刘邦。项羽本就属于匹夫行列，但他对大局走势认识还算清晰，他明白自己的优势在于速战速决，无法与刘邦打持久战消耗战，所以项羽千方百计地向汉军挑衅。

刘邦同样也清醒地认识到项羽所面临的尴尬处境，所以他采取了"拖"字诀。项羽锋芒正旺，刘邦便摆出一副死猪不怕开水烫的无赖德行，无论项羽如何挑衅骂街，刘邦就是不出城接招，惹得项羽气急败坏、抓耳挠腮却又无可奈何。

无奈之下，为了快速打击刘邦，项羽再次无耻地干起了为世人所不齿的卑劣伎俩：他命人特制一口又高又大的俎（古代祭祀时盛放祭品的容器，又指切肉的砧板），又命人将吕雉、刘肥和审食其等俘虏绑着架在大铁架上，把刘老太公洗洗干净直接捆起来放在俎上。

项羽对着汉营，像一头发了疯的野狗，手舞足蹈冲着刘邦喊道："如果你这匹夫不乖乖投降，我就把你老父亲煮了吃。"

刘邦看着父亲已被洗得干干净净地摁倒在肉板上，吕雉也已被架到大铁架上，心里很是焦急，自从起兵谋事以来，已经有四个年头没有和家人团聚过，可万万没想到，现在竟然会以这样的方式与父亲和妻子见面。

刘邦内心酸楚异常，这是奇耻大辱，刘邦内心充满了无限的愤怒。

当刘邦望着身体单薄但目光却异常坚定的吕雉时，他内心获得了些许安慰，他深深地明白，吕雉会为了他的事业而无私奉献，甚至是生命。

刘邦内心纠结，左手是家人亲情，右手是江山社稷。他沉默片刻，目光冷峻甩了甩眼帘边的发丝，为了江山社稷，他顾不得什么父子夫妻儿女之情，退一万步讲，即使他真的"放下武器"，项羽真的会不杀他吗？项羽绝对会毫不留情将他送往西天，即使不为家人考虑，也得为常年追随自己征战的将领考虑，那些将领的荣华富贵也将随之化为泡影。

瞬间想明白这些道理后，刘邦反而一身轻松，对项羽说："当年你我共同在怀王面前称臣，约为兄弟，我老父亲就是你老父亲，我妻子就是你嫂子，你一定要把你父亲给烹了，我希望你能分一杯羹给我同吃。"

一个出身低贱的泗水亭乡长，竟然敢与楚国宗室贵族相提并论，项羽感到了莫大的耻辱，怒火攻心，顾不得颜面和修养，破口大骂刘邦，下令要将刘老太公烹杀于两军阵前，要让刘邦颜面扫地。

而一直在一旁观察的项伯（项羽的叔叔）急忙出来阻止："天下事未尽可知。况且打天下的人都不顾家眷，就算大王你杀了他们也没用，只会加深彼此的仇恨，而且如此一来，定会辱没了你西楚霸王的名誉。"

项羽听了项叔的话，觉得有几分道理，方才作罢。就这样，吕雉和刘老太公等人在鬼门关前走了一遭，才捡回一条命。

随着楚汉争霸局势风云变化，刘邦已经掌握战场的主动权。刘邦时常想起囚禁在楚营军中的吕雉和父亲，家人一直被软禁也不是个事，实在有损自己高大威猛的形象，遂在谋臣的策划之下，便与项羽来了个"鸿沟议约"，该议约具体谈什么已经不重要，只要知道吕雉等人因该议约又重新回到了刘邦的地盘。

吕雉回来之后，刘邦便片刻不停地将吕雉和家人一并送到安全的大后方。刘邦则继续发扬特别能吃苦，特别能战斗的精神，为开创刘家千秋霸业与项羽争霸天下，角逐江淮。

刘邦压根儿不知道吕雉与审食其的男盗女娼苟且之事，他一如既往信任审食其，审食其一如既往地照顾吕雉。

共患难是检验真情的最简便途径。三年囚禁生涯，审食其对吕雉不抛弃不放弃，患难与共，时间和生活真切检验了他们的真挚感情，他们就像一对患难夫妻，日夜形影不离。

长话短说，历史演义楚汉争霸的结局是，刘邦、韩信"十面埋伏"大败项羽于垓下，项羽自刎于乌江而亡。

刘邦称帝，世人称为汉高祖，所有跟随他征伐的将领都得到了赏赐。刘邦将吕雉和家人接到首都长安，紧接着刘邦做了两件大事情：

一是册封吕雉为皇后；二是立刘盈为皇太子。封后立储是大汉王朝举国上下的大喜事。册封立储当天，晴空万里无云、人山人海、锣鼓喧天，那场面是相当的壮观。吕雉在万人景仰之下，庄严肃穆地登上了皇后宝座，供万千臣民膜拜祝贺。

吕雉一步登天成为一国国母——皇后。

吕雉的儿子刘盈被立为储君皇太子。

吕雉一步登天成为汉朝第一夫人之后，她还是一如既往地喜欢审食其，她对审食其的感情没有因身份地位财富而消减半分。

吕雉身为皇后，她的内心是复杂纠结的，也是痛苦的。在她内心存在着两种完全不同意义的婚姻理念。

婚姻一：吕雉与刘邦。

性质：名正言顺的法律婚姻，得到了封建伦理秩序的认可和维护。

婚姻二：吕雉与审食其。

性质：事实婚姻，得到了吕雉内心确认的情感归属。

面对两种截然不同的婚姻，吕雉犯难了。她既无法突破封建传统伦理的婚姻束缚，又割舍不下患难见真情的事实婚姻情感港湾。

吕雉最终不作选择，她同时接受了这两种婚姻。

法律婚姻给了她身份、地位和无限的荣耀及财富，她需要这外在的华丽包装；事实婚姻给了她内心情感的寄托，她需要这份内在的朴素归属。

所以吕雉拥有了双重身份，妻子和情人。

她想把这两种角色都演好，外表矜持，内心荡漾。

吕雉多次在刘邦耳边吹枕边风，夸耀审食其对刘家老小是如何鞠躬尽瘁，就差死而后已，希望刘邦能大大赏赐审食其。刘邦也认为审食其纯朴厚道，这么多年来尽心尽力地照顾保护他的家人，既有功劳又有苦劳。况且之前也与审食其共立"苟富贵勿相忘"的誓约，因此，刘邦封审食其为辟阳侯。

一介庸奴平地被封为侯爷，这也算是件荒诞事情，审食其慌乱之余，差点成为"范进中举"第二。

起初，审食其得知刘邦称帝后，内心是既慌乱又自卑。

慌乱是因为他害怕得要死，有愧于刘邦的嘱托，辜负了刘邦的信任，他与吕雉的那些个破事都是"见光死"的丑事；自卑是因为他认定原本相亲相爱的心上人必定离他而去，他与刘邦相比，真是一个天上一个地下，所以他自卑了。

听说自己被封赐为辟阳侯，审食其傻眼了，这幸福来得也太突然了。又惊又喜的审食其并没有流露出任何骄躁表情，而是泪流满面感激涕零。

审食其明白，这所有的一切都是：因为爱情。

审食其暗暗发誓，吕雉啊吕雉，你有情，我必有意！

当然，从此以后，审食其也是更加卖力地服侍吕雉。

笔者时常思索，吕雉为何会极力推荐审食其为一门侯爵呢？按常理而言是有背逻辑的，奸妇奸夫之间最忌讳将其中一方公开明朗化。

笔者愚钝，百思之后，大略得出了两个浅薄原因：如果说，因为爱情，是内在因素的话，那么说，"对等"往来，就是外在因素了。

吕雉身为母仪天下的皇后，她的人际往来，全国人民都注目着，因此她需要名分，而这名分则是由与其交往人的身份地位所决定。

为了能继续与审食其保持相亲相爱，吕雉只需要做一件事情——提升审食其的身份和地位，只有这样，吕雉和审食其的往来才是"对等"的，才能避免外人猜忌嚼舌。

因此，之后的故事便水到渠成。她避开刘邦的视线，多次与审食其暗通款曲。

刘邦虽然已建国称帝，享受九五之尊，可他是对国家事务总是亲

第八章　因为爱情

力亲为，对外战争总是第一个站出来带队亲征。

刘邦喜渔色，随性任为，身边又有戚夫人等后宫美人儿相伴，也不觉得寂寞，只要吕雉不去纠缠就阿弥陀佛了。

吕雉独自安享地住在后宫，夜夜笙歌，纸醉金迷，巴不得刘邦永远都不要来，好与审食其卿卿我我，共度良宵。

后宫也有几个服侍吕雉的贴身宫女，明明知道主人苟且偷情之事，但从自身"前途"和"钱途"考虑，不敢泄露一丝春光淫事，要是从中穿针引线，还能获得几个意外的赏钱。利人利己的事，何乐而不为呢。

就这样，刘邦到死也无从知晓，冤大头般地成了这个世界上最傻瓜、最窝囊的人，一顶又绿又高的帽子始终伴随他，挥之不去。

第九章

辅定朝纲

随着项羽自刎于乌江，历时四年的楚汉争霸正式落下了帷幕。至此，刘邦终于嘚瑟地迈着二八步子站出来，庄重宣布，本着友谊第一比赛第二的原则，此次楚汉争霸是胜利的、团结的、和谐的，经争霸组委会无记名投票表决，本次争霸，刘家军获得完胜。

三年抗秦战争，四年楚汉争霸，七年战事风飞洗礼，无数男儿用血肉躯体锻造刘家王朝，一将功成万骨枯，刘邦终于实现了"大丈夫当如此"的理想。与此同时，吕雉也实现了从农妇到中国第一位皇后的华丽转变。

众所周知，刘邦不是中国历史上第一位皇帝，而是第三位皇帝（严格意义上而言是第四位皇帝，之前有秦始皇、秦二世和李斯扶持的小儿皇帝），但是吕雉却是中国历史上第一位皇后，刘盈是我国第一位皇太子。

这是为何？还得从秦始皇说起。

"皇帝"制度首创于秦始皇，他是第一位完成中国大一统的伟大政治家、军事家、改革家及思想家。

秦始皇给世人的印象是残暴无度的，可在他集权、极权的背后，是对历史极度负责任的决心和力量，他的历史功绩，决不会因为他的残暴而被遮掩，他的大胆改革和无情征伐适应了那时社会发展变迁的现实需求，从这个方面来说，秦始皇应当值得后人敬仰。

公元前 221 年，秦王嬴政终于"一统江湖，千秋万载"，统一了六国，建立了幅员辽阔的大秦帝国。

秦王嬴政不仅是位实干家，也是位理论创新家。三皇、五帝、夏禹王、商汤王、周武王等古代圣贤明君的功绩，在他看来不过尔尔，如果还沿用传统的"王"称谓，那就太不能显示自己的政绩了。

嬴政便厚着脸皮非要让手下一群文臣博士给他起个既响当当又能名留千古的称号。这个称号不仅要充分展示嬴政的丰功伟绩，而且要朗朗上口，传承万世。

给前无古人后无来者的嬴政取个别样的称号，这可是一大历史性命题。

学富五车博贯古今的大臣博士官慌了神，诸如"小鲜肉""老腊肉"等酷酷的称号倒是朗朗上口好听，但显得不够大气；诸如"震山虎"虽然够酷够大气，但缺乏文化涵养，不够厚重。

文臣们经过紧张而激烈的反复研讨争辩，决定分两步走：第一步马前抬手拍屁股，将嬴政吹捧歌颂一番；第二步避实就虚而言他，直接抄袭古人智慧，振振有词、侃侃而谈，古代有三皇，即天皇、地皇、泰皇，建议嬴政采用泰皇的名称。并制定配套制度，如所发布的书面命令称为"制"，口头命令称为"诏"，自称为"朕"。

秦王嬴政，骄傲自满惯了，对一群木头疙瘩脑袋提出的见解很不满意。他自认为，德过三皇，功盖五帝，仅仅一个"泰皇"称谓还远远不能展示他前无古人后无来者的功绩。

嬴政思量再三，保留一个"皇"字，在"皇"字后面加上一个"帝"字，合称为"皇帝"。

"皇帝"称谓的创制，是嬴政的又一创意。这个称谓直接影响了中国几千年封建历史，无论后世如何演绎，都无法摆脱嬴政所设置的尊卑等级构架"桎梏"。

嬴政创制了"皇帝"称谓，可他仍然觉得还少了些味道，这缺少的味道源自他内心的欲望。嬴政希望他统一的秦朝是"家天下"的折射，在他一统江湖之后，希望能千秋万代传承给子子孙孙。

嬴政又在"皇帝"的前面加上个"始"字，称"始皇帝"，历史上简称为"秦始皇"。群臣所议的"制、诏、朕"等都是皇帝的专用名词，他人不可逾越。从此以后，天下姓嬴，皇位由嬴政子孙世袭传承，秦始皇传给秦二世，秦二世传给秦三世，如此往复，直到万世、万万世。

当然，历史事实证明，这仅仅是秦始皇一厢情愿罢了，要是秦始皇地下有知，得知自己拼了老命花了几十年打下的江山基业，在赵高、李斯乱臣贼子地祸害下，短短几年时间内就毁在了秦二世手中时，不知他老人家会做何感想。

秦始皇从小生长在帝王之家，是个穷奢极欲的主，骄奢淫逸，莺歌燕舞，子嗣成群。但让人深感不解的是，秦始皇致死，始终没有立皇后，没立皇太子。这又是为何？

诸多后人学者和历史学家试图做出种种推测，其中臧知非教授的观点甚为精辟，他认为，秦始皇始终没有立皇后及太子，根本原因在于其性格及其受韩非学说的影响使然。

话说秦始皇的父亲早年曾在赵国做人质，在奸商吕不韦的帮助之下多方曲折终回到秦国做了秦王。诸多历史史料从不同角度分析了吕不韦在其中的作用，有权力控制欲之说，有血缘亲情之说，但不论何种学说，一个事实是，秦国在相当长的时间里实际上是被吕不韦集团和秦王后集团所操控。

秦始皇虽然很小就被立为王太子，但是直到二十岁亲政以后，通过军事、政治等一系列的手段，才将权力从吕不韦手中抢夺回来。

有了上述经历，秦始皇深深明白一个道理：权力一定要抓在自己手中，否则即是对君权的削弱。

秦始皇是个好学的学生，他坚持理论联系实际，将自身经历与理论学说相结合，吸收韩非人性本恶的基本观点，总结历史宫廷斗争的经验教训，认为追求权力满足个人欲望是人的本性。国君掌握着一个国家的最高权力，决定着万千臣民的生死荣辱，臣民为了追求权力满足欲望，自然千方百计地巴结讨好国君，甚至欺上瞒下为所欲为做事。时间一久必将造成大权旁落的局面，所以秦始皇坚信，一个政治上成熟的国君一定不能相信身边的任何一个人。

基于上述理论信仰，秦始皇称帝之后，生怕大权旁落，所以便迟迟不立皇后和皇太子。

秦始皇的上述做法，在统一六国非常时期，客观上满足了集权效应，有力地促进了当时社会历史发展进程。但他忽视了此做法的一大致命缺陷，即在事发突变之时，比如在秦始皇突然病危驾崩后，朝中大权就无法完成有序衔接传承，进而被心术不正的奸佞小人宦官赵高所利用，秦二世只不过是赵高、李斯的工具罢了。

刘邦毫不客气地全盘接收了秦始皇的基业，他作为秦家"外人"，所谓旁观者清，对秦朝兴亡有着独到的理解，他本人亲历了秦王朝的兴亡，甚至亲手接过子婴的传国玉玺，相较秦始皇而言，刘邦在治国理政方面清醒理智多了。

刘邦有鉴于秦始皇权力更替的失控教训，因此在称帝的同时，立即封吕雉为皇后、立刘盈为皇太子。

就这样，吕雉成为中国历史上第一位皇后。

吕雉正式登上了历史舞台，上演了一段既臭名昭著又震惊天下的传奇人生经历，她将主宰大汉王朝初期国运命脉，成为当之无愧的大汉女主。至此，吕雉的人生才显得丰满，吕雉的行径才更显得骨感。

史书上没有描述吕雉册封为皇后仪式的繁简，但从刘邦不顾春寒料峭就在军营中随便搭个戏台子登基称帝的情况表明，吕雉册封为皇后的仪式也应当十分简单。

刘邦登基，吕雉立为皇后，刘盈立为太子，上述三件事情意义非同一般，它向世人传递了一个明确的信息，标志着天下从此姓刘，正式建立起了"家天下"的合法统治秩序，天下是刘家世袭私有财产。

大汉王朝是在反秦农民起义和楚汉争霸战争的血泊之中建立起来的，元老重臣都有一份功劳，部分功臣，如韩信、彭越等人，大有功高盖主的迹象，这给刘邦很强烈的现实压迫感和危机感。

那么如何处理与功臣之间的关系，将成为能否有效巩固刘家江山的核心问题。刘邦和吕雉所面临的主要矛盾就从打天下转变为守天下。

刘邦要稳固刘家天下，按照他的性格和经验，他只能依靠刘家人，而首要人选自是妻子吕雉儿子刘盈。所以，刘邦在称帝之后，毫不犹豫，甚至有些迫不及待地立吕雉为皇后，立刘盈为太子，名正言顺地赋予吕雉和刘盈治国的权力（汉朝初期还未明确禁止后宫不得干政）。刘邦此举是向元老功臣，向世人宣示，从此天下贴上了刘家标签。

历史证明，吕雉的权威远远超过后世皇后仅仅主政内宫的权限，这也表明刘邦依靠家人治国理政的坚定思路。

从此以后，吕雉便以母仪天下的形象出现在世人面前，平地一跃，鲤鱼跳了龙门，踏着轻盈的步子欢快登上了汉朝初期历史的聚光舞台。

如果说，此前刘邦是依靠功臣夺得天下的话，那么此后则开启了吕雉帮助刘邦安定刘家天下的不凡历程。

此时的吕雉，她会怎么想呢？

吕雉自认命好，在父母、兄长的呵护之下，不仅衣食无忧，而且还接受了琴棋书画、诗书礼乐的熏陶培养，特别是在父亲吕文的言传身教之下，逐渐掌握相面之术精髓，算是有文化、有学识、有修养的女子。

在父亲的精心安排之下，吕雉心有不甘地嫁给了刘邦。虽然心不甘情不愿，但她坚信父亲的专业素养，相信父亲一定能为她选聘不凡的如意郎君，不凡的如意郎君定能给她提供贵不可及的人生。

在获得贵不可及的人生之前，吕雉遭受了太多的磨难，两度入狱，受尽狱卒欺凌，尝尽生活重担，望穿世态炎凉，感受人情冷暖。

刘邦起兵七年，这七年的生活重担无疑全部压在吕雉一人肩上，在战乱纷纭的年代，苛捐杂税繁重，四肢健全的成年人要想活下去都不是那么容易，更何况是要照顾一家老小起居生活的弱女子。

如果说物质生活负担还不足以打倒吕雉的话，那么精神折磨则是压垮吕雉的最后一根稻草。刘邦在外的岁月里，吕雉遭受了常人无法忍受的精神折磨，而这一切都是刘邦带给她的。

刘邦喜渔色，拈花惹草露水鸳鸯数不胜数，各种绯闻趣事不断传入吕雉耳中，让本已身心倍感疲惫的吕雉煎熬难耐，特别是当她得知有戚姬的存在时，她的内心再也无法承受更多的苦痛。

为此，吕雉似乎想通了，你刘邦会潇洒享受人生，我吕雉更懂得不羁。于是，她放弃了内心的坚持，无视妇道的禁锢，突破道德的底线。

此刻，吕雉平地一跃，成了中国历史上第一位皇后，她内心无比兴奋，可在短暂的兴奋过后，她又瞬间回归了令人可怕的平静。吕雉兴奋的是人生华丽转变，平静的是这一切似乎都本应她所得。

吕雉深刻明白，眼前的一切来得并不容易，要好好地守护，不为刘邦，也要为自己为儿女。

吕雉以独到的政治慧眼，敏锐地察觉嗅到危机气息，她绝对不允许发生任何危及眼前利益的因素存在。

吕雉已暗暗下定决心，要重建一个朝纲秩序，要重塑神圣无比的刘家威严，等级尊卑就位，每个人就不会贸然错位。

在刘邦的默许之下，吕雉施展第一次治国理政的过人才智——制定朝仪。

刘邦称帝于定陶，接受娄敬建议定都于关中，完成了刘氏基业的初步建设。按理来说算是大功告成，可以安享度日，享乐人生。

吕雉就是个典型的操劳命，她在朝堂角落时刻注视着朝会动态，虽然国都已定，可是本应庄严肃穆的朝会却犹如一个车水马龙的大集市，时常陷入混乱。

刘邦登基时间仓促，君臣礼仪过于简单，而且刘邦与众多功臣元老本属于丰沛同乡，如樊哙、萧何、卢绾、曹参等人，彼此之间谁能撒几泡尿，谁能喝几碗水，谁屁股上长了几个疖子都心里明镜似的。即使其他关系没那么亲密的人，也至少是一个战壕里过了生死命的战友。

刘邦本来就是一个大老粗，打江山时豪气冲天，嬉笑怒骂溢于言表，与这些兄弟战友早已打得火热，称兄道弟拜把子的事没少干。

如今虽然表面上确定了君臣关系，但在大多功臣元老心目中，此时的刘邦还是彼时的刘邦，今天的皇上还是昨天的刘邦。

朋友，若历史可以倒退时光可以倒流，你有幸参加刘邦的朝会，千万不要以为走错了地赶错了场，这里不是外界喧闹的集市，这里正是欢歌喜乐的朝会。要是你走运，能亲眼看见"群臣饮酒争功，醉而妄呼，拔剑击柱"的表演，千万不要以为误入走进了杂技团，这里正是庄严肃穆的朝会。

每当酒喝多了之后，一群从小就失学不懂文明礼数的人，便极尽能事，哪里还有什么君臣尊卑概念，要是遇到几个不知深浅的，争到激烈之处，总免不了指着刘邦的鼻子直呼其名，更有甚者不顾廉耻不讲卫生，惹得刘邦骂也不是，不骂也不是。

吕雉与刘邦离多聚少，内心深处对刘邦还抱有说不清道不明的怨恨，但她是为数不多真正了解刘邦、能读懂刘邦的人。

吕雉看出了刘邦的尴尬和为难，她知道刘邦为了顾及兄弟情面，对元老功臣无礼行径多是睁一只眼闭一只眼，而且从大的方面讲，刘邦也属于心大气大的人，所以并没有太在意朝堂秩序、等级尊卑。

吕雉内心深处增添了几分担忧，担忧君臣这种亲密随性行为会无端影响刘邦的权威，会让皇帝缺乏神秘感，一旦神秘感缺失了，皇帝也就不再威严神圣了。

吕雉当务之急就是要辅助刘邦恢复、重建朝纲秩序。

为此，吕雉心急如焚，暗中多方物色人选，准备制定规范朝纲朝仪。吕雉暗中观察筛选了不少人，其中就有一个人闯入了她的视线，他就是一介儒生叔孙通。

吕雉经过一番精心准备，隆重召见了叔孙通，动之以情晓之以理，说明圣意。吕雉原本以为会费些口舌，但让她感到意外的是，简单交流之后，叔孙通连讨价还价的环节都省略，二话不说就揽下了为大汉王朝制定朝仪的活。

叔孙通何许人也？

叔孙通，薛人（今山东枣庄），他与刘邦也算是半个老乡，精通儒家经典和古代礼仪，熟读古书而不拘泥于古人。他虽然是读书人，却没有儒生的迂腐气息，善于审时度势通达时变。

秦始皇时代，叔孙通曾被征为待诏博士，相当于后备博士，博士是当时的官职之一。

公元前 209 年陈胜、吴广起义造反的消息传到洛阳，秦二世征询臣下意见，大多数博士认为这是流民造反，罪不可赦，但是"流民造反"这一定性，严重破坏了秦二世的圣王心情。

秦二世极度虚荣，他始终坚信，在他英明神武的治理之下，不可能出现贼寇暴乱的局面，圣主治国，百姓人人安居乐业，享受人间仙境幸福生活，怎么可能发生造反这样的事情呢？不可能，绝对不可能，打死也不可能。

叔孙通窥透秦二世的小九九，主动上前谏言说："他们讲的都不是事实。现在天下一家，拆掉原来的城郭，销毁兵器，向天下表明从此以后不再打仗了。当今明主在上，人人按照法令制度，做好自己分内的事情就行了，哪里有什么造反的事情。最多有几个人干些偷鸡摸狗的勾当，由地方的郡守县令缉拿就行了，陛下用不着担心。"

孙叔通这一番马屁算是拍到秦二世的心坎里去了，心花怒放的秦二世正式任命叔孙通为博士，赏赐二十匹丝绸、一套衣服。

可别小看这些赏赐，在物质极度贫乏的秦王朝，丝绸那可是软黄金，更何况有了博士官阶，秦二世一声令下，叔某人便成为朝廷官员，手捧铁饭碗吃皇粮。

相比之下，其他说"流民造反"的博士和官吏，要么被训斥，要么被免职，若是哪个不开眼的多说几嘴，那就直接入狱吃牢饭去了。

博士官吏不忘圣贤先师教导，向主子谏言献策。叔孙通则是一个从小就调皮捣蛋的学生，从不听从老师教导。

当那些受到惩罚的博士官吏愤怒质问叔孙通为何违心地阿谀奉承时，叔孙通竟然恬不知耻地说："哎哟，各位，你们也不睁开眼睛瞧瞧，秦二世就是个虚荣心极度强的人，你要不顺着他的心思说好听的，我敢打包票，哥几个今天肯定得丢了吃饭的家伙。"

叔孙通还真不是一般儒生能比，他不仅精通经典儒学，熟读圣人之书，而且有胆识有谋略，更有文人所不齿的厚脸皮和市侩气息。

满载而归的叔孙通，想起朝堂之上的一幕幕惊险，他断定，烽烟四起的秦家王朝已经没几天阳寿了。叔孙通毫不犹豫地收拾金银细软，带着得意门生，连招呼都没打，悄悄逃回老家，意图东山再起。

回到家乡，打小不安分的叔孙通并没有闲着，办起了我国历史上学校，广招学生，大收学费，过起了老婆孩子热炕头的生活。

随着秦末东方群雄并起，当项羽攻陷彭城之后，叔孙通二话没说，带着一群学生投奔到项羽麾下，祈求得到赏识重用。

公元前 202 年 4 月，刘邦占领彭城，叔孙通断定项羽大势已去，他便毫不犹豫再次发挥"墙头草"作风，奔向刘邦帐下，套用三国的一句佳话，叔孙通那可算得上是"三姓家奴"了。

归汉之后的一段时日里，叔孙通并没有摸透刘邦的秉性，平日仍喜欢穿长袖儒服。刘邦生性不喜欢儒生，对叔孙通的穿衣打扮很看不惯。第一次遭到刘邦的斜眼批评，叔孙通心里很不是滋味，痛定思痛，第二天便悄然改穿短衫，瞧准时机在刘邦面前讨巧卖乖一番。

叔孙通投奔刘邦时，从家乡带来了一百多名家乡子弟学生，随着叔孙通身份地位的不断升迁，儒生都希望能得到老师的推荐，好早日混上一官半职，光宗耀祖。

让学生大失所望的是，他们敬重的叔老师从来不推荐他们，每次都向刘邦推荐一群头脑简单四肢发达的武夫，或者是鸡鸣狗盗的鼠辈，而且还跟这些个不入流的人混得很热络，不是称兄道弟就是磕头拜把子。

叔孙通的行为惹得门下儒生很不满意，个个对他都有意见，几个胆大的子弟也不顾师生礼节，质问他为什么不推荐自己人。

叔孙通淡淡地瞥了一眼儒生，头也没抬，轻描淡写道："现在在打仗，汉王需要的是能冲锋陷阵的勇士，请问，你们能打仗吗？你们手无缚鸡之力，现在只需要安心学业，耐心等待，以后会有很多大展拳脚的机会。"

叔孙通不仅是位理论功底深厚的学者，也是位与时俱进的实践家，他没有拘泥于文人心胸狭窄的特性，而是放眼长远，审时度势，不仅有深谋更有远虑。

刘邦称帝定陶之后，叔孙通敏锐地意识到，儒生的黄金季节即将到来。在刘邦登基之初，他曾经主动为刘邦制定简洁版朝仪，但由于时间紧迫，所制定的朝仪勉强能适应汉朝建立初期的形势，但从长远而言，其所制定的朝仪还不能够完全适应日后形势发展的要求。

后来刘邦将首都迁徙至长安，叔孙通很想主动跳出来谏言献策，但他意识到时机还不成熟，他还在等待一个机会，等待一个人的出现，这个人就是吕雉。

吕雉的主动为叔孙通提供了这样一个完美的契机，他的谏言献策在朝堂之上不仅显得合乎情理，又显得妥帖自然。

谏言献策制定完善朝纲是件不简单的事情，这里面深藏着很深的道道。吕雉和刘邦自然希望能看到秩序井然、等级明确、尊卑有序的朝纲。但是，若站在元老功臣角度考虑这个问题，就必须稳妥把握协调好各方心理平衡。

叔孙通要是急功近利贸贸然跳出来谏言，自然能获得刘邦皇家的支持，但这也势必将一群元老功臣彻底得罪了，特别是那些将与刘邦的关系作为炫耀资本，借与刘家私交情谊作为茶余饭后谈资的人来说，叔孙通的谏言犹如一把利剑，斩断了他们的一条胳膊。

在汉朝建国初期，元老功臣的势力是万万不能小视的，在军阀势力未被剪除或被有效控制之前，他们身经百战，个个手握千军万马，身边早已聚拢一批生死骨干力量，个个都是将才。

相反，刘邦是帅才，所谓帅才是御人之术。论带兵打战，他远不如韩信；论智谋情商，他远不如萧何。倘若刘邦不能有效御人的话，他与一般小丑差不多，手上无兵无人，奈何不了他人。

再者，刘邦历经七年战争洗礼，身体多次受伤，加上平日纵欲无度，这身子骨那是王小二过年，一年不如一年，病态反复，精神远不如当年矍铄。

面对如日中天的元老功臣，刘邦内心充满警惕，甚至深藏着些许恐惧。在刘邦还未完全掌握兵政大权之前，他只能巧妙地处理好与元老功臣之间的微妙关系，而放任朝纲秩序混乱，也是其中无奈之举罢了。

吕雉的主动介入则给叔孙通提供了千载难逢的机会。外人都认为，是吕雉向叔孙通提出要求，要求叔孙通制定朝纲。聪明的人自然能明白，叔孙通的背后站着吕雉，吕雉的背后又代表着刘邦圣上的旨意。

因此，他人不敢也不会与叔孙通过不去，叔孙通在其中不过是一个执行者的角色，并不是决策者。

吕雉几次亲自召见叔孙通，当面向他下达制定朝仪任务和目标要求，再三叮嘱朝仪操作细节，甚至撸起袖子亲自参与相关朝仪的制定。

随后，叔孙趁机向刘邦进言：儒生可与守成，难于进取。我愿意到鲁地召集懂得古贤礼仪的儒生，和我的学生一起制定朝仪，改变目前尊卑无序的状况，大大重整陛下的雄风。

刘邦非常反感繁文缛节，但他也是很要面子的主，为了不让自己丢份儿，为了彰显身份至尊，他有意改变目前尊卑无序的现状。增加皇权神秘感，刘邦硬着头皮问叔孙通：不会很难吧？

叔孙通吃透了刘邦的心思道：礼仪制度都是人根据实际需要制定的，不同时代有不同的内容。请放心，我自然会与时俱进，制定具有汉朝特色的新朝仪，既让陛下满意，又不会繁琐难学。

刘邦听了很是高兴，觉得叔孙通很有眼力介，值得好好培养一番，临后还不忘叮嘱说：那你就试试看，不过千万不要太难，要容易学，要让我一学就会，我看好你。

陪伴在刘邦身边的吕雉自然明白其中缘由，她顺势替叔孙通吹捧夸耀一番，这才让刘邦彻底放心，要人给人，要钱给钱，全权交办叔孙通办理。

吕雉欣慰地笑了，她在帮助刘邦家天下的进程中又向前迈出了一小步，但这一小步的意义非凡，它明确了君臣之间的关系，是维系刘邦统治秩序的有效武器之一。

秦汉时期，精通礼仪制度的主要群体是儒家传人，集中在孔子的家乡，山东曲阜。

叔孙通到鲁地召集儒生，在曲阜众多儒生之中，有三十多个儒生为了追求荣华富贵，死心塌地地愿意跟随前往。

不过也有两个儒生不开眼，脑袋瓜里尽装满了糨糊，不管叔孙通如何费口舌，说什么都不肯应聘前往，并讥讽叔孙通："你个不要脸的，靠溜须拍马讨巧卖乖，赢得主子的欢心，换来自己的虚无荣华富贵。现在天下纷争刚平息，死者未埋，伤者未起，哭者未干，你却要兴什么礼乐，你这是典型的搞形象工程、政绩工程。要知道，兴礼乐是太平盛世的事情，现在根本不是兴礼乐的时候，你还是快走吧，别把我的耳朵弄脏了。"

都说书生没骨头，笔者看也不尽然，这不就有两位一根筋的兄弟"不为五斗米而折腰"嘛，向尔等致敬。

叔孙通听了两位榆木脑袋的话，并不生气，笑着说他们俩是"鄙儒"，孺子不可教也，便迈着轻快的步子，哼着舒缓的小曲回到长安城。

叔孙通回到长安城后，带领一行人在长安城外的一片荒郊空地上支起帐篷搭起灶台，指挥大队人马按照吕雉亲自把关确定的礼仪进行演习，边排练边修改。

一个多月后便请来刘邦视察指正，刘邦视察过后，充分享受着尊卑秩序带来的快感，这快感不是世俗物质金钱美女所能满足的，刘邦便下令群臣限时照此朝仪多番演练，直至群臣都较为熟练掌握为止。

叔孙通善于溜须拍马阿谀奉承，始终秉持着"早请示晚汇报"的原则，他所制定的朝仪其实都是在获得吕雉认可的基础上才最终确定所有朝仪细节，毕竟朝仪制度关乎国家社稷长治久安。

汉朝初期的朝仪制度，不仅吸收了古贤制度和秦朝皇帝制度，而且也极大地凝练了吕雉的大量心血和智慧。

在朝仪创制演练过程中，吕雉曾多次前往演练现场视察指导工作，并与叔孙通多次开展深入探讨，广泛交换意见，时刻提出切合汉朝实际的朝仪细节。

随着此项工作的日渐深入，在吕雉的首肯之下，经请示刘邦最终确定拍板，在长乐宫落成之时，即全面演示检验，集集体智慧结晶为一体的新朝仪制度，查验其社会和现实效应。

公元前200年秋（汉高祖七年），那是一个收获的季节。雄伟壮丽的长乐宫在耗费大量人力、物力、财力的基础上，历经几年建设最终落成典礼，按照既定计划，群臣依照叔孙通制定的新朝仪，在长乐宫举行朝拜皇帝大典。

第九章　辅定朝纲

长乐宫是在秦始皇的兴乐宫的基础上修建而成，是皇太后居住的地方，规模比未央宫稍小一些。

　　那天，天还没有完全放亮，文臣武将便按照朝仪服饰要求，早早穿戴整齐等候在殿门外。时辰即到，谒者引导百官按照爵位官职高低，依次进入殿门。待百官进入殿门，放眼望去，只见院内恢宏雄伟无比，红墙绿瓦，琳琅满目，一眼望不到头，院内排列着肃穆严整的车骑步卒卫队，手执红红绿绿的各种旗帜和各式兵器，如木雕泥塑一般地站在四周纹丝不动，一派威严。院内人山人海，锣鼓喧天，红旗招展，那场面是相当的壮观。

　　司礼官一声传呼，殿下郎中夹陛而立，每陛数百人。功臣武将依次站在殿下西侧，面向东；文官站在殿下东面，面向西。

　　待文臣武将全部排定，朝霞初露，刘邦坐在三十二抬大御驾车上，出了宫殿寓所，在威严的鸣锣声中，缓缓升殿；刘邦落座之后，司仪官引导诸侯王以下至六百石的官吏一一向皇帝致贺，人人震恐，个个肃静，气派异常，文臣武将连口大气都不敢喘。

　　贺礼完毕，文武百官高呼万岁、万岁、万万岁，伏地再拜。随后，刘邦下诏赐宴群臣，群臣个个俯首垂目，依尊卑顺序为皇帝祝酒。

　　敬酒完毕，谒者宣布宴会结束。

　　在整个朝拜过程中，有御史巡视执法，不管职位高低，一视同仁。群臣举手投足，都严格按照规定进行。几个仗着与刘家沾亲带故，未严格按照即定规矩行事的家伙，凡不合规范要求的，御史巡视都毫不留任何情面，立即驱逐出场。

　　朝会过后，刘邦情不自禁地冒出了一句话："吾乃今日知为皇帝之贵也。"

刘邦尝到了皇帝至尊威严，龙颜大悦，立即任命叔孙通为太常，位列九卿，又赏黄金五百斤。好一个叔孙通，仅此一项工作就成为人生大赢家。

位列九卿，什么概念？

那就是说，叔孙通一飞冲天进入国家决断事务的权利核心了。从这点也足以看出吕雉、刘邦对制定朝仪，恢复重建朝仪秩序，规范等级尊卑的重视。

叔孙通升了官又发了财，他没有忘记追随多年的一群学生，趁着刘邦龙颜大悦之际，决定向刘邦推荐众多儒生入朝为官。

叔孙通谏言说：这些朝仪都是臣下学生帮忙制定的，希望陛下能给他们封个官做，也好有机会服务大汉子民，效忠皇帝陛下。

刘邦正陶醉在新朝仪所带来的无限喜悦之中，对大功臣叔孙通的请求那是百依百顺，立即下令，把常年跟随叔孙通的一群儒生统统任命为郎官。

叔孙通退朝回到官邸，便召集了所有学生，当着面将刘邦赐赠的五百金黄金全部分给他们。这些乳臭未干的儒生哪见过这阵势，一夜之间，升了官发了财，面对黄金和官位，儒生都异口同声称赞叔老师是"知当世之要务"的"圣人"。

后来在吕雉和刘邦的赏识之下，叔孙通又升任太傅，成为太子刘盈的首席老师。

叔孙通在制定朝仪的同时，又根据吕雉和刘邦的要求，系统制定了一系列宫廷制度，突出皇权至尊。秦始皇创立的皇帝制度经过叔孙通的改造才算真正地逐步完善。

叔孙通在吕雉的授权和首肯之下，制定了一系列的朝仪和宫廷制度，其中的历史意义不仅在于规范了君臣等级尊卑秩序，更在于让皇家实际掌控了法理道义和社会舆论的制高点，奠定了历史传承文化基础，很大程度上禁锢了社会大众思维，有效维护了当权者的既得利益。

皇帝言论行为都有专门的称谓，都是皇帝的专用名词，他人不得使用。

按制度规定，汉家天子正式名称叫"皇帝"，自称为"朕"，臣民称皇帝为"陛下"；皇帝说的话叫"制诏"，史官记事提到皇帝称"上"；车马器械统称为"乘舆"，出行所在地叫作"行在所"，居住地叫作"禁中"（后来改称省中）；皇帝使用的印叫"玺"，到什么地方去叫"幸"；命令有四种称谓："制书""策书""诏书""戒书"。

与此相适应，皇帝的亲属也有专门的尊号。

皇帝的父亲叫作"太上皇"，母亲叫"皇太后"，正妻叫"皇后"，儿子称"皇太子""皇子"，女儿叫"公主"，孙子叫作"皇孙"。

嫔妃根据地位不同各有专门名称，如"昭仪""婕妤""才人"等。

第十章

弑杀韩信

在吕雉的参与下，汉朝制定了朝仪规范，明确了社会等级尊卑秩序，初步建立了维系几千年的中国封建礼仪文化传统，成为我国封建制度文化的重要组成部分，极大维护了汉朝新生政权的稳定。

敏锐的读者已意识到，吕雉和刘邦的上述作为，都不过只是"表面"功夫，是"防君子不防小人"之举。

纵观汉朝建国初期的内外情势，吕雉和刘邦所面临的局势可谓"内忧外患"。

外患，即指外有北方游牧民族的侵扰，比如匈奴，此后刘邦遭遇"白登山之围"就是最直接的体现。

内忧，则指的是汉政权尚未完全巩固，新政权刚建立，国弱民穷，百废待兴，内部异姓诸侯割据势力虎视眈眈，社会稳定发展存在诸多变数。

暂不说吕雉和刘邦所面临的外忧如何，且说他们所面临的内患局势就已让人惊心动魄，肃穆警然。

客观讲，汉朝建国初期社会所面临的不稳定因素主要来自于各异姓诸侯王势力过于强大，直接威胁、间接削弱了以刘邦和吕雉为核心的大汉中央政权。

　　按与吕雉关系亲疏划分，异姓诸侯王派系大体可以分两派：一派是"亲和派"，另一派是"泛泛派"。

　　亲和派，指的是与吕雉同起于民间，在刘邦起事谋反前双方就已建立了睦邻友好的"友邻"关系，彼此关系相对融洽情同手足，该派以萧何、周勃、卢绾、曹参、樊哙等人为代表，如樊哙还是吕雉的妹夫，属于与吕雉"共苦"的范畴。

　　泛泛派，指的是与吕雉关系仅停留于主仆关系，该派人物多为刘邦在抗秦战争和楚汉争霸过程中所收服效忠的臣奴。由于吕雉在抗秦战争中后期和楚汉争霸过程中出镜率极低，她私下与该派人物并没有过多接触，也没有结下什么情谊，该派人物以韩信、彭越、英布等人为代表，属于与吕雉"同甘"的范畴。

　　历史演义证明，也许是人心不齐，也许是感情不深，或许是世间纷繁，总之在大汉建立初期，泛泛派异姓诸侯王所作所为大有功高震主之嫌，尤以韩信和彭越为最。

　　异姓诸侯王个个手握重兵实权，这势必让吕雉和刘邦犹如鱼鲠在喉，所谓卧榻之侧岂容他人酣睡。

　　可以想象，吕雉和刘邦势必要拔除喉咙鱼骨而后快。

　　我们先来说说韩信其人。

　　韩信，淮阴人（现在的江苏省淮安市），出身于淮阴城中的贫民窟。韩信长得一表人才但其性格内心自卑敏感自尊心极强，为人清高且自负，少与他人交往。

　　韩信从小酷爱熟读兵法，自认文韬武略过人，常身佩宝剑，终日东游西荡，无所事事，属于四肢不勤、五谷不分之人。他既不经商又不务农，家徒四壁，一贫如洗。

韩信祖上家境原本不错，可惜他的父亲是个败家子又没有一技之长，最后沦落为苦力。韩信父亲穷困潦倒死得早，从小便与母亲相依为命。韩信遗传了他父亲好吃懒做、好高骛远的基因，在他母亲去世时连个安葬费都出不起。韩信也算是位别有新意的孝子，虽然出不起母亲的安葬费，但他特地为母亲选了一块高地作为墓地。据风水先生说，韩母墓地附近可以住万户人家。

对此，不少史学家便妄自揣测，认为从韩信为母亲所选的墓地来看，在当时就足以说明韩信心怀"燕雀安知鸿鹄之志"的远大志向，他希望将来有朝一日能封万户王侯，光宗耀祖。史学家的此种推测，大有讨好巴结韩信后世功绩之嫌。

韩信本是淮阴城内的特困户，再加上他好吃懒做吊儿郎当不务正业，在笑贫不笑娼的秦朝末期，遂多被社会闲杂人等蔑视欺辱。

为了能有尊严地活下去，韩信也曾想发奋图强建功立业，他曾强忍着可怜的自尊，放下高傲的身段，托人想在基层谋个小官吏当当，不料未能如愿以偿。

至此，韩信更加自大清高，决定破罐子破摔，不愿脚踏实地成为农民或贩夫走卒。

韩信虽然性格孤僻，很少与他人交往，但他也并非没有朋友，也许是意气相投的缘故，他与下乡的南昌亭长（属于淮阴）关系不错，因此他经常到亭长家蹭吃蹭喝。

亭长倒是大度，但时间一长了，亭长老婆就有意见，战乱时期，谁家的日子都过得不容易。有几次，亭长老婆故意提前开饭，待韩信来到亭长家时，亭长一家人早已酒足饭饱，亭长老婆正擦着桌子，收拾碗筷，甚至当着韩信的面将旧菜旧饭一股脑地丢给庭院中的旺财充饥。

此情此景，特别是亭长老婆那若有若无的鄙夷眼神深深地刺痛了韩信既可怜又可笑的自尊，韩信顿感满脸热辣、背脊冒汗。那一刻，韩信真希望脚下方寸之地能有条裂缝，钻进去永不再见人。

韩信一向自命不凡眼高手低，他倔强又自负地认为：我能亲临惠顾亭长家用餐，那是我看得起你，给你面子，不等我就坐便先行用餐，也罢，大人不记小人过，你吃了就吃了，为何还要当着我的面表现得酒足饭饱很满足的样子，难道你不知道我还饥肠辘辘吗？

伤了自尊的韩信，一怒之下便与亭长断绝了往来。韩信连唯一蹭吃蹭喝的地都没有了，肚子不争气地咕咕噜噜叫唤个不停，实在是饥寒难耐。若是来个守株待兔，这风险也实在太大了些，极有可能没等来兔子就饿死了。

最后实在没办法，韩信决定前往淮阴城边钓鱼谋生。话说这钓鱼也是一项技术活，不仅需要技术好，而且需要耐得住寂寞。韩信不仅钓鱼的技术差，而且肚子饿得咕咕震天响，压根儿没法清静垂钓，眼巴巴地望着鱼竿，祈求老天保佑，鱼儿鱼儿快上钩，好让我美美吃顿饱。

都说人倒霉了，喝口凉水都塞牙。落魄的韩信严重低估了鱼儿的智商，所谓"姜太公钓鱼，愿者上钩"的情景，估计要等到韩信饿死江边后才可能出现。

在韩信饥寒交迫即将晕倒之刻，一位在河边靠为他们洗衣服为生的老妇人见他饿得着实可怜，便从自家带的午饭干粮中分出一半给他吃。

饱受饥饿的韩信已饿得眼冒金星低血糖，眼见有吃的，早已放下可怜又可笑的自尊，未说句客套感恩的话便狼吞虎咽起来。

韩信的脸皮实在厚，对老妇人的接济从不推辞，除了每日客套地说上几句感激之话，便坦然受之。老妇人真是大慈大悲的活菩萨，这一接济就是一个多月。韩信吃饱喝足了，除了研读兵书练习剑术之外，就在河边晒晒太阳钓钓鱼儿，困了乏了就地打盹睡觉，日子好不惬意。

一个多月靠老妇人接济，堂堂五尺男儿身的韩信也觉得有些难为情，感动热泪盈眶之余，拍着胸脯对老妇人说："老人家，你放心，将来等我发达了，一定重重地报答你的施舍之恩。"

老妇人不听韩信的话就算了，猛地听闻信誓旦旦这番话语后，顿时火冒三丈，厉声怒道："你一个男子汉大丈夫连自己都养不活，丢自己脸面事小，丢你过世的母亲脸面事大，四肢不勤五谷不分，我是可怜你才给你饭吃，我也不图你能报答我。"

被老妇人呛了满脸的口水，韩信觉得索然无味，吃完了老妇人施舍的干粮，觉着今天天气不错啊，天气晴朗，便又挎着从不离身的宝剑到城里闲逛浪荡。

走着走着，韩信被几个无赖小混混拦住了去路，其中一个小无赖晃晃悠悠嘚嘚瑟瑟地走到他面前，指着他的鼻子粗声粗气地说："别看你人高马大，整天佩着把宝剑，晃晃荡荡像个英雄好汉，其实你就是一个胆小鬼，为了防止无知少女被你小子的外表假象蒙蔽，今儿哥几个一定要败败你小子的威风神气。"

几个无赖争先起哄，带头的无赖不自主地抖动着身体，松垮垮地站在韩信面前，叉开双腿，说："你若不怕死，就用身上佩的宝剑把我们哥几个杀了，来来来，我脖子伸出来，你往这砍。你若怕死，就从我胯下钻过去。"

无赖说完，便毫无道德底线地放肆狂笑不止。

韩信见几个无赖个个凶神恶煞，面目狰狞，手上还拿着刀、棒、剑等家伙事，心想这般无赖个个都是不要命的主，表面故作镇定，其实内心十分害怕。

为了给自己清高傲慢的内心寻求片刻平衡安慰，韩信转而心想，自己堂堂英雄好汉，为几个无赖手沾命案，不值当不值当，能屈能伸方为男子汉大丈夫。

想到此处，韩信二话没说，大庭广众之下，从无赖胯下钻了过去，整条街的人都看在眼里笑在心里，讥讽韩信是个软骨头。

面对众人的质疑嘲弄，韩信没做任何辩解，拍拍身上的灰尘，振作疲惫的精神，笑一笑潇洒离去，他的背影渐渐模糊，但他的身影却牢牢地刻在了人们的脑中，有人对他的行径摇头不止，也有人对他的举止点头赞赏。

秦末农民起义爆发之后，韩信凭借所学，仗剑从军，投到项羽叔叔项梁部下，项梁战死之后又跟随了项羽。

项氏叔侄出身楚国宗室，他们对出身贫寒、地位卑微，又曾受过胯下之辱的韩信都不看好，任凭韩信的一腔热情和出众才干，在项氏军营中也只混到了郎中之类的小官，只是项羽身边众多参谋之中很不起眼的一位。

韩信虽然自负清高，但他熟读兵书，又善于理论联系实际，他的专长在于带兵打战。可惜的是，项氏叔侄都没看好他，没有给他带兵打仗一展拳脚的机会。

韩信不仅无从施展军事才华，就连平时给项氏叔侄提个建议什么的也不受重视。到了关中之后，韩信亲眼看见了项羽所犯的一系列错误，清醒看清了项羽的短视和刚愎自用，断定项羽难成大事。

韩信便于公元前 206 年初叛逃楚军，加入到刘邦汉军阵营中，希望能到汉王的倚重赏识。

刘邦同样对韩信不知根知底，起初韩信根本无法入刘邦的法眼，甚至都不知道自己军营中还有韩信这一号小人物。在汉军众多大将眼中，韩信与从其他阵营投奔汉军的人都同属于一类人，认定他也只不过是想混口饭吃的小士卒而已。因此，汉军各众将领对韩信并没有做进一步的组织考察和培养，随便让韩信做了个连敖。

连敖是楚国的官名，刘邦称汉王以后，官职名称多延用楚国原有的制度，连敖比郎中稍微高一些，负责后勤往来接待工作，在战时混乱时期，也算是一个比较有油水的部门了。

连敖官职虽然比郎中高些，油水也多些，但这个岗位并不合韩信的心意，连敖再有油水也与军事战争没有直接的联系，他依然无从施展旷世军事才能。

天将降大任于斯人也，必先苦其心志，劳其筋骨，饿其体肤，空乏其身，行拂乱其所为。

为了一日三餐，韩信便在汉营军中厮混度日，本想就此了此一生，没承想后来却又莫名其妙地陷入集体违法案件中。按照汉营军规，集体违法是要统统处刑的，同案的十几个人一一排列，身穿囚服，头插囚牌，验明正身，逐个挨斩，弃尸暴晒。

待一把冰冷冷的屠刀架到韩信脖子上时，他抬头望着刺眼的艳阳，头晕目眩，口干舌燥，想到平生所学，想到当初忍受的胯下之辱，为的就是得明主而择之，好施展抱负，不妄平生所学。如今，壮志未酬，却这么稀里糊涂地成了刀下鬼，死得不明不白，不由触景生情，仰天长叹。

也许上苍眷顾，就在刀起头落千钧之际，韩信看到了时任太仆的夏侯婴路过刑场。韩信心想，如果夏侯婴能和刘邦说说情，说不定自己还能捡回条小命来。于是他故意大声冲着夏侯婴喊道：汉王不是要夺取天下吗？为什么还要斩杀壮士！

此前我们介绍过夏侯婴，他是刘邦的随身战将，曾三度救起被刘邦推下马车的刘盈和鲁元，是誓死效忠刘邦的铁杆亲信，他内心始终怀有以汉朝天下为己任的情怀。

平日里士卒违反军令被斩杀也不是什么稀罕的事，而那些被斩杀的士卒临刑前不是哭爹喊冤，就是打滚撒泼跪地求饶，猛然间听得韩信如此语出惊人，情不自禁地挪步探个究竟。

那时，汉王要夺取天下还是少数人知晓的绝密军事信息，这个死囚却在刑场之上口无遮拦大声叫喊起来，夏侯婴便觉得这个韩信不同寻常，急令刀下留人。

刑场重地，经过与韩信简单交谈探讨，品评天下局势，究涉兵法谋略，夏侯婴真心觉得韩信是位不可多得的军事人才，随即亲手为韩信松绑，带回营帐之中。

夏侯婴可以说是韩信生平所遇的第一个贵人，正是夏侯婴的伯乐风采，间接为大汉王朝的建立立下了不可估量的功劳，夏侯婴二话没说就将韩信推荐给了刘邦。

与项氏叔侄相同，刘邦对韩信同样不甚了解，反而隐约听说，他曾受人胯下之辱，心怀侠肝义胆楚风的刘邦便对韩信多有不屑之情。

再者，韩信至今仍没有什么军功，对其军事才干深浅根本不清楚，只是碍于夏侯婴推荐，就任命他为治粟都尉，在内史直接领导之下，负责筹集军粮和调运等具体工作。

治粟都尉是一个级别较高的官职，岗位也特别的重要，所谓兵马未动粮草先行，治粟都尉就是直接统筹负责粮草筹集和调度的官员。

相对于这一官职的重要性，对于寸功未立的降将韩信而言，已然相当不错，已让很多闲人眼红不止，但是韩信的志向却远远不在于治粟都尉之职。从小饱读兵书的韩信很想将理论联系实际，将平生所学运用到实战之中。

韩信虽然感激刘邦的不杀之恩，但他实在不满刘邦封配的治粟都尉职务。他认为刘邦和项羽一样都是不识贤良的昏庸之辈，因此整日愁眉不展、郁郁寡欢，经过一段时间的激烈思想斗争，韩信坚信，要想实现自己的凌云壮志，必须另投明主，方能大展拳脚，建功立业，成就人生辉煌。

话又说回来，刘邦虽然瞧不上韩信，碍于夏侯婴的情面给他封了个治粟都尉的官职，但正是此举，却又无意中成全了韩信，也直接成全了刘邦问鼎中原的"大丈夫当如此"的理想。

治粟都尉由内史直接领导，汉军内史最高长官正是萧何，韩信不可避免与萧何有了直接具体且深入的接触。经过多次深入交谈探讨，萧何已被韩信的军事才干所深深折服，深刻地意识到，韩信是一位不可多得的军事奇才，刘邦要想称霸中原夺取天下，缺少韩信这般将才必将难以成事。

让萧何一时无奈的是，苦于没有合适的机会向刘邦郑重推荐韩信。萧何明白，夏侯婴除了解救韩信一命之外，将韩信推荐给刘邦，其实并非好事，因为夏侯婴的推荐并没有一步到位，没有让刘邦最充分了解韩信的真才实干，这必然导致刘邦对韩信存在时间上和空间上的认识误差，对韩信军事才能的挖掘，进而对汉军格局的演变，没有发挥最佳的效果。

萧何与韩信多次谈经论道、辩谋评诡，萧何已对眼前的这位穷酸小子有了几分认识，要想发挥韩信极致的军事才干，必须无所束缚、毫无保留地给予他一个偌大的历史舞台，若使他位居人之下，其军事才能必将大大受到制缚，无法达到惊天地泣鬼神的功效。

萧何下定决心，若是要将韩信推荐给刘邦，必须一步到位，拜韩信为大将军，执掌统领汉营三军大权。若如此，方能成大事。

在萧何等待时机向刘邦推荐韩信之时，汉军营中却传来了韩信再次叛逃的消息。萧何听得此消息，顿感头晕眼黑腿发软，脸阴得比大黑锅还黑。

待萧何定了定神，他没向随行部下做任何交代，也没有向刘邦具体说明情况，便纵马疾驰，在朦胧的月色之下整整追赶一夜，终于在东方既白之时追赶上了韩信，不容韩信纷说，强行将他连拉带绑地架回汉军营中。

这就是"萧何月下追韩信"的经典故事，要是没有萧何此举，汉朝历史会如何发展演绎，真的就很难述说了。

韩信知道萧何是刘邦的铁杆亲信，自己与萧何也相处多日，萧何曾经多次表达了对自己才干的钦佩，并多次拍胸脯打包票会在合时的时机向刘邦推荐自己。

那时的韩信毫无建树，处于人生迷茫的十字路口，加上又年轻气盛，给人感觉就略显心浮气躁。他觉得萧何肯定已经向刘邦推荐过自己了，可刘邦却迟迟不见动静，看来自己并不受刘邦待见。

年轻人毕竟心性不稳重，等待了一段时间之后，韩信出走另择明君的念头就再次占据了思想高地。此处不留爷，自有留爷处。

韩信对当时局势有着清醒的认识，关东诸侯并立，彼此矛盾重重，稳定只是表面和暂时，相信在不久之后，各诸侯为了切身利益，必然同室操戈，战事再起势如破竹，只要运气够好，自己有的是施展才华的机会，为什么非要在刘邦这一棵树上吊死呢？

按当时的情势，韩信的运气已经背到不能再背了。如此想通之后，韩信没有再犹豫，趁着朦胧月色，留下治粟都尉大印，牵着一匹骏马，悄然奔驰而去。

事有凑巧，就在韩信夜奔而逃、萧何月下追赶之前，跟随刘邦入蜀的众多关东兵士见刘邦烧毁栈道（张良献计而为），萧何专心致志地经营巴蜀和汉地，都认为刘邦会在蜀建立红色革命根据地，长期盘踞蜀地而不回关东。

众多关东兵士想起父母妻儿都还在关东老家，目前生死不明。汉军军心惶惶人心不稳，那段时间，几乎每天都有人弃营而逃，光是将军级别逃跑的就有十几位。

对于将士外逃，刘邦虽然颇伤脑筋，却也无可奈何，毫无应对办法。

刘邦感慨世间万物，唯有人心难抓，人情难懂。

萧何月下追赶韩信事先没有跟刘邦打招呼，刘邦以为萧何也趁机逃跑了，气得捶胸顿足，跺脚骂娘。

如果说其他人逃跑都还说得过去，唯独萧何背弃自己，刘邦从情感上是万万不能接受。萧何是刘邦的大管家，是刘邦的左右手，此时

第十章　弑杀韩信

突然听说萧何夜奔而逃，刘邦顿感方寸大乱，不知如何是好。

让刘邦喜出望外的是，第二天天微微亮，萧何便带着韩信回来了。

见着萧何安然回来，刘邦是喜怒交加。

为了显示权威，刘邦见到萧何便破口大骂："学人家什么不好，偏偏跟着人家学逃跑，你难道要背弃当初的誓约吗？"

萧何见刘邦动怒，知道刘邦误解了自己，淡定从容回答："卑职不忘初心，不敢背弃当初的誓言，我并不是逃亡而是去追逃亡的人。"

刘邦觉得好奇，你一个内史主管，不好好干好你的后勤保障本职工作，去追什么逃亡的人，便问："你追的是谁？"

萧何："治粟都尉，韩信。"

刘邦听说萧何追的人是韩信，更是火冒三丈："光逃跑的将军就有十几个，你都不追，却唯独去追一个曾受胯下之辱的治粟都尉韩信，你当我是三岁小孩好哄好骗，你骗鬼呢？"

刘邦的此番话并非不无道理，从一个领袖看来，韩信根本不值得一追，韩信既没有赫赫军功也没有让人刮目的过人才干。如此看来，萧何显然是在为逃亡不成而找借口。

好在萧何机智过人，理了理已慌乱的心绪，郑重其事地对刘邦说："其他将军都很容易得到，而韩信却是天下独一无二。汉王要是满足在汉中长期快活经营至老死，可以不用韩信，算我自作多情。但如果汉王想向东争夺天下，霸占天下，杀回关东老家，向世人宣示，光耀祖宗，除了韩信，没人能够担此重任。话我也就说到这份上了，对待韩信，杀与不杀，用与不用，全凭汉王定夺。"

明眼人都明白，萧何是话里有话，采用激将法激怒刘邦，萧何最了解刘邦的心思，故意激将刘邦"快活老死汉中"。

刘邦的脑子自然不及萧何够用，当他听了萧何的辩驳之后，当场就想撒泼发飙，为了顾及老朋友情面，强忍压着一股子邪火说："我当然想杀回关东，怎么可能永远窝在这鬼地方呢。"

刘邦此话，不仅为了辩驳萧何，也是说给身边其他将士听闻。人心慌乱之际，稳定军心在当时是头等大事。

聪明绝顶的萧何此时装了回愣头青，并未顾及刘邦的情绪，不知趣地揪着此事步步紧逼说："大王决定东向争夺天下，能用韩信，韩信则留下。不能用韩信，韩信还是要走。"

刘邦被萧何逼到了角落，实在没办法，无话可说，硬着头皮应承萧何说："那我就任命韩信为将军便是了。"

萧何见刘邦已服软，为韩信谋求广袤舞台的机会终于等来了，萧何挽起袖子，摆出乘胜追击打群架的架势，对刘邦要拜韩信为将军的许诺嗤之以鼻，表示很痛心、很遗憾、很惋惜，捶胸顿足摇头道：汉王虽然仁义拜韩信为将军，但韩信还是要走。

刘邦一听萧何的话，心中那个气啊，就差扑上去咬上萧何两口了。刘邦强压怒火，心想，萧何今天不大对劲，也太不像话了，给脸不要脸了是吧。

韩信无寸土军功，也没听人说过他有何过人才干，有的只是胯下之辱的不堪过往，可萧何还如此这般卖力地为韩信这小子说情，难不成萧何收了韩信的好处费，还说萧何被韩信抓住了什么把柄？

刘邦傻了眼，给个将军当当还嫌不够，难道还要我拜你韩信为大将军不成？若真如此，多年追随我卖命的兄弟该怎么看我，项羽匹夫该怎么笑话我，难道我汉军大营已无人才可用？难道我汉军大营的人

第十章　弑杀韩信

113

都已死绝？我还要不要在诸侯王圈中混迹下去。

刘邦也是要面子的，既然萧何给你韩信说情，索性就再大方些，半开玩笑半戏谑地顺口说："那就拜韩信为大将军。"

刘邦此番表态，既是气话，又是试探之话，他还傻乎乎地等着看萧何惊慌失措、跪伏道歉的可笑模样呢。

刘邦自信认为萧何会被他的话吓得哆哆嗦嗦地跪地求饶，说些诸如韩信无德无能不配大将军之职，或者汉王你大人大量等谦卑话。

刘邦一副悠闲模样，竖耳倾听萧何如何惊慌应答。

听闻刘邦戏谑嘲弄式的大话，萧何不仅没有惊慌失措，反而心花怒放，为了防止刘邦懊恼反悔，他便大言不惭高声答道："如此最好。"

刘邦清晰地听出，萧何亢奋的声音中带着一丝放松、一丝邪气。猛地意识到，自己又上了萧何的当，而且这当上得老大了。

是的，刘邦这下彻底傻眼了，终于明白，什么是马失前蹄，这次算是彻底被萧何欲擒故纵给算计了。

刘邦贵为汉王，说出去的话如泼出去的水，君无戏言，一言九鼎，而且当前最重要的是要稳定军心站稳脚跟。

可是，拜大将军，这事关大汉军事行动和后续作战方略，不可轻易儿戏，刘邦真心想反悔刚才贸然说出的戏谑试探性言语。

当刘邦与萧何四目对视相望时，他清晰地读懂了萧何略带疲倦又异常坚定的眼神。刘邦被萧何的眼神深深地感染着。此刻，刘邦比任何时候都坚信萧何的无私忠诚和无比坚定。

刘邦欣慰地笑了，他坚毅地点了点头，便立即传令命，拜韩信为大将军。

萧何见状，急忙上前阻拦说："大王待人向来是轻薄无礼，轻则呵斥漫骂，重则侮辱。现在召韩信进来，随便就拜为大将军，正是大王忽视必要的礼仪，才是韩信离开大王的真正原因。大王真的要拜韩信为大将军，应该举行隆重的拜将仪式，选择良辰吉日，沐浴斋戒，立坛拜将。只有这样，韩信才会真心实意地留下来，为大王无限发光发热。"

刘邦听了萧何的话，虽然心里也打了个小九九，这不是得寸进尺嘛，就是我被封为汉王时，仪式也是草草简洁。也罢，刘邦已被萧何的人格魅力和对大汉忠贞所深深折服。

虽然刘邦至此还对韩信的军事才干不甚了解，对拜韩信为大将能否服众，能否带领三军开疆扩土没有把握，但他已深刻理解了萧何的深层次用意，于是便无条件地依从了萧何的建议。

萧何要求刘邦举行隆重的拜将仪式，并非完全出于个人情感或烦冗礼节的需要。相反，在战乱时代，礼节是否规范并不显得多么重要，萧何此举，其真实用意是借刘邦的威树韩信的信。

直至韩信被拜为大将军，韩信在汉军中并没有什么突出的表现，更谈不上功劳显赫。由于人微言轻，韩信与刘邦及其他诸侯也没有建立任何私交友情，在追随刘邦造反的元老功臣眼中，韩信实在算不上什么英雄人物，如果刘邦随随便便轻易地就拜韩信为大将，以韩信的资历和之前的表现，实在难以服众。

如果能借助刘邦的威严，举行隆重的拜将仪式，就等于郑重地向三军宣布，韩信是经过汉王慎重选择的英勇神武的大将，他必定有着过人的军事才干，大家千万不可轻视，韩信代表的是刘邦，拥有指挥三军的全权。否则，就是对刘邦狗眼看人高的质疑。

萧何坚持要求刘邦登坛拜将，不仅仅是外在形式需要，更是权力实质需要，看似无关紧要的拜将仪式，实则能影响韩信对诸将的指挥调度权，影响日后战略战术贯彻落实，进而直接影响汉军征伐效果，可以说这一隆重的仪式意义非同寻常。

萧何眼光深邃独到，他能为名声不佳、其貌不扬的韩信考虑如此周全，足见其"心底无私天地宽"的优秀品格。

萧何不愧是大汉王朝的好总理，心怀以汉家天下为己任的历史革命情怀。

要拜大将军的消息顿时在汉军营中炸开了锅，全军上下，人心振奋，因为拜将是给众将士传递了一个清晰明确的信号，即刘邦将带领众将士杀回关东老家，将士们盼望已久与妻儿老小团聚的愿望就要成为现实。

汉军营中，但凡有些军功，或自认为有些战绩的将军都跃跃欲试，像买彩票一般，希望这头等大奖能落到自己头上，光宗耀祖、扬眉吐气。

全军上下将士都在猜测这个大将军会花落谁主。众将士在期待兴奋和煎熬中度过了几天，待拜将之日，众将士发现这个大将军原来是曾有胯下之辱的韩信，大伙儿不禁深深地感到挫败和失望。

在众人的印象中，年纪轻轻的韩信一没背景，二没军功，三还没听说他有什么真才实干，为什么关乎三军大权的大将军会落在韩信头上？难道汉王被现有的战局扰乱了心智，脑袋进水了不成？就凭小小的韩信真能带领三军杀回关东老家，甚至一统天下吗？

这是一个天大的疑惑，不仅全军上下疑惑，就连刘邦本人心里也没什么底。

失望归失望，大将军代表的是刘邦，他的命令全军上下还是要不折不扣地执行。

待锣鼓喧天、红旗招展、人山人海的隆重拜将仪式结束后，刘邦将韩信请到帐中，恭恭敬敬地让韩信坐在上座，请教当前局势及下步具体举措。

韩信没让刘邦失望，他为刘邦阐述了一番既有战略眼光又有战术措施的独到见解，该见解从政治到经济，从民心到社会焦点，从带兵方略到交友之道，无不有理有据，入木三分，鞭辟入里。

韩信一番分析，听得刘邦不住点头，心花怒放，大喜过望，大有相见恨晚之感，立即委托韩信全权部署东进夺取天下事宜。

历史事实证明，萧何的无畏推荐是英明的，韩信没有让刘邦失望。

韩信是我国古代千年一遇的军事奇才，在刘邦处于全面劣势的情势之下，明修栈道、暗度陈仓，攻占三秦，深入齐地，牵制阻断项羽后方，尔后攻占彭城，十面埋伏于垓下，最终逼迫项羽自刎于乌江，肃清了楚军最后的抵抗，帮助刘邦赢得了汉家天下。

按上述历史演义，韩信于刘邦、吕雉而言应该是有功之臣，而且功劳很大，从一定程度上而言，韩信就是刘邦和吕雉的恩人。

可为何刘邦称帝、吕雉封后之后，急迫地想要剪除韩信这一潜在的假想敌人？

是的，韩信起初仅仅只是潜在的假想敌人，他对刘邦、吕雉的家天下还没有形成现实的紧迫危险。

那为何吕雉、刘邦迫不及待地要铲除韩信而后快呢？

其中的缘由复杂多变，既有功高震主，也有人言唆使，这还得从韩信齐地逼宫说起。

公元前 204 年，韩信平定了魏国、赵国、代国和燕国等地，取得北线战场的巨大胜利，刘邦那时在荥阳前线却屡战屡败，不仅丢失了荥阳，又放弃了成皋。

吃了败仗的刘邦憋了一肚子邪火，在诱人夜色的掩护之下鞭马急行军，犹如天兵天将般降临到韩信军营中，趁着韩信醋睡之机，自称汉使，撇开韩信的左右警戒侍卫，直接闯入韩信房间，一把夺过韩信军权帅印，以"四两拨千斤"之妙，轻松剥夺韩信兵权，直接收编了韩信的精干主力队伍，用于荥阳的正面战场。

与此同时，刘邦任命韩信为赵国的相国，指挥一部分兵力全力进攻齐国。

刘邦出其不意地夺取韩信军权，充分彰显了刘邦过人的政治智慧和生性多疑的性格，对诸如韩信等功勋卓著将军心存戒备之心，此次夺军权也算是一种变相敲打，警告以韩信为代表的异姓诸侯将军不要心存异志。

此次夺取韩信军队为己所用，一方面可以防止韩信势力发展过快，造成尾大不掉的局面；另一方面又可以迅速补充兵力，对项羽发动正面反击。

虽然韩信被刘邦夺取兵权，心里甚是不爽，但他始终感怀刘邦的知遇之恩，所以他还是义无反顾地按刘邦圣意进军齐国。经过此次事件，韩信再次深刻意识到兵权的重要性。

当韩信到达平原（今山东平原南）时，齐国已经在刘邦谋士郦食其的劝说之下归顺了汉军。郦食其是个儒生，刘邦本来也不大喜欢他，但是他在追随刘邦的过程中，给刘邦出过不少精妙的计谋，比如主动请缨劝降田广，不用一兵一卒、兵不血刃地收复齐国，在东方为项羽树立了一个强大而又可怕的敌人。

韩信见齐国已经归顺大汉，就想停止进攻，准备班师回朝。此时，韩信身边的一位谋士叫蒯通（原名蒯彻，避汉武帝讳改名通）却站出来指出："你韩大将军率领十万大军，兵临城下于齐地，却这样悄无声息地撤军，寸功未立也就罢了，但如此一来，便直接向世人表明，战功赫赫的韩大将军还不如郦食其一介文弱书生，这也太丢爷们面子了。"

蒯通便建议韩信以受命伐齐在前为借口，对郦食其劝降齐国的事装傻充愣，表示完全不知情，并以武力强行占领齐地，以千万生命为代价成就个人的功名利禄。

听了蒯通的谏言，韩信犹豫了，内心展开了激烈的思想斗争，他的内心多么渴望能像刘邦一样封地称王啊。他从一个社会闲散小混混，后得到刘邦礼遇拜为大将军，内心早已将自己划归刘邦阵营，所谓"择明君而效死忠，士为知己者死"莫过如此。

韩信就是一位天生的军事奇才，他所立的战功更是他人不可逾越比拟。虽然在他的潜意识中也存有不屈从君主臣奴的反骨因子，可至少在他意识清醒时，从未有过不轨企图之心。

此前刘邦曾不顾章法，擅自强行夺取帅印，拉走韩信经营多年的军队，大有警示意味。当时的韩信，对刘邦巧夺军权表示了最充分的理解和支持，认定刘邦的上述作为无可厚非，局部要服从大局，个人要服从集体。

此时，蒯通提出了这样的建议，不得不让韩信多思腹片刻，甚至打起了如意算盘。

早在商鞅时代便提出了"军功论英雄"理念，韩信深刻明白这样一个浅白道理：有军功才有价值，有军功才有一切荣华富贵。

刘邦之所以被封为王，也不外乎军功的缘故。为了保全现有的既得利益，甚至贪图更多地荣华富贵，韩信略带不安地狠了狠心，决定采纳蒯通的建议。

韩信此举，说明他在政治方面的短视和不成熟，一心多立战功，殊不知"日中而衰、花盛而落"的道理，特别是其一味贪婪个人利益的企图将直接影响刘邦大局战略部署的时候，必然导致刘邦的反感和警觉，为日后剪除韩信势力埋下伏笔。

当韩信兵临城下之时，齐王田广望着黑压压的一片兵士，顿时感受到了前所未有的羞辱，犹如自己就像一个三岁小孩，任人哄骗戏弄。

田广气急败坏，大骂刘邦明一套暗一套，是不讲信义的奸佞小人，顺便命人将郦食其扔进锅里活活给烹煮了。

郦食其被烹杀之前，望着兵临城下的韩信，投射了无限怨恨和悲悯的目光，大骂韩信这个狗东西背信弃义、急功近利之：我的今日就是韩大将军的明天。

郦食其仰天长叹，呜呼哀哉。

此事随后便很快传到了刘邦耳中，韩信武力占领齐地，郦食其劝降齐王而被烹杀，刘邦在无可奈何的同时对韩信的举动加深了不满和警觉。

在齐王田广已经宣布无条件归顺投降的情况下，刘邦多么希望韩信举起大刀砍向鬼子，从侧面进攻项羽，也好减轻荥阳前线的正面压力。

无奈的是，对于韩信的军事调度，刘邦不能随便指责怪罪，毕竟韩信的确受命攻齐在前，完全可以用"不知情"推脱责任，刘邦对此只能是"哑巴吃黄连，有苦说不出"。

韩信占领了齐地，刘邦却承受了荥阳危亡的巨大压力。刘邦盼星星盼月亮，命众将士死守荥阳，等待韩信挥军南下，腹背合击项羽，以解除荥阳危机。

情势万分危急之刻，韩信竟然闲庭信步般在军营里喝茶看报纸，派出一位口气傲慢的使者前往刘邦军营，使者恬不知耻地说："齐人狡猾多变，反复无常，南面又和楚地接壤，更容易反复，如果不暂时立个齐王，将无法巩固对齐地的控制。韩信对汉王你是忠心耿耿，为了减轻汉王的压力，韩信见义勇为、自告奋勇，希望能做这个暂时的代理齐王，好替大王镇抚齐地人心。"

谁都都能看出来，这分明就是对刘邦赤裸裸的要挟。看来韩信还是不够了解刘邦，他这次显然有些玩大了。以刘邦的性格自然不能容忍，忍无可忍地刘邦当着使者的面，便破口大骂：我在此地被困多时，多次派使者催韩信来援，几乎望穿秋水，而你个韩信却想另立山头称王称霸。

就在刘邦话说到一半不吐不快之时，一直在旁伫立倾听的高级智囊顾问张良不动声色地踢了刘邦一脚。

也许是张良用力过猛，把刘邦疼得龇牙咧嘴，刘邦正想破口骂娘之际，张良侧目狠狠地瞪了刘邦一眼。刘邦是人中游龙，自然机警过人，立即会意张良个中意思，便把到了嘴边的狠话统统都咽回了肚里。

刘邦为了不让使者看出破绽，不改此前火爆脾气，仍然骂骂咧咧地说："大丈夫定诸侯，要做就做个真王，做什么临时的假王！"

随即，刘邦便命亲信张良为汉王使者，到临淄封韩信为齐王。

韩信得到了梦寐以求的齐王封号，自然十分高兴，但一颗警惕的种子就此在刘邦的心坎破土而出，不久的将来长成参天大树，最终撑破了韩信的肚皮。

韩信称王封地，自然心满意足，在一群谋臣武将热烈庆贺之下，挥师南下，迅速解了荥阳危局。

刘邦在荥阳与项羽历经了持久的拉锯战。此时荥阳危机解决了，经过"鸿沟划界"之后，刘邦深感身心疲惫，见老父亲有惊无险，吕雉安然归来，便按与项羽达成的协议，想立即回到关中，过上几天安定祥和的日子。

刘邦准备下令向西撤军返回关中之际，张良、陈平二人当即力劝刘邦：请汉王千万不要管什么君子停战协议，此时也不要顾及无赖小人的骂名，干脆一不做二不休，从道德上秒杀项羽匹夫。此时的汉军固然疲惫，可楚军更是舟车劳顿，现在唯一正确的选择应该是趁项羽东撤之机，杀个回马枪，尾随进攻，夺取楚汉争霸的最后全面胜利。若失此机会，一旦楚军恢复元气，凭借项羽"力拔山兮气盖世"的英雄本色，那是养虎为患，自掘坟墓。

刘邦在重大决策面前从来都是软耳根子，经不起张、陈二人轮番劝谏，冷静分析当前形势，深刻认识到张、陈二人所言句句切中要害。若抓不住此次机会，日后争霸结果如何，还真不可预知。

刘邦咬了咬牙，便愉快地接受了张、陈二人的建议，立即率军东进，尾随偷袭楚军，同时命齐王韩信和彭越立即率领人马前后围剿项羽。

收到军令韩信和彭越并没有马上"听指挥，做动作"，而是迟迟按兵不动。从这点上讲，韩信和彭越并不是合格的人民子弟兵，刘邦下达的命令似乎与他们没有一丁点儿关系，又好像是韩、彭二人在故意拖延时间，让人看不清、读不懂。

当刘邦军队越过鸿沟到达固陵之时，仍不见韩信和彭越的踪影，这下可把刘邦给急坏了。此时的刘邦犹如被人架在火上烤的青蛙，进也不是退也不是。

项羽见刘邦背信弃义耍泼无赖，竟然伺机偷袭楚军，又是孤军深入、单兵作战，于是便以迅雷不及掩耳之势，以其人之道还治其人之身，也给刘邦杀了个回马枪。

疏于防备的汉军被楚军打得落花流水、满地找牙，好在刘邦小姨丈樊哙率领部分援军及时赶到，才勉强使刘邦全身而退返回固陵坚守。

亲眼见证了项羽的所向披靡，刘邦深刻地认识到，自己远远不是项羽的对手，在没有韩信和彭越援军到来之前，只能凭借固陵深沟高垒、死守待援。

可固陵毕竟只是个小小的县城，而且估计固陵的县令是个大贪官，搜刮民脂民膏，中饱私囊，城内不仅粮草不充裕，就连城内军事防御基础设施也很差，墙矮壕窄，难以抵挡楚军的轮番进攻。

刘邦对固陵的县令那是恨得牙根直咬，决定待逃过此劫，一定砍了固陵县令的脑袋，方能正本清源。

此时的刘邦再次陷入楚汉战争之后的又一危机之中，也许真是上苍眷顾刘邦，多次身陷险境都能安然身退。好在此时的项羽斗志不再，消磨了往日一定置刘邦于死地而后快的霸气，而且楚军人困马乏，军心涣散，对固陵的围攻并没有那么猛烈，这样刘邦才能勉强在固陵苟延残喘。

韩信、彭越接到刘邦的命令为何迟迟没有动静？

刘邦挠破脑皮瓜子也没想出个所以然来，百思不得其解。按理来说，刘邦已经封韩信为王，封彭越为侯，他们应该对刘邦感恩戴德万分忠诚才对。

原因是想不出来了，刘邦骨子里却憋着一股邪气，在固陵城中破口大骂韩信、彭越不服从调动，翅膀硬了就想单飞，是典型的忘恩负义、贪生怕死小人。

刘邦望着城外稀稀拉拉叫阵的楚军，明知道楚军已到了强弩之末，只要这仗能取得胜利，哪怕是以微弱之势取胜，就可以完成一统江湖、千秋万载的伟业。

无奈，刘邦技不如人，不是项羽对手，诸如韩信、彭越部将又不听从调遣，只能干着急，直愤怒，像热锅上的蚂蚁，无计可施。

张良是刘邦建汉最重要的高级顾问之一，他早已看出韩信、彭越心中玄机，见刘邦着急上火，气急败坏，便对刘邦说："诸侯们都明白项羽败局已定，之所以没有急着参加会战，是因为大王您没有给他们明确封土。之前给他们封了虚无的王、侯名号，但并没有明确封土，他们怕打败项羽之后徒留名号，最后还是竹篮子打水一场空，白忙一场，一无所有。现在大王只要给他们明确封地，他们一定会屁颠屁颠前来增援。"

对刘邦而言，无论是韩信还是彭越，他都不想封他们为王，刘邦立志做一名"大丈夫当如此"的帝王，实现家天下的目的，诸侯王都是刘邦的私有财产，他真心舍不得把到手的家产分给他人，特别是像韩信这样曾经以功劳要挟过他的鄙奴。

刘邦就是刘邦，他转念一想，要打败项羽此时还真离不开韩信、彭越的帮助，即使现在一万个不愿意，却也只能先按张良意见去办。

刘邦接受了张良的建议，鉴于彭越已经控制了原来的魏国地盘，韩信占有齐国又是楚国人，决定：将睢阳以北到穀城的土地封给彭越，封其为梁王；将陈县以东至东海之滨的土地封给韩信，使韩信做个名副其实的齐王。

张良不愧为人精，他的计谋果然灵验。

为了体现诚意，刘邦特意派张良前往韩信、彭越军营，专程传旨封地。韩、彭二人本就是特困户，得到地主赏赐土地后，欣喜万分，当着张良的面感激涕零，一把鼻涕一把泪地表了表忠心。

酒足饭饱后，韩、彭二人立即率领所有人马倾巢迅速南下，向项羽的侧翼发动一波又一波猛烈的攻击。

刘邦在韩信、彭越、英布、张良等人的帮扶下，历经四面楚歌、垓下十面埋伏，彻底击垮了项羽楚军，最终逼迫项羽自刎于乌江，结束了楚汉争霸。

刘邦打败了项羽，欣喜异常，但这次他没有被胜利的喜悦冲昏头脑。刘邦明白，项羽乌江自刎并不等于他可以高枕无忧。几十万汉军分别掌控在韩信、彭越、英布等大将手中，这无疑是一个极不稳定的因素。刘邦能否控制汉初动荡不稳局面，他并没有十足的把握。

刘邦一改此前痞子无赖样，没有急速西返关中，没有猴急到洛阳宫殿享受渔色，没有荣归故里回到老家丰沛，而是带着亲信随从，轻车快马，飞速北上，直奔驻扎在定陶的韩信大营。

正当韩信沉浸在美酒佳人温柔乡之时，刘邦如天神一般下凡到韩信营帐。韩信顿感头重脚轻，第一感觉是刘邦不请自来，必定没安什么好心。韩信手忙脚乱地简单整理衣冠，双腿一软，便向刘邦跪拜请安。刘邦不慌不忙地环绕韩信看了看，闻了闻，一把抢过放在书案上的大将军印，当场宣布解除韩信的兵权，将韩信军队一股脑的照单全收。

韩信见刘邦再次出手抢走他的帅印，那个懊恼悔恨啊，刘邦之前已经用同样的手法抢过他帅印一次了，怎么想着也不应该再次出此龌龊伎俩。可韩信忽略了刘邦通常不按常理出牌的秉性，这一切来得太突然了，让韩信无言以对，唯有唯唯诺诺俯首称臣。

为了有效制衡管束韩信，避免狗急跳墙不测的发生，刘邦在解除韩信兵权不久之后，即改立韩信为楚王，将其封地由齐地改为淮北，都城由临淄改为下邳（今江苏邳州市西南）。

刘邦对韩信打出了组合拳，给出的理由还算冠冕堂皇，说是韩信为楚人，熟悉楚地风俗人情，韩信封王以后应该回到老家光宗耀祖，否则如锦衣夜行。大家都看得明白，刘邦此举只是为了削弱韩信的实力，解除韩信对大汉的威胁。

司马迁评述吕雉"佐高祖，定天下"，诸多历史学家普遍认为司马迁所说的"定天下"，指的是安定巩固刘家天下。对此，笔者深表认同。

在刘邦称帝西汉建立之初，汉朝天下并非全部姓刘。刘邦根据亲疏远近和军功大小分封了八个异姓王，他们是：楚王韩信、韩王信、淮南王英布、梁王彭越、长沙王吴芮（由原来衡山王改封）、赵王张敖、燕王臧荼、闽粤王无诸。

相对于刘邦后来分封子侄而言，历史上把这八王称为异姓王。这些异姓诸侯王占据着西汉的大片土地，刘家反而只统治一小部分。

刘邦称帝、立后、定都和制定朝仪之后，当务之急就是要剪除异姓诸侯割据势力，说白了就是要将八大异姓王的封地全部收归为刘家所有。

我们先说说长沙王吴芮和闽粤王无诸，他们两人是刘邦称帝之后所发第一道圣旨而册封的。

略微了解历史的人都知道，吴芮和无诸在抗秦战争和楚汉争霸中并没有什么突出的军功贡献。刘邦放着诸多功臣不封赏而优先分封他们二人，就是想利用他们二人在当地人心目中的威望，熟悉当地风土人情，给个王号，保持当地持续稳定和繁荣，达到"师夷长技以制夷"效果。

刘邦所统治的经济政治中心在中原，江南地区经济落后，闽粤更是偏远，吴芮和无诸其实就是山高皇帝远、鞭长莫及的土霸王，封他们为王，比从中央选派官员任郡县长吏要方便和现实得多。

我们再来说说燕王臧荼，臧荼倚仗自己是六国时燕国的宗室，是正统贵族，且在抗秦战争和楚汉争霸中都立下过不俗军功，被封为王之后，便滋生了骄纵蛮横的情绪。又因为从小家教不严，不大懂礼貌，平日里时常嬉笑怒骂一般文臣武将，人缘太差的臧荼不久便被他人告发图谋不轨。

燕王本着一不怕苦二不怕死的精神，便也学着刘邦当年反骨精神，一不做二不休举兵反了。谁知道，燕王就是只纸老虎，刘邦御驾亲征，两个月时间轻松平定叛乱。

为了安定燕国，刘邦遂分封他的同乡发小兼好基友卢绾为燕王。

话说吕雉和刘邦对八大异姓王都不放心，而首当其冲最不让人省心的自然就是韩信，这不仅因为韩信是当时第一战神，大有功高震主之嫌，更重要的原因是韩信曾两次乘人之危胁迫刘邦封分，按照刘邦的性格，这是无法容忍不可原谅的。早在第一次分封韩信为齐王名号之初，刘邦就已对韩信埋下了隐隐的杀机。

不得不承认，韩信是位举世无双的军事天才，但他缺乏敏锐的政治意识，秉持着"士为知己者死"的原则，纵然在项羽、蒯通等人的蛊惑之下仍对刘邦死心塌地，誓死效忠。逼迫刘邦分封王号和封地，他其实并没有深度考虑，目的无外乎名誉、荣华富贵尔尔。

韩信政治上的短视和不成熟，两次逼迫刘邦分封正是他人生最大的败笔。迫于形势，韩信逼宫的目的虽然达到了，可刘邦、吕雉剪除他的决心也悄然下定了。

楚汉争霸结束后，为了防止韩信和其他异姓诸侯王狗急跳墙，刘邦决定采取"温水煮青蛙"的策略逐步剪除韩信威胁。

第一步就是二次徒手抢夺韩信大帅印，解除韩信兵权；第二步是改封韩信为楚王，并让他回老家安享度日；第三步便是在韩信等异姓王身边安插众多耳目间谍，时刻探获异姓王的动向，瞅准机会，吹毛求疵，时刻准备着诬告陷害外加栽赃，对异姓诸侯王倒打一耙，名正言顺地挨个剪除。

刘邦时刻警惕注视着韩信的一举一动，等待时机彻底收拾韩信。

公元前201年十月的一天，刘邦终于等来了千载难逢的一个机会。

刘邦获得密报，汉朝A级通缉犯钟离昧就藏匿在韩信府邸，而且韩信成天与他结伴出入，不避人讳，勾肩搭背，称兄道弟，亲如故友。

刘邦得报，当即就下旨命韩信立即将钟离昧缉拿归案。刘邦此举可谓一箭双雕，一来抓捕钟离昧，二来试探韩信的忠诚度及警惕反应。

钟离昧是什么人呢？他曾是项羽手下的一代名将，骁勇善战、忠贞不渝，曾多次把刘邦打得落花流水、狼狈不堪。

刘邦每次想到项羽手下有这么一位钟离昧就觉得头壳疼。项羽兵败自刎之后，刘邦担心钟离昧在民间发展抵抗势力，便下令缉拿钟离昧，也好一雪前耻。

说来也巧，刘邦与项羽是死对头，韩信是刘邦手下的一名大将，钟离昧是项羽手下的一名大将，按理来说，韩信与钟离昧也是不共戴天的敌人才对，可韩信偏偏与钟离昧私交甚深。

韩信和钟离昧都是一代名将，此时韩信无端被夺兵权、改立楚王，钟离昧一夜之间成为过街老鼠人人喊打的逃犯，这让两位昔日的好友触景生情，悠然生出了兔死狗烹的感慨。

韩信纵然是带兵打仗的旷世奇才，但他的情商却着实不高，他在府邸大张旗鼓设宴招待钟离昧，与钟离昧整日谈兵论道、讽古喻今、畅抒情怀，好不痛快。

然而好景不长，安插在韩信身边的耳目将韩、钟二人的交好境况一五一十地密报刘邦。刘邦下令让韩信缉拿钟离昧，这下韩信进退两难，一是圣上命令，一是友人私情。

韩信既不能违抗刘邦的命令，又不想毁损友人情谊，他是楚人，楚人重友情，尚游侠，私人感情往往要高于王法。

韩信贵为楚王，刘邦也算是给他留足了面子，没有亲自派人或限期要他缉拿钟离眛归案。对此，韩信将计就计，采取一个"拖"字诀，能拖一天是一天，迟迟不予回复，就好像他根本没有接到刘邦圣旨一般。

在钟离眛眼中，韩信重情重义，单凭自己与他哥们义气，韩信也不会轻易将自己交给刘邦。再者，一向自负的钟离眛自认为摸透了韩信的心思，认定刘邦已不再信任韩信，韩信想要保住既得利益，为了确保楚国黎民百姓免遭涂炭，韩信也不会轻易被刘邦剿灭，更何况韩信善于带兵打战，相信即使刘邦再蠢也不敢轻易动韩信一根毫毛。

夜郎自大的钟离眛认为，韩信要对抗刘邦，还需要仰仗他的能力，回首过往曾经，刘邦不过是他的手下败将。所以，钟离眛对刘邦下达的通缉令根本不在乎，在楚国地界仍是我行我素，大摇大摆，招摇过市。

韩信两次逼宫索求分封，已让刘邦对他充满了警惕之心，此时见韩信居然为了一个通缉犯公然抗命，更为可气的是，这个通缉犯就是那个曾经多次让他颜面扫地的钟离眛。

对此，刘邦很生气，后果很严重。

就在刘邦因韩信抗命怒火攻心之时，又有密探告发，说韩信在封国境内出巡郊游时，总是排兵布阵，有大队兵马跟随，好像是要准备造反。

天地良心，日月可鉴，韩信这么一个大大的忠臣，他能反吗？他会反吗？他有反吗？韩信终其一生，唯一的爱好就是排兵布阵，将理论联系实际，就如平常百姓人家，有些人喜欢打麻将，有些人喜欢下象棋。

世人都知道，在韩信占领齐地之时，便形成了刘、项、韩三足鼎立的军事格局，虽然韩信名义上算是刘邦的属下，但韩信的军事实力一点不比刘、项二人弱。论军事才能，韩信更是在刘、项二人之上，韩信真要称帝造反，为何不在占领齐地之时捷足先登呢？

韩信在楚汉争霸的后期，处于刘、项天平之中，他偏向任何一方都可以打败另一方。再者，韩信生性重情重义，在项羽和蒯通等人的劝说之下，仍然对刘邦死心塌地，秉持着"士为知己者死"的原则，为建立大汉王朝呕心沥血鞠躬尽瘁，就差死而后已了。

此次密探密报说韩信要造反，这是赤裸裸的诬蔑，是为削弱、剪除韩信寻求一个借口罢了。

有些历史学家甚至怀疑，密探告发韩信是在吕雉的授意之下而为之，目的就是为朝廷收回韩信封地制造舆论和借口。

随后刘邦的举动也从侧面印证了历史学家的这种猜测，刘邦对密探的密报在没有调查、没有研究的基础上，本着"以耳听为依据，以私欲为准绳"的原则，便认定韩信要反了！

由于韩信平日清高，曲高和寡，人缘不是很好，刘邦在萧何、陈平、樊哙、灌婴和张良等人协助之下，决定用"阳谋"办了韩信。

汉朝建立伊始，社会动荡不安，百废待兴，实在不宜再大兴兵事，况且朝中武将之中又无人能与韩信抗衡，武力征伐根本没有必胜的把握。

天下初定，一旦动武，且不说刚安居乐业的百姓有可能再次陷入生灵涂炭的危险，就是真动武了，以韩信的影响力，人心向背还是个未知数。

犹豫为难之际，陈平给刘邦出了"巡游云梦智擒韩信"的计谋，刘邦大喜，依计而行。

韩信为了自保，一改重情重义的形象，逼迫钟离昧自杀，星夜兼程赶到刘邦"巡游云梦"的驻地，行君臣大礼之后，恭恭敬敬地将钟离昧的头颅捧上。韩信正要辩解为何祖护收容钟离昧时，不料刘邦一声喝令，埋伏在两边的刀斧手，瞬间将韩信捆了个结实，动弹不得。

韩信看着身上结实的绳索，知道是有口难辩，就算撒泼发飙，也是无济于事，感叹质问："真的像别人说的那样'狡兔死，走狗烹'吗？"

面对韩信的质问，刘邦心感有愧，无言以对，吞吞吐吐说："有人告发你谋反，才把你抓起来的。"

刘邦绑了韩信，就打算将他带回长安，待造反事实认定了，再治罪定夺。后来刘邦实在查无实据，便在洛阳将韩信赦免。

当然，刘邦自然不会如此轻易地放过韩信，好不容易抓了你一点小瑕疵，一定要好好"小题大做"，就算你韩信一清二白，我刘邦也能让你身败名裂。

刘邦一不做二不休，将韩信带回了长安，并下旨贬韩信为淮阴侯，对他采取监视居住，软禁了起来。

在刘邦所封的异姓王中，以韩信功劳最大，韩信无端被贬，标志着刘邦、吕雉开启铲除异姓诸侯王这一系统工程。在这一过程中，吕雉始终站在丰沛集团一边，对这些异姓诸侯王的打击，比刘邦更坚毅彻底，更心狠手辣。

刘邦将韩信贬为淮阴侯，软禁了起来，这是刘邦心慈的一面，说明刘邦还没有完全摒弃革命战友情谊，这是给韩信一个善老善终的机会，至少能安享晚年，死时保个全尸。

如果说刘邦贬韩信为侯，是出于担忧和不仁，算是韩信吃了哑巴亏，撞了冤大头，可接下来的行径，则说明了一点：天作孽尤可活，自作孽不可活。

被软禁的韩信犹如虎落平原，俗话说强龙不压地头蛇，可韩老弟却没意识到这一简单的道理，依旧发扬清高自负高傲的作风，丝毫不把丰沛集团放在眼中，甚至含沙射影的轻蔑大老板刘邦，这就不是政治上是否成熟的问题了，而是幼稚缺根筋的表现了。

政治头脑简单的韩信认为，他是因为功高震主才被贬为侯，回望自己所走过的艰辛历程，那是一肚子的委屈，一肚子的辛酸，又是一肚子的无可奈何。

韩信被监视居住，四周都是朝廷的耳目，而其中众多耳目都是吕雉安插的。韩信不敢表露自己的心迹，以称病不朝来表达不满和愤懑，算是来了个彻底的消极无声抗议。

老韩同学被贬失宠，不仅没能从自我身上寻找内在原因，端正态度，有则改之无则加勉，好好学习天天向上，反而一如既往地保持着牢骚怪话自命不凡本色。

刘邦对韩信也算是惜才，汉朝一大半都是由韩信帮忙打下来的，此次无中生有诬蔑韩信造反，实在是权宜之计、无奈之举。

历史事实证明，韩信私藏钟离眛，在封地出巡排兵布阵确实属实，但说他图谋造反又实在查无实据，这顶帽子扣得实在太大了，韩信无端成了政治斗争的牺牲品。

一根筋的韩信，不仅以与丰沛集团人员为伍为耻，而且还三番五次的奚落刘邦，这让他人对韩信的防范更加严密，而长期近乎囚徒生涯，迫使韩信的不满积蓄为怨恨，最后走向了谋反的不归路。

韩信时常反思所走过的已逝青春，当他占领齐国掌控天平之时，当项羽力劝蒯通死谏之时，当私藏钟离眜阳奉阴违之时，他韩信不是没有造反的机会，也不是没有必胜的把握，而是抱着"士为知己者死"的信念，不愿也不想去做不忠不义违逆之事。

现如今，一世英明的韩信，却成为被软禁的对象，犹如折了翅膀的雄鹰，望着咫尺的蔚蓝天空，油然生出天涯孤雁的惆怅。

就在韩信命运一波三折之际，在阴暗的角落里始终有一双眼睛冷冷的窥探着世间所发生的一切，那是一双既饥饿又凶狠的眼睛，它苦苦的在等待一个时机，等待一个韩信犯错的时机。

她就是吕雉，她死死地盯着刘邦和韩信的一举一动。

不久之后，吕雉终于等来了一个千载难逢的天赐良机，让她有足够的事实和理由，毫无顾忌地做出让刘邦都不敢为、不能为、不愿为的举动。

这还得从汉朝初期的又一次变故中说起。

秦汉时期的北方边境，有这么一个蛮夷民族，我们称他们为匈奴。匈奴人未完全开化，基本上与文明挨不上边际，但这群蒙昧的文盲，却充分发挥了虚心好学的优良传统，不耻下问地向两千多年后的八路军学习，深入敌前敌后，开展游击战，打一枪，放一炮，抢一匹物资，撒腿就跑。要是倒霉些，遇到了较强实力的汉军对抗，二话不说，撒开脚丫子，死了命地就跑。

这群匈奴人过着马背上的生活，这一来二回，无论是善于打阵地战的秦军，还是善于打攻坚战的汉军，都奈何不了这般野蛮人。

打又打不了，跑又跑不过，时不时还会被打一闷棍，时不时被抢劫一番。更为可气的是，这群匈奴人倒也不讲究，什么物资全盘照收，就是平民百姓也不嫌弃笑纳，反正就是你有什么，他就抢什么。

北方边境的这群匈奴人，着实是让秦汉王朝头疼不已，怎么办，就全当是无偿捐助北方民众吧。

汉朝建立之初，为了应对匈奴的侵扰，北方的边境地区都派了重兵驻守。刘邦在剪除诸如韩信的异姓王的同时，始终坚持用人唯亲，大肆分封刘家子侄为王，任命部分忠于自己的朝臣担任相国，帮助这些缺少政治经验又没有治理能力的刘姓王侯治理封国。当然此举是为了保证汉朝中央对地方政府的绝对控制。

当时的北方，刘邦封了两个儿子妃姜所生的两个儿子刘恒和刘如意分别为代王和赵王，其中刘如意正是由戚姬所生。同时，刘邦命大将陈豨为代国的相国，命大将周昌为赵国的相国。

刘恒尚处少年，虽有一腔热血但不懂军事。刘如意那时还只是一个刚断奶不久的孩子。刘邦为了加强对北边边境军队的控制，便任命代国的相国陈豨监领代、赵两国军队，整合优势资源，协调布防联合抗击匈奴的侵扰。

陈豨掌握了代、赵两国军权，他在大汉王朝的势力急剧飙升。由于代、赵两国地处北方边境，面临北漠人民的侵扰，所以汉朝在这两国配置的军事力量就要比一般封国强很多，而这也直接造成了陈豨割据势力的必然存在。

刘邦显然忽视了一个本可避免的问题，那就是韩信在其中的影响力。陈豨任命为代、赵两国军队监领，这又和韩信有什么关系呢？

当然有，首先韩信对刘邦的不仁不义行为产生了怨恨情结，这为后续事变的发生提供了主观可能；其次是代、赵两国是由韩信攻占而得，韩信对此两国情况比较熟悉，这为后续事变的发生提供了客观可能；再者，韩信在汉军中朋友不多，但他却与陈豨私交甚好，这为后续事变的发生提供了无限可能。

话说陈豨，也是清高自负的主，上不服天、下不服地、中间还不服皇帝，但他唯独钦佩韩信，欣赏韩信的军事才华，对韩信向来尊敬有加，他与韩信之间犹如师生关系。

陈豨在前往代国之前，特意向韩信辞行，并讨教日后驻守边陲需要注意的问题。陈豨拜见韩信之后，韩信深情地拉着陈豨的手，在庭院中转了好几圈，久久未开口，直到随从下人都站到一边之后，韩信才既像是自言自语，又像是对陈豨叹道："我可以信任你吗？我可以和你说几句心里话吗？"

陈豨见自己的偶像心情如此沉重，对自己又是如此信任，一股暖流瞬间涌便全身，忙说："我唯将军之命是从！"

韩信转动着贼一般的双眼，左顾右盼，确定没有吕雉的耳目之后，才缓缓说："阁下管辖的是天下精兵聚集的地方，阁下是当今皇上最信任的重臣，如果有一天，有人说你谋反，皇上当然不会相信。但是，如果当有人反复说你谋反的时候，皇上一定是由将信将疑发展到完全相信，到那时，皇上必然是怒不可遏，亲自领兵讨伐，阁下想不起兵也不行了。如果真有那么一天，阁下起兵于外，我会在京城做内应。我们里应外合，是可以图得天下的。不知阁下想法如何？"

细细品味韩信这番话，其实并没有显得多么的高明，没有从政治、经济、军事及情理方面做深入浅出的阐述，也没有陈述利弊，就轻易地教唆陈豨造反，韩信未免也太过草率了吧？难道这仅仅是韩信的酒后醉言？

韩信这番话并非信口开河之言，而是赌徒经过深思熟虑之后的肺腑之言。

首先，韩信拿捏稳了陈豨敬重他的心理。特别是在韩信落难遭贬之后，陈豨并没有像他人一般远离嘲弄他，而是礼敬有加。陈豨对韩信的敬重并没有随着韩信身份地位的变迁而世俗改变。

其次，韩信窥透了陈豨贪婪的心理。一位异姓功臣，骤然能统领代、赵两国军权，除非此人是不食人间烟火的神仙，否则他必然会被所谓的"位高权重"冲昏了头脑，恰巧的是，陈豨还真的就是个贪婪无度的人。基于此，韩信才敢轻易许诺陈豨里应外合帮他图谋天下，也只有以此"直白"的许诺，才能撩拨陈豨蠢蠢的那颗心。

再者，韩信了解陈豨不学无术心理。陈豨固然有非常人能比拟的军事才能，但陈豨缺乏大局意识、政治谋略，是典型的情绪化人格。凭借韩信的智谋，不难窥透当时天下已定民心思治。难道陈豨能如此轻易地被韩信几句鬼话撩拨不安？

陈豨政治谋略的缺失，让他轻易地相信了韩信的许诺。当然，也许是韩信在楚汉争霸过程中流露的杰出军事才能，让陈豨对韩信产生了无底线的盲目个人崇拜。陈豨太过信赖韩信的能耐，他甚至觉得只要是韩信想到的，这个计划就有必胜的把握。

更为关键的是陈豨的贪婪，如果这个计划实现了，他能获得的，不是一个小小的代国相能比拟的。

燕赵之地民风尚武，轻生忘死，多为慷慨悲歌的侠士。陈豨上任之后，为了增强实力，壮大声威，当然也隐藏了与韩信的不言之约，畜养大批宾客死士。

某天，天气不错，陈豨闲来无事，路过邯郸，一向爱讲排场的陈豨大列车马，跟随的车辆竟达一千乘之多，那场面好不壮观。

本来一个代国的相国，是代表刘邦监视王侯，治理地方，防止北边发生不测事件，但随着陈豨势力逐渐做强做大，难免惯了他一身骄滋蛮横的坏毛病，而刘邦安插在陈豨身边的耳目自然事无巨细地将情况呈报，引起了刘邦的警觉。

赵国国相周昌是荥阳城被项羽杀掉的周苛的亲弟弟，为人十分忠厚纯朴，对刘邦那是一颗红心、闪闪发光，是刘邦最为信任的重臣之一。

周昌官至御史大夫，刘邦为了保全年幼的赵王刘如意生命财产安全不受吕雉的迫害，才任命他为赵国的国相。憨厚而忠贞的周昌对陈豨的所作所为保持着高度的警惕，马上将所了解的情况，如实向刘邦打了小报告，弹劾陈豨宾客的各种不法行径。

刘邦得知后，下令彻查陈豨宾客所犯案件。

陈豨知道，宾客所犯不法行径均是他纵容所致，彻查的结果，他自然脱不了干系，至少得负领导责任吧。头脑简单的陈豨，脑袋一热，一不做二不休，决定起兵造反，你刘邦再削弱，你的天下也是韩信韩大将军替你打下来的，何况我现在手握汉朝最精锐的两国军队，加上韩大将军事先的相辅约定，我难道还怕了你刘邦不成？

随后，陈豨造反自立为王，公然打出了叛汉反刘的旗号。

刘邦得知，怒不可遏，大骂陈豨就是个白眼狼，辜负了自己对他的殷切期望，骂归骂，骂完了骂痛快了，便御驾亲征。

刘邦知道韩信和陈豨私交很好，故意让韩信随军效力。相信，此时的韩信心里正美着呢，巴不得汉朝瞬间土崩瓦解分崩离析，多有坐山观虎斗幸灾乐祸的快感。

自负的韩信始终认为，让他随军亲征，是因为刘邦还想借助他的旷世军事才干消灭陈豨。韩信政治上的不成熟，直接导致了他命运结局的悲惨。

刘邦命韩信随君亲征，看中韩信的军事才能只是其一，而更为关键的是想试探韩信的忠心。同时，也是为了防止韩信留在长安而发生诸如后院起火的突发事件。

韩信对刘邦的盛情邀请全然不顾，表面病恹恹，心里爽歪歪，推脱着说是人老不中用了，走路都发抖需要人搀扶，不能随刘邦亲征。

至此，刘邦对韩信杀心已定。

刘邦最不放心的人是韩信，但韩信有病却也是实情，不能勉强他一定随军，于是在出征前夕，刘邦做了一系列的布局，他将吕雉、萧何、太子刘盈等人招呼到身边，语重心长地告诫他们所担忧的事情，将韩信的功劳、现状、影响力及可能存在的风险入木三分的阐述一番。

除了刘盈之外，吕雉、萧何都是政治上成熟的聪明人。听了刘邦的嘱托，便知道事态的严重性，特别是吕雉，韩信的威胁直接关系到刘吕两家的既得利益，甚至直接威胁儿子刘盈日后继位能否顺畅。

吕雉清醒地意识到，目前刘邦还在人世，韩信畏惧的是刘邦的驭人之术，但一旦刘邦驾崩，吕雉和刘盈孤儿寡母，又不懂带兵打战，必然是柿子挑软的捏。

刘邦为了感谢韩信辅佐夺天下之天功，曾破例与他来了个"三不见"誓约，这个誓约的意思是，我刘邦绝对不会杀你韩信的，如果有朝一日非要杀了你，必须在不见天、不见地、不见铁器的情况下才能为之，否则直到地老天荒海枯石烂也不杀韩信。

"三不见"誓约是一个君主对臣属的最大褒奖。

也许正是因为有刘、韩二人之间的誓约，才放纵了韩信内心肆无忌惮的疯狂。

吕雉的头脑是清醒的，她理解刘邦的尴尬处境。

刘邦即想消灭韩信，以绝后患，但又不愿意轻易背负背信弃义的骂名。刘邦更愿意在确保刘家江山稳固的基础上，维系着与韩信早已建立的过命生死兄弟情谊。

面对陈豨的造反，吕雉和刘邦都明白，他们目前唯一要做能做会做的就是杀了韩信。

杀韩信是吕雉和刘邦的共同心声，但刘邦却不能丝毫表露出来，甚至关于此事的只言片语都不能提及。

刘邦了解吕雉，充分信赖她的政治手腕和智慧，所以他决定将自己想做却又不能去做的事情，托付吕雉去完成。

刘邦和颜悦色地对吕雉说："皇后可以决断一切。"

吕雉从刘邦的眼神中读懂了坚毅，明白了"决断一切"的用意，她回以刘邦战友般深情目光，郑重而坚毅的默然使劲点头。

刘邦会心地笑了，吕雉会心地笑了，一切尽在不言中。

历史演义证明，吕雉没有让刘邦失望，她凭借过人的坚毅和超乎常人的胆识完成了连刘邦都不可能完成的任务。

陈豨举兵造反果然触动了韩信的叛逆之心。

韩信得知陈豨造反之后，立即派出亲信密使，从近路赶在刘邦大军到来之前到达陈豨军营，转告陈豨，只要陈豨能在前线拖住刘邦大军，赢得时间，以时间换取空间，他必将在长安做内应，与陈豨共图伟业，辅佐陈豨成就一生辉煌。

陈豨得知韩信的计划，很是兴奋，信心十足地正面迎接刘邦大军的讨伐。

与此同时，留守长安的韩信已悄然展开了无声的布局。

韩信与家臣长时间闭门研讨密谋，他们的计划密谋如此安排。

趁着刘邦离开长安，朝中群龙无首之机，在夜黑风高的某个晚上，借着夜色昏暗，假传圣旨，赦免长安城中各个衙门、手工作坊的奴隶，释放全城犯人，发给他们兵器、整编成军队，统一由韩信指挥。待陈豨回复的使者返回长安回报后，就发兵夜袭皇宫，逮捕吕雉和太子刘盈，占领长安，与陈豨来个里应外合双面夹击，迫使刘邦退让就范。

不得不说，韩信的计划是无懈可击的，这些奴隶和囚犯，个个都是不怕死的主，这些奴隶和囚犯不是身背几条人命就是冤屈比窦娥还冤。

韩信此项计谋，不仅赦免了奴隶和囚犯的戴罪之身，而且再次给了他们重新做人的机会，待他们整编成军队，那就摇身一变，堂而皇之成了国家干部，你可千万别拿干部不当干粮，建功立业的机会就摆在各位的面前，你说这些人能不卖命效忠吗？

再者，这些不怕死的奴隶和囚犯，在韩信的统一指挥之下，排兵布阵，必定能百战百胜。对此，韩信自信满满，追随韩信的众人也信心满满，大家似乎已经看到新政权放射出的无限光芒，振奋人心。

真是人算不如天算，令韩信等人没想到的是，他们的计谋很快就传到了吕雉耳中。

韩信向来严谨周密，如此之重大的掉脑袋机密为何会轻易地被吕雉得知呢？俗话说，态度决定未来，细节决定成败。

原来，韩信在其中一个细节上的疏忽，造成机密外泄，最终葬送了全盘计划，真是一世英明，不料却在阴沟里翻了友谊的小船。

韩信的计谋虽属绝密，却被一个舍人探知内幕。

这个舍人正是吕雉安插在韩信身边的其中一个卧底间谍。舍人类似于门客，多是四肢不勤五谷不分，眼高手低的书生，多凭借有点小聪明小见地，与主人结成不成文的主仆关系，为主人出谋划策、奔走四方。

韩信名扬天下，前来投奔的舍人自然众多，其中不乏前来骗吃骗喝滥竽充数之辈。舍人市场的不规范，让吕雉嗅到了可乘之机，就精心选派了两名质资平平却忠心耿耿的舍人甲、舍人乙前往韩府做卧底。

舍人甲和舍人乙其实是两兄弟，他们的真实身份其他人并不知情，为避人猜疑，吕雉甚至还精心的将舍人甲和舍人乙先后安插进入韩信府邸之中。

机缘巧合，舍人甲不经意间得知了韩信等人的绝密计划，便准备趁夜色之机，通过与吕雉之前商定好的渠道，秘密将韩信的密谋传递给吕雉。

话说舍人甲是个爱嘚瑟、爱炫耀的人，得知韩信的密谋，觉得自己忒有面子。由于才疏学浅，他在知识分子聚集的舍人圈子里，不太被其他舍人待见。此时，舍人甲好不容易获得了这个天大的秘密，他就想在其他舍人面前吹嘘吹嘘。

舍人彼此之间也常来往，对各自的情况也略知一二，其他舍人知道舍人甲本是不学无术之辈，平时没事就爱吹牛皮，猛然间从舍人甲口中听闻韩信的密谋，除了舍人乙以外，其他人都不以为然，觉得舍人甲又在胡吹乱侃嚼舌根。

舍人甲很是气愤，虽然平日里牛皮是吹多了些，可这次却是货真价实的内幕消息。舍人甲见其他舍人不相信，很苦恼，借着愁闷多喝了些酒，开始胡言乱语、自吹自擂起来。

事有凑巧，在这群舍人之中，有一舍人丙，平日里与舍人甲有些交情，舍人甲义正词严地述说韩信的惊天密谋，起初他也不相信舍人甲所说属实，但见舍人甲酒醉之后仍喋喋不休，就觉得有些异样，他便乘着舍人甲酒意正浓之际，凑到舍人甲身边探个虚实。

舍人甲见舍人丙对此事很感兴趣，觉得舍人丙很给他面子，就绘声绘色、声泪俱下地向舍人丙介绍了他无意中偷听获得韩信等人密谋的过程。

舍人丙听闻大吃一惊，觉得此事绝非小可。本着先人"忠义信"教言，屁颠颠的求见韩信，将舍人甲探得密谋的经过一五一十向韩信禀报。

韩信听闻自然很是吃惊，当即命人将还处于醉酒状态的舍人甲打入死囚牢中，并企图封锁任何信息外泄。

舍人乙先听哥哥舍人甲述说韩信谋反的计划，随后哥哥舍人甲就被打入死囚，这让舍人乙更加相信哥哥所言属实，就在韩信控制其他舍人之前，舍人乙找了个机会溜出韩府，向吕雉告发了韩信。

韩信以为将舍人甲打入死牢，控制了其他舍人，他的密谋绝对不会走漏丝毫，可让他还蒙在鼓里的是，吕雉早已得知了韩信的密谋。

收得舍人乙的情报之后，吕雉想立即找个借口将韩信召到宫中，趁韩信不备，将其逮捕，但又担心韩信的党羽在宫外狗急跳墙，提前造反，而不能将韩信集团一网打尽，于是便找来她十分敬重和信任的丰沛集团元老萧何，共同商量应对韩信谋反的对策。

萧何与韩信有着不解的渊源，可以说，韩信成就的取得，离不开萧何的推荐提携，正是萧何这一伯乐慧眼识珠，才发现了韩信这千里马。

所谓千里马常有，伯乐不常有。没有萧何就没有韩信的辉煌，所谓"成也萧何"即如此。

萧何对韩信的感情是复杂的，萧何作为大汉王朝的总理，他重用和培养韩信是于公，是对大汉王朝人才培养的贡献，他希望韩信茁壮成长，希望他能为大汉王朝再建新功再立新业。

于私而言，萧何对韩信也怀有一丝丝的嫉妒，因为韩信的功劳已大大超过了他的，功勋卓越的韩信掩盖了萧何的成就。

在取得天下之后，太平盛世，萧何并不希望韩信一味辉煌强大下去，甚至希望韩信能就此暗淡，从韩信多次受冤被贬，而萧何并没有出来帮助说句公道话就可以看出一二。

此次，韩信公然造反，人证物证俱在，萧何也想借此机会扳倒韩信，好重新巩固他在大汉王朝的地位和威望。

萧何完全理解吕雉的担忧，他给吕雉出了个主意：派人假装报喜捷，就说是从前线传来喜讯，陈豨已死，叛乱已平，刘邦不日将班师回朝。再由萧何亲自到韩府劝说韩信上朝，向吕雉和太子以表忠心和祝贺。

萧何相信，凭借他对韩信的知遇之恩，韩信必定能前来，待韩信进入宫中，那就如羊入虎口，任人摆布了。萧何此计策也能起到震慑韩信宫外党羽的效果，防止韩信党羽发生不测，为吕雉赢得了充足的时间和空间。

　　吕雉向来敬重萧何，对萧何的忠心和才智也未曾有过丝毫怀疑。因此，吕雉毫无保留地遵照萧何的计谋行事。

　　吕雉先派人通知留守长安的朝臣，大臣们自然争先恐后地向吕雉表示祝贺。

　　韩信听闻前线大捷的消息时感到非常的震惊和恐惧，他不敢相信，曾经与其私交甚密的陈豨为何如此不堪一击？他所认识和了解的陈豨不应如此的脆弱，难道是吕雉使的计谋？

　　不对，吕雉为何要使计谋？他的密谋并未泄漏，而且吕雉大张旗鼓地通知所有留守朝臣，看来并非儿戏，想必是陈豨无能，经不起刘邦的敲打。

　　想到此，韩信心慌了，他暗暗庆幸计谋还未真正付诸实施，无论如何都还有回旋的余地。他现在唯一担心的是陈豨败阵，生死未卜，他会不会将自己的阴谋泄漏出去？

　　在韩信手忙脚乱不知所措之时，看门的家奴禀报，说是萧何萧相国前来求见。萧何是韩信所敬重的为数不多的朝臣，韩信对他十分看重。

　　韩信在慌乱之余，来不及细想，急忙整衣相迎。

　　见到韩信，萧何一副喜上眉梢的表情，先是询问韩信身体近况如何，而后才向韩信通报前线大捷的消息。萧何是一位优秀的演员，当他通报平乱大捷消息时，表现得异常兴奋万分喜庆，好像这大胜仗是他萧何本人打下来一般。

　　萧何见前戏做足了，百分百确认韩信相信前线大捷事宜，便趁机以谦虚的口吻向韩信谏言：将军身体欠安，虽然不能随皇上御驾亲征，但还是要强撑病体上朝，向吕皇后和太子祝贺。

韩信是聪明人，知道萧何的话只说了一半，朝廷打了大胜战，群臣祝贺本是平常的事情，根本无须相国前来谏言，萧何此举是为了提醒他，世人皆知他与陈豨私交不错，社会上又有些风言风语的流言，希望他要及时悬崖勒马，表明人生态度和政治立场，与陈豨等乱臣贼子彻底划清界限，保住他的一世英名一生清白。

萧何是韩信的第一伯乐，没有萧何的推荐，韩信就没有机会实现他驰骋沙场理想，也就无法成就他的旷世基业。

萧何对韩信有知遇之恩，韩信对萧何一直心存感激之情。当萧何以善意的口吻给他提出建议时，他对萧何的话深信不疑，他绝对想不到萧何背后会与吕雉之间达成什么阴谋诡计。

韩信强撑着心力交瘁的病体，装得很乐呵、很兴奋的样子，紧随萧何一同上朝向吕雉祝贺。

让韩信致死也想不到的是，一个巨大的阴谋陷阱正等着他一步步的陷进去。

韩信双脚刚踏进长乐宫大门，埋伏在大门两侧的十几个五大三粗的武士，在萧何的一声令下一拥而上。说时迟那时快，韩信虽然身经百战，什么大场面都见过，但萧何的那一声喝令下得太突然了，韩信瞬间蒙圈了，他太信任萧何，根本想不到萧何会出卖他。

韩信一点心理准备都没有，脑袋蒙蒙的还没来得及反应过来就被武士按住了头脚胳膊，像王八一样趴在地上动弹不得。

在萧何高超演技的配合之下，吕雉成功拿下了韩信。

就这样，韩信再次光荣被捕入狱。

当吕雉面对被捆得像个粽子一般的韩信时，心里仍然七上八下，毕竟大汉王朝的半壁江山都由韩信打下，追随他的党羽死士必定不少。

为了防止韩信徒党生变，吕雉当即命武士将一只臭袜子堵住韩信的嘴巴，严令所有参与者保守逮捕韩信的秘密，否则格杀勿论。

为了解决心头大患，吕雉迫不及待地未等刘邦回朝发落，也不经过什么审判程序，更不给韩信任何辩解的机会，只是口头上列举韩信谋反的种种罪行，便命令武士将韩信直接押往长乐宫中的悬钟室。

韩信被捕，如何处置韩信就是吕雉当务之急的中心工作。此前提及，刘邦为了感谢韩信对大汉王朝立下的卓越贡献，曾与他立下了"三不誓约"。

吕雉要杀韩信，可以，除非韩信死时看不见天、看不见地，而且还不能用任何铁器，这"三不誓约"可难为了萧何等一群朝臣。

吕雉已下定决心要除掉韩信，韩信非死不可，不死不足以安吕雉之心。当然，吕雉也不想轻易违背刘邦与韩信之间的誓约，陷刘邦于不义之中。

吕雉既想干掉韩信，又想不违背"三不见"誓约，一群榆木疙瘩脑袋文臣武将，挠破头皮也想不出什么好办法。

吕雉见一群人摇头叹气、无计可施，便想发飙，而后她自己计上眉梢，竟然迎刃破解了该难题。

吕雉召来萧何等朝臣，说出了方案，似征求大家的意见："皇上与韩信曾约定了"三不见"誓约，虽然韩信不仁图谋造反，但我们不能陷皇上于不义。韩信必需要死，不死不足以平民愤，不死不足以维护法纪，所以我的意见是，用一块黑布蒙上韩信的眼睛，将他捆着装进一个黑色麻袋之中，吊在半空中，让人找来一些竹竿，将竹竿削尖，命武士持削尖的竹竿将吊在半空中的韩信捅死，这样既能除掉韩信这个奸贼，又保全了皇上的圣名。各位大臣意下如何啊？”

吕雉骨子里也许深藏着发明家的基因，如此匪夷所思、恶毒下流的杀人方法都想得出来，真是最毒妇人心。

吕雉自顾欢乐，洋洋自得，朝臣早已被她的话吓得脸色铁青，几个心理素质较差的人，双手双脚早已抖得不停，哪还敢有任何不同的意见。

就这样，韩信被黑布蒙上双眼、捆着装进麻袋、吊于半空中，被吕雉杀死于长乐宫悬钟室内。

一代旷世军事奇才韩信，就在萧何月下追赶和算计逮捕之下，完成了人生的起伏跌宕，正所谓“成也萧何，败也萧何”。

缺乏政治头脑的韩信致死也不会明白，吕雉为何会如此迫不及待地想要除掉他。

在韩信的心目中，吕雉给他留下的印象仅仅只是一个普通家庭妇女，一个妇道人家能有什么心计？吕雉作为家庭主妇，紧随刘邦身后，任劳任怨，对待功臣又是那么和蔼可亲，吕雉平日对待他也如邻家大姐般友善。

韩信万万不能接受的是，如今的吕雉冷若冰霜，眼露杀气，与此前判若两人，当他被捆得像个粽子之后，他明白此生就此了结，望着心怀愧疚的萧何，一脸扭曲的吕雉，不禁仰天长叹：“吾不用蒯通计，反为女子所诈，岂非天哉。”

吕雉了解刘邦的心理，大汉王朝一半江山都是由韩信打下来的，韩信几次解救刘邦于危难之中，刘邦对韩信怀着深厚的感恩之心，若将韩信交由刘邦处置，刘邦定会对韩信手下留情，网开一面。

为了以绝后患，吕雉摒弃刘邦"妇人之仁"的坏毛病。吕雉心怀"家天下"私欲，天下已经姓刘，就是刘家的全部私有财产，她身为皇后，理应分得天下的一半。

此外，吕雉还深藏另外一个隐忧，就是她的儿子刘盈性格甚为懦弱，虽贵为大汉王朝的法定继承人，但按照刘盈优柔寡断的性情，很难寄予厚望撑起汉家江山伟业。

作为母亲，吕雉有责任有义务担当起家天下的己任，她绝对不允许其他人有任何逾越的想法，她近乎病态不遗余力地想方设法消除所有现实及潜在的隐患。

像韩信如此位高权重又才华横溢的功臣，不管他是否真的谋反，都要实行一个标准一个政策，即"杀"，以绝后患。

吕雉用残忍的手段杀死了韩信，但她内心的恐惧和担忧并为此而消减半分，她担心韩信的党羽狗急跳墙。当吕雉除掉韩信之后，她并没有载歌载舞欢庆祝贺，而是第一时间下令发兵，将韩府围得水泄不通，所有党羽随从，全部杀光。

肃清韩信党羽，吕雉还觉得不过瘾，竟灭绝人性的下令灭了韩信三族：韩信父亲一族、母亲一族、妻子一族，将上述所有人员全部处死。

因韩信案而被牵连的人数以千计，血流成河，哀号遍野，让人唏嘘不已，惊叹无常。

吕雉诛灭韩信期间，刘邦身在前线，心向朝廷。

那时刘邦远在邯郸，对吕雉杀韩信于悬钟室中、夷其三族事件一无所知。陈豨并非将才，谋反的准备也极不充分，天下初定，人心思安，陈豨贸然造反已不得人心。刘邦针对时局，争得人心支持，分化瓦解叛军队伍，一举平定叛乱，随后迅速班师回朝。

回到长安，刘邦听说吕雉杀了韩信，夷了他三族，一下子没反应过来究竟发生了什么事情，待刘邦当面询问吕雉才确信，韩信被吕雉杀了。

刘邦对吕雉诛杀韩信举动并没有过多表态，他的内心五味杂陈，既高兴又悲哀。

高兴的是，吕雉替他做了他不敢做也不能做的事情，消除了他担忧的最大隐患。

吕雉用黑布蒙住韩信双眼，捆于麻袋，悬吊半空之中，用锋利竹签捅死，上述做法在形式上并没有突破他与韩信所立的"三不见"誓约，避免了他直接诛杀第一功臣的骂名。

刘邦深知，韩信谋反的证据并不充分，以谋反的理由将韩信由楚王贬为淮阴侯纯粹是莫须有。如果说韩信确实和陈豨串通谋反，那也是事出有因，被环境所逼而至，但仅凭未被证实、未经审判、未听辩解就杀韩信、夷其三族，确实是太过分了。

吕雉想刘邦之所想，急刘邦之所急，在萧何的帮助之下彻底铲除了韩信势力，不仅消弭一大隐患，而且也警示其他诸侯王以此为戒，韩信这样的功臣都落得个如此下场，何况其他人呢。

悲的是，韩信这样一代名将为汉家立下盖世奇功，竟然以如此悲惨的结局了却一生，本来是要光宗耀祖的，不料却连累三族几千人跟着送命。

刘邦视韩信为同辈英雄豪杰和潜在对手，如今这个英雄这个对手就这样消漫于宇宙之中，他难免生出兔死狐悲，英雄惺惺相惜之感。

刘邦内心隐隐蒙上了一层失落感，他也说不清楚，是因为失去对手而深感寂寥，还是因为看清了吕雉的恶毒手腕而深感痛惜。

刘邦的悲哀还蒙上一层大家都未曾看明白的情由，吕雉是刘邦第一位合法妻子，起初刘邦看中的不仅是吕雉家族的权势，也看中了吕雉本性的善良和单纯，时过境迁、物是人非，让刘邦始料不及的是，贵为皇后的吕雉，已不再是当年初为人妻人母时的吕雉，她不再善良，也不再单纯。

吕雉有过人坚毅的毅力和一心为刘家家天下的私欲，但刘邦却再也看不到纯真的吕雉，他的内心多了一丝丝恐惧。

刘邦恐惧心理源自诸多方面：一是吕雉与其爱妾之间的关系，特别是与戚姬之间的关系；二是母强子弱，会否引发朝纲混乱；三是刘家天下，是否有朝一日会变成吕家天下。

分析那段历史，刘邦的恐惧并非无道理，吕雉在处置韩信事件过程中表现出了过人的政治手段和残忍的病态心理，足以让一个正常人毛骨悚然。

韩信就这样灰飞烟灭了，他从一介卑微寒士，数年之内，平定三秦，分兵北进，攻取魏、代、赵、燕、三齐，南下灭楚，两次救刘邦于危难之间，最后裂地封王。司马光说："汉之所以得天下者大抵即信之功也。"这一论断符合基本历史事实。

第十一章

剁烹彭越

韩信悲彻的结局，警示着后人，让人无不感慨万千。

韩信的结局是悲惨的，他是第一个被吕雉诛杀的异姓王，但他绝不是最后一个。

吕雉又死死盯上了第二个异姓王，他就是彭越，他的结局比韩信还要悲惨。

与铲除韩信不同的是，这次吕雉不再孤军作战，而是与刘邦合演了一出天衣无缝的夫妻双簧戏，再次充分展现了吕雉刚毅残忍的心性。

彭越究竟是何人？

彭越，昌邑（今山东金乡）人。职业：渔民。秦朝统一之后，他聚集一帮社会闲散少年在巨野泽中为盗。

陈胜、吴广起义以后，有人劝他起兵造反，成就一番事业。他回答说："两龙方斗，且待之。"一年之后，各地英雄纷起，秦朝统治已呈土崩瓦解之势，活跃在巨野泽中的百余少年推举彭越为匪首，起兵加入抗秦战争的历史洪潮之中。

在大家推举彭越为匪首之初，他就定下严明军纪，约定第二天日出集合，来个简要的仪式，正式举旗起义。而迟到者，杀无赦。

有十几个平日就慵懒散漫的小伙伴仗着与彭越熟络，就没把约定放在心上，次日依然慢悠前来，最后一个人因为头天高兴喝多了，一直睡到快中午才起床，后才匆匆赶到集合点。

彭越天还没亮就安坐在集合点，直到中午，最后一个人到来之前，他都默然不出声，静观众人表现。待那人龇牙咧嘴地前来报到，他缓缓起身，一脸严肃地对大家说："我年纪已高，是大家一定要推我做匪首，那我就要按照之前约定的规矩办事。今天迟到的人很多，不能全部都处死，那就处死最后一个前来的人吧。"

还没等那人腿软跪地磕头求饶，彭越已命人当着所有少年的面将那人的脑袋砍了下来，顺便还狠狠地踢了一脚。

百余名少年本个个都是心浮气躁、眼高手低的主，多数养成江湖上散漫、尊卑无序的恶习，平日里就是对彭越也多桀骜不驯。此时，当面看着小伙伴被处斩，鲜血洒溅了一地，血淋淋的场景让从未见过大场面的少年们吓得面如土色。至此，少年们才深刻明白什么是军中无戏言。

从此，彭越在这群流寇中树立了绝对权威，少年对彭越敬重有加，对他发出的每条军令都不折不扣坚决执行。随后他们以巨野泽为根据地，向南活动，收集诸侯游兵散卒，队伍迅速壮大。

彭越与刘邦第一次发生交集还是在刘邦起兵之初。

那时刘邦久攻昌邑不克，在多方利益权衡之下，彭越遂决定帮助刘邦攻打昌邑，彭越从那时起便与刘邦建立了较为深厚的情谊关系。

随后，刘邦向西发展，彭越留守巨野。

彭越是位虚心好学的，他擅长游击战，逐步建立了适合自己的一整套游击战略战术，继续留在巨野地区独立活动。

公元前206年初，彭越已在项羽统领的队伍中。项羽本着亲疏远近原则，大封诸侯。那时彭越率领的队伍虽然有一万多人，而且这一万多人也不是只知道征民粮吃干饭，也曾给予秦王朝不小的打击，但是因为彭越没有跟随项羽入关，所以就被项羽冷落，没有得到任何的封赏。就好像在反秦战争中压根儿没有出现过彭越这号人物似的。

彭越对项羽的分封万分不满意，大发雷霆破口大骂项羽不是个东西，与项羽结下了不解的梁子。

楚汉争霸爆发之后，彭越毫不犹豫地站到了刘邦阵营，协助刘邦与项羽逐鹿中原。

刘邦任命彭越为将军，在东方独立与项羽作战。彭越凭借过人的游击战术，在与项羽的战争中曾取得过一系列的辉煌胜利。

公元前205年（汉高祖二年）春，彭越和魏王豹受命向东进攻楚军，迅速占领了魏国的大部分土地。为了巩固根据地，刘邦立魏豹为魏王，任命彭越为魏相，实际上是赋予了彭越治理魏国的全权。后来项羽大举反击，重新夺回彭城，彭越占领的地盘再次落入楚军手中。

在整个楚汉争霸期间，彭越始终在东方和项羽开展独立厮杀，每当项羽集中全部兵力向西进攻刘邦之时，彭越或指挥军队猛攻项羽后方，或采用游击战术频频截断项羽粮道，迫使项羽陷入首尾不能兼顾的尴尬境地，给刘邦在荥阳前线极大的支持。

客观地说，彭越在抗秦战争中多采取观望和逃避秦军主力锋芒的战略，并没有做出突出贡献。

在楚汉争霸中，彭越对刘邦的贡献则十分巨大，在汉军阵营中，除了刘邦之外，只有韩信和彭越两位将军独立与项羽拼杀作战。正因为有彭越在项羽后方的不断侵扰和破坏，才使得项羽腹背受敌，减轻了刘邦正面战场的压力。

乱世纷争，无数英雄豪杰无不为"利"与"名"熙熙攘攘追逐不止。

随着彭越功劳的增加，他对功名利禄的渴望也与日俱增，特别是前有韩信逼宫而封王的典范，致使彭越明白"会哭的孩子有奶吃"的道理。

彭越任魏相，有治理魏国的全权，但是随着战局变化，项羽重新占领魏地，彭越的魏相官职不过徒有虚名罢了，没有国土的相国，何其为相国。

公元前 204 年，项羽集中兵力与刘邦正面交锋，彭越趁机再次占领魏国，并且夺得楚军十多万斛军粮。历史证明，彭越是一位道德情操高尚的人纯粹的人，他没有像很多卑鄙小人一般"前方吃紧，后方紧吃"，而是将夺得的十多万斛军粮无私送给正在荥阳吃紧的刘邦。

彭越认为占地夺粮是天大的奇功，刘邦必定对他的胜利成果给予高度的认可，说不定还会专门为他召开一次隆重的表彰大会。

彭越多么希望刘邦也能封他为王。

但是，刘邦着实玩了彭越一把，对他的军功并未给予封赏，只是简单口头通报表扬一番。

彭越很是失望，也隐隐对刘邦埋下了不满。

鸿沟划界之后，项羽被迫东归，此时的刘邦再次背信弃义率部追击楚军，不料却被项羽重重反击，损失惨重。

情急之下，刘邦急忙命令韩信、彭越驰援。彭越则以魏地初定，人心不稳为由，拒绝出关，惹得刘邦十分恼火。

公元前202年，刘邦率领汉军主力进攻楚军到阳夏，派出使者敦促彭越迅速率军参加大会战，一鼓作气争取将楚军彻底消灭。

此时的彭越一心想着魏豹死后留下的魏王王位，他决定试探和要挟一把刘邦，不能跟上次一样，冒着生命危险费了老大劲抢了项羽十万斛军粮，刘邦却只给个口头表扬了事，把他彭越当什么人了。

这次，彭越决定"不见兔子不撒鹰，不见鬼子不拉弦"，在刘邦答应封王裂土之前按兵不动静观其变。

刘邦那个气呀，对彭越是打也打不得，骂也骂不得，对彭越的忠诚度打了个大大的问号，也为日后诛杀彭越埋下了伏笔。

刘邦的高级智囊顾问张良窥探彭越的心思，见机劝谏刘邦："彭越帮助你平定了梁国，功劳那是大大的，起初你立魏豹为魏王，封彭越为魏国相国。如今魏王豹已死，且他没有子嗣继承人，关键是，彭越他本来就想封王裂土，但你却迟迟没有表示。在此情急危难时刻，建议可以将淮阳以北至谷城的地域，都封给彭越，我敢保证，彭越必定会立刻发兵前来支援。"

此时的刘邦正被楚军架在火上烤，要想彻底消灭楚军就差这最后一哆嗦了，无奈之下，刘邦心不甘情不愿地接受了张良的建议，将淮阳以北至谷城的地域，都封给彭越。

果然，得到封赐后，彭越立马倾其全力参与垓下之战，十面埋伏，帮助刘邦一举歼灭楚军，逼迫项羽乌江自刎。

楚汉争霸战争结束以后，刘邦正式封彭越为梁王，定都定陶，封国范围大体在魏国故地。至此，彭越成为与韩信、英布并列的三大诸侯王之一。

彭越起初只是一介渔夫，数年之内，封王裂土，位极人臣，估计连彭越本人做梦也想不到。

从彭越被封为梁王之后的表现看，应该说他对刘邦和吕雉的封赏很知足很满意，对大汉也很忠心，几乎每年都会收集各类珍奇异宝，年年到长安觐见上贡，相较韩信和英布等其他异姓诸侯，彭越算是极尽人臣之礼。

彭越每次觐见，吕雉都出面好言好语，好酒好肉招待。表面上看，彭越与吕雉、刘邦在一定程度上建立了不限于君臣关系，甚至近似家人的关系。

吕雉和刘邦虽然对彭越总是笑脸相迎热情异常，但在他们心里，早已暗暗下定决心要剪除彭越这个异姓王。实际上，这个想法刘邦早在彭越逼宫分封之时就已下定。

彭越，学什么不好，偏偏学人家敲诈勒索；学谁不好，偏偏学韩信要挟逼宫。刘邦在百般无奈的情况下封彭越为梁王，这也已注定了他的命运下场，只不过是当时的时机还不成熟罢了。

吕雉和刘邦明白，包括彭越在内的异姓诸侯王虽然对吕雉和刘邦恭顺有加，现在他们还或多或少顾忌刘邦的淫威，一旦刘邦归西，由于太子软弱，吕雉又只是一介妇道人家，这些地方割据势力必定进一步壮大，到时候异姓诸侯王是否会起兵造反，那就很难预料了。为了维护大汉王朝永世姓刘，对待异姓诸侯王必须除恶务尽。

在吕雉的强烈要求之下，他们夫妻最终达成价值取向相同的人生奋斗目标，在有生之年剪除包括彭越在内的异姓诸侯王。

公元前 198 年和 197 年，彭越先后连续两年到长安朝见吕雉和刘邦，彭越一如既往地恭顺。吕雉安插耳目，躲在阴暗角落，时刻睁大双目，洞察蛛丝，等待彻底剪除彭越大好机会的到来。

第十一章 剁烹彭越

这不机会来了。

公元前 196 年（汉高祖十一年）9 月，陈豨在代国举兵造反。刘邦御驾亲征，千军万马开赴邯郸。刘邦派出使者到梁国，命彭越率军协助进剿。

刘邦此举目的十分明确，无非是将彭越置于他的监控之下，以防他变。

彭越是惜命的人，他看出了刘邦的小心思，害怕重蹈韩信覆辙，就上书向刘邦大大地表露忠心，说他本来很想亲自带兵随征的，但疾病缠身，体弱多病，经不起折腾，要是一不小心在半道上散了骨头架，死在皇上面前，那就不好了，一定会扫了皇上的雅兴，也会让大汉威武之师无端蒙受晦气。

自以为是的彭越，为了减少刘邦的猜忌，他采取折中办法，派出一个无名小辈率领几千人马随军参战。

刘邦洞悉彭越的一举一动，朝廷的密探早已将各个地方的情况侦察得一清二楚。

彭越只派了一位普通将军和几千人马随行，像打发叫花子一般随意派出个阿毛阿狗应付了事，彭越也太不把皇帝当干粮了吧。

刘邦认定这是公然挑衅。这彭越也太不像话了，我刘邦虽然不是君子，可你彭越却也是山贼，更何况如今你我之间君臣身份天然已别。

刘邦立即派出专使来到梁国，毫不留情劈头盖脸就大骂斥责彭越的种种不忠行为。使者哼哼冷笑几声，面若冰霜，半开玩笑、半严肃地指出，彭越如此举动，结果只能步韩信后尘，更有有过之而无不及之嫌。

彭越一听要步韩信后尘，顿时感到了事态的严重，便慌慌乱乱地准备亲自到邯郸陪同亲征，也好当面向刘邦负荆请罪。

正当彭越在大堂指使下人收拾行装之时，一个名叫扈辄的下属前来拜见，见状便劝谏说：大王啊大王，你是想活呢？还是想死呢？

彭越本来心情就不佳，时刻担忧着刘邦的猜忌，好不容易下定决心前往邯郸当面向刘邦负荆请罪，猛然间又冒出个扈辄，晦气晦气。

彭越一脸不高兴，阴沉着脸，说：你脑袋被门夹了还是被驴蹄了？谁没事想死啊！

扈辄见彭越动怒，他脸上划过了一丝难以察觉的微笑，继续劝谏道：大王啊，不是我的脑袋被门夹了被驴蹄了，我看是大王的脑袋被门夹被驴踢了，你想想，此前你没有遵从圣命亲率大军征战，皇上已经震怒而不再相信大王你了啊。现在大王负荆请罪着实已晚，如果去，一定会被抓，捆后将被剁成肉酱，与其被杀，不如造反，说不定还能谋取万世基业！

彭越自从封得梁王及封地之后，随着年龄增大，他一心只想安享晚年，猛然间听闻属下鼓动他造反，他都不敢相信耳朵所听。

彭越毫不客气当面将扈辄骂得狗血喷头，随后本着"惩前毖后、治病救人"的原则，动之以情晓之以理地对扈辄开展即全面又深刻的挽救。

人就是奇怪的动物，白天可以大义凛然豪气冲天，可当夜幕降临时，彭越踱着小方步在富丽堂皇的大厅来回思索，品味扈辄说过的每一个字，夜已入深，彭越越品越有味，扈辄的话纵然大逆不道，但其一番誓死忠言又不无道理。

彭越越想越觉得此事不能轻率莽撞，一夜无眠，天即将亮之际，他便打消了前往邯郸负荆请罪的念头，继续称病不前。

性格决定人生，细节决定成败。

彭越优柔寡断的性格，不追求细节完美的态度注定了他的结局要比韩信还要悲惨。

刘邦急于平定陈豨造反，没工夫也没心思搭理彭越。就这样，彭越又在家安享度过了一段美妙时光。

人算不如天算，不久之后，梁国的太仆被人告发，说是他在梁国经常调戏民女，强抢他财。太仆知道彭越是依法治国的典范，此次被他人告发，他所犯下的种种罪行都是死罪，为了逃避惩罚，太仆急急忙忙奔赴邯郸，恶人先告状，向刘邦告了彭越的黑状，说彭越和扈辄准备合谋造反。

刘邦得此把柄所谓师出有名，立即派使者率领武士来到梁国，当即逮捕彭越，押送至洛阳，严加审讯。

能混迹刘邦身边的官员个个都是人精，办理此案的官吏自然知道刘邦的真实意图，不折不扣地按照刘邦的圣意审理，管什么黑的白的，只要皇帝乐意，可以随便将白的说成黑的，没的说成有的。

早已习惯了草菅人命的官吏根本就没有费什么周折，就将一份审讯笔录呈报刘邦，结论自然是：彭越就是彻头彻尾的叛徒，事实清楚、证据确凿，呈请刘邦按照谋反的罪名惩处。

刘邦知道其中的猫腻，认定彭越谋反的证据实在不足，定性为谋反罪名实在勉强。刘邦觉得彭越已手无寸铁的离开了封地，不可能对刘氏江山再构成什么威胁，但为了出彭越"不奉诏"的这口恶气，又显示他顾念昔日功臣情谊的宽宏大量，便决定削去彭越梁王王位，贬为庶人，流放到蜀地的青衣（今宝兴、芦山、名山三县地）。

平心而论，彭越无论是思想方面还是行为举止方面都是个老实本分的臣子，从来没有反叛的苗头和倾向，更没有谋反的现实举动，就拿不奉诏一事来说，那也是彭越鉴于当时形势判断而采取的本能自保措施。

刘邦就此将彭越夺爵流放，这惩罚实在是太过沉重。

彭越怎么想也想不通，回想他追随刘邦出生入死，为大汉立下汗马功劳，后对吕雉、刘邦亦恭敬顺从，再看看眼前的下场，触景伤怀，物是人非。彭越满怀委屈地踏上了流放旅程。

刘邦是在洛阳钦定流放彭越的，吕雉当时还在长安，刘邦并没有当面与吕雉商量如何处置彭越。

吕雉可不是什么省油的灯，她在刘邦身边早已安插了密探心腹，及时获悉有关决策信息。所以，刘邦决定流放彭越的消息很快就传到了吕雉耳中。

吕雉得知刘邦流放彭越的决定之后，眉头紧锁，喃喃自语，不妙不妙。

彭越善于打游击战，是大汉王朝不可多得的将才，其军事才干甚至不亚于韩信。刘邦此时夺爵流放彭越，如此过河拆桥的做法，必定让彭越伤不起，必定让彭越对大汉王朝恨之入骨，若留下彭越，想必是一大隐患。

再者，刘邦将彭越流放至有天府之国之称的四川盆地，也为彭越日后起兵造反提供了充分的客观条件，如此分析，流放彭越，实在是刘邦的一大疏忽。

吕雉决定亲自出马，派人摸清了彭越流放的具体行程安排之后，掐指算了算时间，决定半路拦劫，而后再从长计议，一并解决此隐患。

　　彭越流放之路从洛阳出发，西向经过关中，再从关中到四川。当彭越到达郑（今陕西华县）的时候，遇到了看似恰好从长安专程到洛阳看望刘邦的吕雉，其实吕雉早已掐着指头，在郑等候彭越多时了。

　　也许是病急乱投医，也许是吕雉平日给彭越留下了和眉善目的邻家知心大姐姐的印象，反正彭越确信，在流放途中竟然遇见皇后，这番相遇一定是上苍眷顾他彭越，特意安排吕雉前来相助。

　　彭越欣喜若狂，内心深处燃起了重生的星星之火。彭越犹如落水之人抓到最后一颗救命稻草一般，将希望全部寄托在吕雉身上。

　　吕雉平日对彭越都是极尽嘘寒问暖，尽显友善。此景此情再见到吕雉，彭越二话不说扑通跪倒在吕雉面前，咚咚咚地死命磕头，还没抬头说话就呜呜呀呀的痛哭流涕，泣不成声。

　　吕雉虽然是群众演员出身，可是演技了得，对彭越的举动表现得十分惊讶，慌乱之中急忙将军长将军短、梁王长梁王短的好生安慰一番。

　　彭越痛定思痛，决定虚心承认错误，希望能得到吕雉得到组织的挽救和爱护。

　　彭越脞着一张老脸，老泪纵横，承认自己政治立场不够坚定，在皇上最需要他的时候没有立即抱病随君出征，犯下了不可饶恕的罪过。他对大汉王朝、对刘邦、对吕雉的忠心是皇天在上、日月可鉴，绝无不轨叛乱之心，此次被贬实在是冤枉，还希望皇后能给他做主。

　　彭越声情并茂、声泪俱下地想打动吕雉的恻隐之心，希望吕雉能在刘邦枕边吹吹风，帮忙说说好话，允许他回到昌邑老家做一个平头老百姓。

　　政治上略显稚嫩的彭越，自以为几滴眼泪就能轻松欺骗、感动吕雉，殊不知，眼泪感动不了她。

　　彭越综合吕雉对他的态度，以及吕雉贤妻良母的形象，似乎又看到重生的机会。殊不知，诛杀异姓诸侯王不仅是刘邦的心声，更是吕雉的心愿，吕雉诛杀异姓诸侯王的决心比刘邦更为紧迫、强烈和坚定，这也是司马迁评价吕雉性格刚毅的具体表现之一。

　　吕雉决心除掉彭越，就不会轻易放任他流放。

　　吕雉决定演戏演全套，将谎言进行到底，继续假装慈悲，倾听着彭越的哭诉，待彭越说到动情之处时，她极其默契的伴随呜呼哀哉等语气，配合着彭越心情起伏。

　　彭越哭诉完后，吕雉假模假样地抹了抹毫无泪水的眼角，心情略微沉重地扶起一直跪地不起的彭越，答应一定帮他向刘邦说情，让刘邦收回成命，一定还他一个公道。

　　吕雉虽然嘴上如是说，但心底却埋怨刘邦这样轻易处置彭越太过草率，你刘邦这不是给我和儿子增添负担吗。

　　彭越见皇后如此通情达理，答应帮他说情，让刘邦收回成命，这一切都让彭越喜出望外，感觉吕雉是这个世界上最亲近、最可爱的人，吕雉就是他的再生父母，今生无以回报。

　　彭越满怀希望和期待，跟随吕雉回到了洛阳。到达洛阳宫邸，吕雉亲自好生安排了彭越的吃住事宜，以此麻痹彭越，好让他彻底放松警惕。

　　待安顿彭越好，吕雉不顾舟车劳顿，直接觐见刘邦，说：彭王是当今为剩不多的壮士，如今陛下将他流放至四川蜀地，从此就给大汉皇室留下了安危隐患，不如趁机将他杀了吧。

刘邦本是楚人，有游侠风气，为人有情重义，就算不念旧情，单凭目前现有掌握的证据将彭越处死，还是很有难度，至少缺乏说服力。

虽然刘邦举双手双脚赞成吕雉的想法，但他贵为九五之尊，一言九鼎，此时若出尔反尔，显得圣意过于儿戏，更何况他相信彭越此时已经远赴蜀地，即使想诛杀，也未必能追赶得上。

吕雉作为刘邦的原配妻子，知道此事让刘邦左右为难，她便瞅准时机，直接对刘邦说明，她已在半路将彭越拦劫绑架回洛阳，现在正在宫邸候着。

听了吕雉的话，刘邦瞪着大眼睛，半张着嘴巴，显得万分惊恐。

刘邦没想到吕雉有如此预见前瞻性，更让他吃惊的是，吕雉竟然未经他同意，擅自劫持彭越回到洛阳，这让刘邦多少有些不满和担忧。

刘邦一时间也管不了什么，眼前首先要处理的是，如何处置彭越？刘邦左右踌躇，犹豫不决，无法最终下定决心。

吕雉知道刘邦又要犯"妇人之仁"的毛病了，便上前主动挑明，说什么皇上对此事一无所知，是臣妾一人私自所为，请求刘邦将彭越交给她处理。

刘邦对吕雉的表态基本上是满意的，按照吕雉的性格和手段，一定能轻易地除掉彭越，这样既能解决彭越这一异姓王隐患，扫清大汉王朝千秋万代障碍，又能维护他的威信和声誉，何乐而不为。

刘邦面对似笑非笑、欲言还休的吕雉，淡淡然一笑，略微颔首点了点头，一字未说，命人置酒奏乐起舞，邀请吕雉一同欣赏同乐。

吕雉会心一笑，欣然接受刘邦邀请，开怀畅饮，啸声瑟瑟，好不惬意。

从刘邦宫邸回来，吕雉便召见了彭越，安抚彭越耐心等待几日，如今刘邦正在气头上，希望梁王耐心待时机成熟，一定帮他还个清白，甚至可以继续做他的梁王。

彭越对吕雉的"善举"感恩戴德。

吕雉对彭越采取了监视居住，给予其优厚物质待遇，每日好酒好菜美人伺候着，让彭越大有乐不思蜀的幻觉。

暗地里，吕雉却在等待时机，当然这个时机并不是向刘邦谏言还彭越清白，而是命人伪造证据，对彭越发起最后致命的一击。

到了三月份，吕雉在封官许愿之下，收买了彭越的一个舍人，在她的直接授意之下，舍人出面实名举报诬告彭越谋反。

吕雉接到举报后，顿时假装暴跳如雷，很委屈很失望，恨铁不成钢，不容彭越分说，立即将彭越缉拿归案，打入死牢，并交给廷尉严刑逼供审讯。

为了将彭越谋反案办成经得起历史检验的铁案，吕雉三番两次诏见廷尉专门听取案情汇报。

在吕雉多次暗示、明示之下，廷尉自然明白吕雉的心思，始终把彭越的嘴巴堵得严严实实，坚决不给彭越任何说话辩解的机会。

在吕雉亲自拍板定夺之下，廷尉将彭越莫须有的谋反罪行定为灭宗族的大罪。

至此，彭越才如梦方醒，知道上了吕雉的大当了，却为时已晚。

刘邦先前定彭越谋反罪因证据不足，将他贬为庶人，流放蜀地，至少他和宗族众人性命得以保全，还可安享荣华富贵。

不成想，可恶的吕雉半道劫持了彭越，天真无邪的彭越本以为这是上苍眷顾他，特意派吕雉前来渡他过此难关，怀着无限希望、无限期待，追随吕雉回到洛阳。

没想到，吕雉平日里好酒好菜招待他，关键时刻不仅没有为他辩解开脱，反而变本加厉诬陷他，真是出了狼窝又进了虎穴，吕雉也太狠了。

吕雉不仅要置彭越死地而后快，就连他的宗族也不放过，异常愤怒的彭越顷刻间失去了最后的理智，如疯狗般破口大骂吕雉。也许是彭越真的疯了，他骂了吕雉很多很难听的话。

吕雉被彭越当场辱骂，怒不可遏，暴跳如雷，如果轻易地砍掉彭越的头，不能解心头之恨，便下令将彭越砍掉脑袋之后，再用刀将彭越尸首剁成肉酱，"我为鱼肉，人为刀俎"，呜呼哀哉！

彭越已除，吕雉为了牢固树立她的威信和地位，震慑其他异姓诸侯王，她近乎疯狂，阴暗潮湿的心凸显了她病态心理，她派使者捧着彭越的肉酱分给诸侯王。

当使者战战兢兢地说明，此肉酱是彭越梁王的肉时，不少诸侯王吓得全身哆嗦，几个体力欠佳的诸侯王当场瘫软在地，甚至个别没见过世面的年轻诸侯王，当场吓得恶心反胃呕吐不止。

吕雉啊吕雉，你可真够狠的，彭越战功显赫，做了六年的诸侯王，战绩和声望并不亚于韩信，享受了人间的荣华富贵，但随着你的一声令下，他就被剁成肉酱，就连全族都死于非命。

谁道群生性命微，一般骨肉一般皮。

劝君莫打枝头鸟，子在巢中望母归。（白居易《娘》）

彭越的遭遇之惨，令众多诸侯王十分寒心，吕雉的残忍手段，令人发指，诸侯王无不对她望而生畏。

彭越的遭遇足以说明一个残酷的道理，彭越不是因为他犯了什么罪过，只是因为他作为一个异姓诸侯王，已经不能被刘家天下所容忍，已经无法被吕雉所接受。

　　为了收回异姓诸侯王的封土，吕雉和刘邦根本不会顾忌什么君臣之情、战友之义和道德良知。

　　吕雉之所以如此残忍地铲除一向恭敬有加的彭越，是为了帮助刘邦扫平潜在的割据势力，更是为进一步扩大吕氏外戚集团势力奠定基础，也为她成就"大汉女主"奠定坚实的基础。

第十二章

逼走卢绾

　　吕雉和刘邦联手铲除韩信和彭越之后，吕雉的内心稍微得到片刻安宁，因为，大汉王朝最大的现实威胁已清除。可以说"内忧"的风险得到极大的释放。

　　稍适片刻之后，缺乏安全感的吕雉再次将矛头直指大汉初期第三个异姓诸侯王，他就是刘邦的同乡发小——燕王卢绾。

　　话说，刘邦最早封的燕王是臧荼，臧荼本来和韩广一起响应陈胜吴广的反秦起义，后来韩广自立为燕王，臧荼成为韩广手下的一员大将。

　　臧、韩二人曾同心协力，沉重打击了秦王朝，占领了燕国故地，并主动率军参加巨鹿之战，后随项羽入关。后来臧荼和韩广都因与项羽的亲疏得到了分封，韩广被项羽封为辽东王，臧荼则被封为燕王。

　　韩广对项羽的分封并不满意，因为韩广的势力范围在燕国，而当时的辽东不仅天寒地贫，而且他在辽东又无任何根基，所以韩广拒绝迁移至辽东。

　　为了重新夺回既得利益，韩广与臧荼发生了火拼。

　　两人火拼，结果是臧荼杀了韩广，把辽东的地盘也一并纳入他的势力范围，完全占有了战国时期燕国的地盘，成为幅员辽阔、雄踞北方的一大势力。

楚汉争霸中，臧荼虽比较欣赏佩服项羽的英雄气概，但臧荼并没有直接军事对抗刘邦，而是在项羽和刘邦之间保持着微妙的中立关系。

大概是因为臧荼内心有点洁癖的缘故，项羽是旧有六国贵族宗室，而刘邦却是乡间匹夫无赖，因此在项羽和刘邦之间，臧荼在内心始终更加靠近项羽。另外，刘邦经常无礼谩骂他人，时常让臧荼觉得，整日与刘邦这等粗鄙野蛮人为伍而感到耻辱。

臧荼自持地处北边，大汉中央政府鞭长莫及，所以他不仅不乐意也不屑于接受汉朝的统治，而是一心想独立割据，称霸一方。

公元前 202 年 7 月，刘邦称帝才半年，臧荼就第一个跳出来，竖起了反叛汉朝的大旗。面对臧荼的叛汉，刘邦二话没说，御驾亲征，迅速平定燕王，臧荼被俘并削夺王位。

随后，在刘邦的直接授意之下，立卢绾为燕王，替刘邦镇守北界。

卢绾是与刘邦一起光着屁股长大的同乡发小，两人同年同月同日生，两家又是世交，每当两人生日，同村的人都同时为他们庆贺。刘卢二人从小就结下了很深厚的友情，长大之后，二人也是形影不离，整日吃喝嫖赌，成了穿一条裤子的铁哥们。

刘邦年轻时胆大犯法，东躲西藏地逃避官府的追捕，卢绾总会想尽一切办法打点，悉心保护。刘邦带头造反之后，卢绾就跟随左右，为刘邦出谋划策。

待刘邦称汉王以后，卢绾即被任命为将军，不离左右，担任刘邦的警卫工作，可以自由出入刘邦卧室。刘邦称帝之后，卢绾被封为长安侯，封地就在咸阳。

汉朝初期分封了七个异姓王，刘邦很想封分卢绾为王，但是由于卢绾的战功既不能与韩信、彭越相比，也无法与萧何、曹参相提，若是直接封卢绾为王，怕是难以服众，刘邦只好暂时放弃这一想法。

但是刘邦对卢绾始终念念不忘，千方百计地为他封王创造条件。

燕王臧荼反叛，刘邦令卢绾随军征讨，平定燕王之乱的功劳自然就有卢绾的份。刘邦借此机会，顺水推舟接受群臣的意见，分封卢绾为燕王，也算是了结自己多年的一个夙愿吧。

卢绾就任燕王，位极人臣，他知道自己的荣华富贵纯粹是刘邦给予的，因此他对刘邦是忠心耿耿、尽心职守，他必将全心全意为朝廷守卫北部边疆。

卢绾在谋臣的帮助下，多次巧妙妥善处理了与匈奴的关系，当匈奴以武力进犯时就以武力反击，当匈奴与大汉相安无事时就积极发展社会经济，真正做到了心系汉家天下，情牵刘邦安危。

历史演义发展表明，卢绾的好景日子并不长。

公元前 196 年（汉高祖十一年）9 月，代国的国相陈豨造反，刘邦御驾亲征，并将前线指挥所定在邯郸，卢绾应刘邦的命令，指挥燕国军队从北面围剿。

与此同时，陈豨清楚，他的兵力有限，就想借助外力，以匈奴为外援，借助匈奴的力量跟朝廷抗衡。

燕国和代国地域接壤，卢绾对陈豨的动态了如指掌，为了粉碎陈豨的阴谋诡计，他立即派熟悉匈奴事务的张胜出使匈奴，希望匈奴不要支持陈豨抗衡汉朝。

张胜虽然熟悉匈奴事务，但他是一个典型的墙头草，理想信念不够坚定。

初到匈奴时，张胜还极力要完成卢绾交付地使命，劝谏匈奴说陈豨兵力弱小，不堪一击，已经被刘邦打得满地找牙，希望匈奴不要轻易支持陈豨，以免与大汉王朝结怨。

但随后发生的一个小插曲，彻底改变了张胜的信仰。

张胜到了匈奴不久之后，遇到了投靠匈奴的前燕王臧荼的儿子臧衍。臧衍对汉朝自然异常怨恨，此时见汉朝内部战乱，大有幸灾乐祸的快感，他乐于看见汉朝继续混乱下去。

当臧衍听说燕王的特使张胜来到匈奴之后，他敏锐地察觉到，这是一个反攻汉朝的大好机会，于是在夜黑风高的晚上，臧荼悄悄地带着大量金银财宝和几名美女找到张胜，对张胜说：你之所以在燕国得到重用，是因为你熟悉匈奴风土人情。而燕国之所以能够长期存在，是因为有韩信、彭越、英布等诸侯王的不断反叛，战事连连，朝廷还来不及对付你们燕国。现在你全心全意帮助朝廷消灭陈豨，那下一个灭亡的就是你们燕国了。燕国灭亡，你的荣华富贵也就不复存在了，即将成为刘邦的阶下囚，所谓"皮之不存，毛将焉附"就是这个道理。现在聪明的做法应该是让燕国放缓对陈豨的进攻，联合匈奴。若没事，卢绾就可以长期做个燕王；若有事，有匈奴为外援可以保证燕国的安全。

不学无术的张胜听了臧衍这番见解，觉得很有道理，臧衍的建议不失为保住荣华富贵的妙计，于是他毫不客气地笑纳了臧衍提供的金银财宝和美女，并决定放弃卢绾交付的使命，反而转过来劝说匈奴出兵进攻燕国，牵制卢绾攻打陈豨。

这是件多么荒唐滑稽的事件，张胜作为使者，丧失了基本的职业道德，不仅没有尽心尽力地完成主子交付的使命，反而自作主张地违逆惑乱，其心可诛。

如此乌龙事件，怕是在世界战争史上都是极为罕见。

卢绾本来想通过张胜达到与匈奴修好的目的，以解除全力进攻陈豨的后顾之忧，没想到，等来等去竟然等来了匈奴的铁骑。

匈奴兵临城下，卢绾判定是张胜吃里爬外，匈奴铁骑是他唆使的结果，于是上书刘邦，说张胜已经反叛，应该将张胜满门抄斩。

光荣"完成"使命的张胜心怀忐忑地回到了燕国，向卢绾一五一十地说明情由原委，脑子短路的卢绾竟然认为张胜做得有几分道理，是在为他好，于是又改变主意，再次上书刘邦说，勾结匈奴与陈豨里应外合的另有其人。

卢绾随随便便找了个替罪羊，把张胜的罪过开脱得干干净净，并让张胜全权负责与匈奴之间的联络事宜，同时派范齐告诉陈豨，双方暗中联合，希望陈豨能长期割据下去。

纵观卢绾的成长发迹史，他无疑在政治上是极其不成熟的，缺乏战略性眼光，在张胜的三言两语蛊惑之下便干起了背信弃义、违背良心的勾当，而且还顶着勾搭匈奴背负汉奸的骂名。

站在卢绾角度分析，大约也能窥透一丝他的无奈和担忧。无论是卢绾还是张胜，无非是想保住既得利益，这种心情完全可以理解。

卢绾与刘邦、吕雉关系极其亲密，对他们的心理把握得也更加准确。剪除异姓诸侯王是吕雉和刘邦的大政方针，卢绾自信凭借与刘邦从小积淀的友情，刘邦不会对他下手，但是吕雉就不好说了，她比刘邦多了几分冷酷和无情。

为了维护刘姓家天下（吕姓家天下）的目的，吕雉会毫不犹豫毫不留情地把他也除掉，韩信、彭越的下场就是典型的先例。

按卢绾的思路分析，要是陈豨能与汉朝长期抗衡割据下去，他的燕王位置倒也能平安无事，无奈，陈豨这个阿斗烂泥扶不上墙，刘邦很快就平定了陈豨的叛乱。陈豨败亡之后，手下将领纷纷投降，供出了卢绾暗通陈豨的密谋。

卢绾暗通陈豨事件，对刘邦的打击实在是太大了，卢绾是与他同穿一条裤子长大的发小，算得上是他最信任的人，刘邦顶着压力授意群臣推荐卢绾为燕王，没想到，连这样老实本分的人也会背叛他。

刘邦十分后悔懊恼，内心百感交集、五味杂陈，迫不及待地想当着卢绾的面问个究竟、讨个说法。

刘邦随即派特使传卢绾进京问话。

此时，卢绾心里有鬼，自然不敢随特使去长安面见刘邦和吕雉，于是称病无法前往。特使回京赴命，刘邦不死心，又派了能说会道的辟阳侯审食其、御史大夫赵尧到燕国迎接卢绾，同时调查卢绾谋反的具体情况，以辨真伪，以解心头疑虑。

审食其和赵尧的人品都不是很好，仰仗着钦差大臣身份，在燕国扯虎皮拉大旗，大张旗鼓公开调查卢绾谋反案件。

特别是审食其，他作为钦差大臣，在前往燕国调查的前夕，吕雉曾秘密召见了他，向他口述秘传"凤意"，要将卢绾造反案件办成铁案。

卢绾明白，众口难封，知道他的事情无法隐瞒，感觉没脸面对审食其和赵尧，就采取了躲避的办法，避而不见。

卢绾左右随从都劝谏他，躲得了初一躲不过十五，逃了和尚逃不了庙，至少还是应该见见特使，说明个中情由，请求皇上的原谅，相信后果应该不会太严重，这也是唯一可行的自救办法。

卢绾是个榆木疙瘩死脑筋，他却不这样认为，他担忧的不是刘邦，而是吕雉。

卢绾曾对手下的人说：我对皇上是信任和忠心的，但是，现在的异姓王只剩下我和长沙王了。朝廷族灭韩信、剁肉彭越都是吕雉的主意。如今皇上正病着，朝中大权旁落吕雉手中。吕雉可不是一般的凶狠，正在寻找各种借口除掉所有异姓王和大功臣。这个时候我若前往长安负荆请罪，必定是死路一条，现在唯有避而不见了。

卢绾手下知道，长此以往，国将不国，大家都不会有什么好果子吃，为了保全身家性命，众人纷纷逃离卢绾。部分贪生怕死、贪恋荣华富贵的无耻之辈，不断向审食其、赵尧打卢绾谋反的小报告。

随着证据的不断收集，卢绾种种密谋行径也逐渐大白于天下，审食其等人得到消息之后，本着对组织对刘邦对吕雉负责任的态度，毫无保留地全面上报给吕雉和刘邦。

不久，又有密探从匈奴传回消息，说卢绾的亲信张胜作为燕国的使者一直在匈奴，为匈奴出谋划策对抗汉朝。

至此，刘邦才彻底相信卢绾真的背信弃义了。

没有结论时，盼望早日得出结论；得出了结论，又无法承受结论之重。为了挽回尊严和固有利益，刘邦强忍着悲伤，毅然命令樊哙率军征讨卢绾。

卢绾听说樊哙率军征讨，才明白他的失误最终酿成了不可挽回的局势。卢绾想起自己与刘邦从小一起成长的经历，胜似亲兄弟。刘邦发迹后，对他也是格外厚爱有加，卢绾不忍心也无力在武力方面与汉军对抗，遂就携着家眷、宾客和士卒总计几千人撤退到长城脚下。

卢绾此举是为了避开樊哙的锋芒，决心待刘邦病愈之后再到长安负荆请罪，请求刘邦的原谅，到时候刘邦要杀要剐悉听尊便，他决无二话。

卢绾左等右等，于公元前195年（汉高祖十二年）5月，等来的却是刘邦病逝的噩耗。卢绾明白，那一刻起，他再也无法回到中原，回到大汉王朝祖国母亲的怀抱，回到那片生他养他的土地。

刘邦死了，朝中大权必然被吕雉把控，此时若再回到长安，只能是死路一条。

希望是彻底破灭了，卢绾只好带着部众逃亡匈奴，走上了逃亡他乡之路。

匈奴分封卢绾为东胡卢王，漠北苦寒，背井离乡，又身背汉奸骂名，卢绾终日闷闷不乐，时时寻找重回汉朝的机会，可惜始终没有成功，就这样度过一年多郁郁寡欢的日子后，竟默默地病死在匈奴。

在吕雉、刘邦剪除异姓诸侯王的计划中，原本没有卢绾。谋反叛乱的套是卢绾自己给自己下的，逃亡匈奴则又是自己亲手造成的，但卢绾对时局的判断及应对策略的选择，无不都与吕雉有着密切的关联，从某种程度而言，卢绾是被吕雉逼迫谋反，催促逃亡叛乱。

刘邦一开始就将卢绾纳入刘姓诸侯王范围内，毕竟卢绾是和他一起扛过枪的过命的生死兄弟，更别提他俩是同年同月同日生，两家又是世交的关系。

卢绾与刘邦虽然姓氏不同，但感情胜过一般的同姓之辈，卢绾对刘邦的忠诚，也不是一般同姓之辈所能比拟。所以当有人说卢绾谋反时，刘邦并不屑于相信，但谋反大事，又事关江山社稷安危，他也不能不谨慎，于是就迫不及待地先后派出使者、审食其和赵尧等人多次催促卢绾前来长安当面质问一番。

卢绾的悲剧，其个中原因不能完全归结于他个人。吕雉在其中起到了推波助澜的作用，特别是当刘邦死后，大权落入吕雉手中，这直接刺激和促成卢绾叛汉归匈奴。

卢绾与刘邦、吕雉是多年至交，卢绾对吕雉的心性十分熟悉了解，吕雉杀韩信于悬钟室，酱肉彭越而不眨眼，前车之鉴，后事之师。正是吕雉的残忍，才把卢绾逼迫推向了汉朝的对立面。

如果说，卢绾最初的谋反是个人因素，那么他的叛逃则是吕雉直接逼迫而至，尽管吕雉并不一定认同理解这一点，但这一事实却是客观存在的。

卢绾一生忠心辅佐刘邦，为汉朝鞠躬尽瘁，就差死而后已，但晚年在吕雉的逼迫之下，叛汉归奴，覆水难收，一失足成千古恨，昔日无限荣耀的功臣只能以晚节不忠的形象载入大汉王朝史册，无不让人唏嘘感叹。

卢绾为什么害怕吕雉甚过刘邦？吕雉为什么如此残忍的对待有功于大汉王朝的异姓诸侯王？这表面上看是为了巩固刘家江山，实则是为了扩张吕家势力。

吕雉清醒地认识到，刘邦在世，大汉王朝姓刘，一旦刘邦不在，凭借她多年积淀的人脉，过人的政治智慧，再加上太子刘盈生性懦弱，大汉王朝大权必然落入她手中，她将成为名副其实的大汉女主。

吕雉的上述作为，是她为吕家天下所铺垫的既务实又深远的准备。由此也可以看出，吕雉的政治眼光的长远和独到。

第十三章

太子保卫战

为避免因皇权传续而发生无序动乱，封建王朝建立了一整套严密的皇位传承制度，其核心就是：嫡长子继承制。

众所周知，在中国封建社会，一个家境富裕的男子不仅可以娶妻，而且也可以纳小妾、小小妾。

"嫡长子继承制"中，所谓"嫡"，就是指正妻，"长子"就是指正妻所生的第一个儿子。

除此之外，无论是正妻或小妾生的小儿子，无论你多么的优秀，都要统统靠边站。

皇太子历来被认为是国君的继承人。皇太子确定以后，不仅可以安抚所属臣民安居乐业，也可以打消其他皇室子侄非分念头，避免拉帮结派，争权夺利，扰乱朝纲。

一般来说，嫡长子是国君皇位继承的不二人选，除非这个嫡长子残疾或者有其他严重品德问题，经皇室和文武百官多次检验，确信为扶不起的阿斗，方才可改换他人，另立太子。

简单点说，是否废黜嫡长子都是政治斗争的结果，取决于在世国君的意志和朝廷各方政治势力平衡的结果。

一般来说，只要嫡长子不是身残志不坚或者卷入到无端政治争斗漩涡之中，皇太子确立得越早越好，不仅可以避免意外突发事件频发，而且有利于对皇太子定向培养。

　　作为大汉王朝的前辈，秦始皇称帝之后，他一心想着如何长生不老、万寿无疆，近乎病态到处寻找长生不老仙丹，希望能升仙成佛。

　　也许秦始皇觉得立皇太子是件不吉利的事情，立了皇太子就意味着自己一定会被淘汰，所以他压根就没考虑过立皇太子的事情。

　　也许秦始皇罪孽深重，连老天爷也看不过眼，他统一中国没几年就在一次巡游途中死去。可由于秦始皇在世时没有确立谁为皇太子，制度设计上的漏洞被大奸臣赵高所利用。

　　赵高为了保全既得利益，勾结李斯，假传遗诏，逼死众望所归、文武双全、悲悯苍生，且独具政治见解的嫡长子扶苏。随后，拥立昏庸无道、凶狠残暴的胡亥为皇太子，这一意外突发事件，急剧加速了大秦帝国的灭亡。

　　对大秦帝国灭亡的深层次原因，刘邦作为亲历者，对此有着深刻的认识。因此，当刘邦被封为汉王之后，他随即立嫡长子刘盈为王太子，在称帝之后，他又随即立刘盈为皇太子。

　　敏锐的读者会发现，刘盈并非是刘邦的长子，他的长子是刘肥。那为何刘盈会先后被立为王太子和皇太子，成为大汉王朝皇位继承的唯一候选人呢？

　　这不怨天不怨地，只怪刘肥这孩子命不好，他是摆不上台面的私生子。刘肥是刘邦与女人曹氏所生的。生性风流的刘邦无非是为了一时快活，也为了贪喝小酒不给钱而肆意占小便宜的结果。

　　刘盈则是刘邦与明媒正娶的妻子吕雉所生的长子。根据"嫡长子继承制"，只有刘盈才是唯一合法的皇位继承人。

话说刘盈先后被立为王太子和皇太子，看似一帆风顺平步青云，但他却是个十足的倒霉蛋。

刘盈尚在襁褓之时，刘邦便早早混迹江湖，打拼天下，刘盈从小便缺少父爱，是吕雉把他养大。刘盈长期生活在吕雉的庇护之下，养成了他生性懦弱的性格。

在楚汉争霸过程中，一次刘邦大败于彭城而落荒逃命，半道遇见了同样抱头鼠窜的儿子刘盈和女儿鲁元，刘邦为了自顾活命，三番两次地将刘盈和鲁元踢下马车，要不是好心的夏叔叔（夏侯婴）多次搭救，刘盈早就被乱马踩死。

经历了那次意外事件，刘盈性格变得更加懦弱，对刘邦产生了深深的恐惧心理，在他幼小的心灵深处烙下了不可磨灭的阴影。

每当刘盈面对刘邦时，总表现得唯唯诺诺、瑟瑟发抖。一世英豪的刘邦自然很瞧不起这个生性懦弱的儿子，特别是到了刘邦晚年，他认定刘盈"不类我"，甚至怀疑过刘盈是否为他亲生，要是当时科技发达，说不定他会申请亲子鉴定。

简单点说，刘邦对刘盈不待见，刘盈的自暴自弃，吕雉身份地位的尴尬（弃妇），再者又有貌美如花、能歌善舞、善解人意的美人儿戚姬从中作梗，所有的这一切，差点让刘盈的太子位子不保。

为了保住刘盈皇太子的地位，吕雉被迫发动了一场太子保卫战。

这场战争直接影响了汉朝初期的政治格局和吕雉、戚姬等人的命运，也改变了众多朝臣的人生历史轨迹。

这里首先向大家介绍下太子保卫战的女二号——戚姬，吕雉的情敌和死对头。

戚姬，定陶县人，她是刘邦在楚汉争霸过程中偶得的佳丽。

之前讲述过，在楚汉争霸过程中，刘邦曾强攻夺取了项羽的都城彭城。刘邦抄了项羽老巢，刘邦的行径深深地刺痛激怒了项羽。项羽以迅雷不及掩耳盗铃之势，杀了个回马枪，结果习惯于偷鸡摸狗的刘邦反被大败，落荒而逃。

刘邦率领一班残兵败将失魂落魄抱头鼠窜，期间他们偶然闯入一个异常隐蔽的世外桃源村庄，由于天色已晚，舟车劳顿，且四周游荡着楚兵。刘邦见村子比较隐蔽，所以就想在此地借宿一宿。

村中有一户戚姓人家，戚姓父女俩相依为命，父亲叫戚公，女儿叫戚姬。戚公已年长，而戚姬正值貌美如花、亭亭玉立的青葱岁月。

在村头劳作一整天的戚公见刘邦气度不凡，便直接将他们引带返回家中。戚公请刘邦上坐，随后拐着弯抹着角地盘问了刘邦的户籍信息。刘邦当时失魂落魄，百无聊赖，便一五一十不带隐瞒地告诉了戚公实情。

戚公本一心想钓个金龟婿，如今得知刘邦的真实身份，异常兴奋，本着攀龙附凤的想法，不仅好酒好烟好茶好菜的招待刘邦，而且还让待字闺中的黄花大闺女戚姬主动出来陪酒。

戚公的用意很明显，这是要为戚姬寻找好姻缘的节奏啊。

当然，若是戚公知道他女儿的最终悲惨结局，我想，他就算拼了老命也不会让女儿深陷无端是非的漩涡之中。只可惜，戚公只看到了不久之后的富贵荣耀，却看不到惨绝人寰的悲催结局。

为了掌握主动权，戚公主动向刘邦汇报，说是前段时间遇见了一位相士高人，说戚姬是富贵命，有旺夫相，如今遇见了落难的刘邦，这一定是上天注定的姻缘，是上天安排戚姬来帮助刘邦渡过难关。

刘邦对戚公的话那是将信将疑，但是身处险境的刘邦，内心深处更愿意相信上苍真的安排戚姬来帮助他度过此刻难关。

　　而戚公也深信，刘邦是守成天子，是上苍派来安抚黎民平息战乱的救世主。无论是为戚姬寻找门好婆家，还是为天下黎民百姓安危着想，戚公迫不及待地要将戚姬许配给刘邦。

　　刘邦向来喜渔色，色胆包天，自然也就不假推辞地欣然接受。

　　对戚姬而言，她所心仪的对象是"高、富、帅"般的白马王子，但是此刻的刘邦只不过是失魂落魄、朝不保夕的男人。为了今后生活无忧，当然是指物质无忧，戚姬也就半推半就曲意顺承，当即接受了刘邦从身上解下的玉带，作为聘礼。

　　毕竟刘邦是帝王之身，家财肯定万贯，富贵更是难当。

　　当晚，刘邦便与戚姬行了周公之礼，雨水交欢，自然美不甚载，莺莺燕燕，好不欢乐。

　　由于战事紧迫，第二天一早，刘邦就与戚姬早早告别，虽然戚姬很是舍不得，毕竟他是她的男人啊，可为了他的争霸大业，她又能做什么呢。

　　真是无心插柳柳成荫，谁也不曾想到，那晚与刘邦一番甘露之后，戚姬居然有喜了，十月怀胎生得一男婴，取名为如意。

　　后来待刘邦稍微站稳脚跟，他便将戚姬接到身边，时刻相依为伴，哪怕就是在对阵厮杀危急时刻，也不曾让戚姬离开半步。

　　再后来，刘邦成就霸业，成了大汉王朝的一代帝王。

　　刘邦虽然生性浪荡，甘风玉露无数，但这次他倒也说话算数，不曾忘记戚姬母子，没过多久就将戚姬一家人接到首都长安团聚，相厮相守。

俗话说，家家都有本难念的经，帝王之家也不例外，后宫争斗比任何一个普通家庭更显激烈复杂和白热化。

刘邦后宫就出现了众多不可调和的矛盾，甚至关涉到生死性命，而这一切矛盾的根源就在于两个女人心怀各异的价值信仰。

吕雉坚信：子因母贵；戚姬认定：母因子贵。

其实两个女人的信仰都没有错，只是她们所站的角度立场不同而已。

吕雉是刘邦的原配，虽然她不反对（反对也无效）刘邦纳妾娶小，但从母亲最原始的母性出发，为了保全家人，她势必将自己武装成一只带刺的刺猬，进可攻，退可守。

随着年龄增大，吕雉不再是什么"人见人爱、花见花开"的青春少女。刘邦虽然生性喜渔色，但他作为一代开天辟地的帝王，吕雉对他肆意的作为只能默许认可。

吕雉展现出了超乎常人的度量，从来不跟刘邦计较。刘邦寻新纳欢也是平常之事，且戚姬非常受刘邦宠爱。

起初，吕雉与戚姬相处得本还不错，她们之间虽然没有姐妹之情，但至少也是井水不犯河水，相安还算无事。

戚姬貌赛西施、技同弄玉，能弹能唱、能歌能舞，又知书识字，开口就能唱，抬腿就能跳，套用现在的一个流行词，戚姬是一位有知识、有文化、有教养的"知性"女性。

那时候有《出塞》《入塞》《望妇》等流行音乐曲目，一经戚姬翻唱，抑扬婉转，让刘邦销魂失魄，无法自拔。

刘邦不可逆转地专宠爱戚姬一人，已成癖性，连朝政都疏于荒废，以周昌为代表的一批老臣、重臣都多有看不过去，虽直言敢谏，却并没有什么效果。

在吕雉看来，这所有一切的"红粉性子"都不是吕、戚矛盾的关键。矛盾的关键是，戚姬触动了吕雉的核心利益。

吕雉的核心利益不是醋意私情，而是她的人生信仰——子因母贵。她作为母亲，要为儿子提供无懈可击的温床。

那时刘邦经常住在洛阳，每次都让戚姬陪同相随，女人嘛，你撒撒娇，发发嗲，情有可原，也是女人的一贯常态。

吕雉作为过来人，她能理解，也觉得无伤大雅，但是让她无法接受的是，戚姬占着长期被刘邦专宠的优势，就心怀鬼胎，居然萌生出"夺嫡继位"的邪恶念头，进而好保全她在宫廷之中的地位。

为此，戚姬可谓机关算尽，费尽心机，日日夜夜在刘邦眼前颦眉蹙目，求改立宝贝儿子刘如意为皇太子。

刘邦是一位伟大的政治家、军事家，是个男人味十足的硬汉，作为硬汉的他也有柔情似水的致命弱点：他在女人面前缺乏基本的免疫力，特别是在梨花带水、泪眼婆娑的女人面前，几乎没有任何抵抗力。

戚姬多番轮动，刮起了多轮枕边风，也许是听多了，刘邦也就心动了，在戚姬的多次蛊惑之下，刘邦渐渐开始嫌弃秉性柔弱的刘盈。

刘邦意识到，刘盈没有刘如意聪明，也不如他男人，日后必定难担大任。刘邦本着对大汉王朝江山基业负责任的态度，想着趁早废掉刘盈改立刘如意为皇太子。

吕雉人老珠黄色衰爱弛，戚姬又时常陪伴在刘邦身边，吕雉就显得势隔情疏，竟然生出些许咫尺天涯的无奈感，无论如何也比不上戚姬来得亲媚，话语权自然也就没有戚姬来得有分量。

关于废立皇太子一事，宫中坊间早已流传许久，吕雉也早有耳闻。起初，吕雉认为，这只是刘邦想哄哄戚姬穷开心罢了，闲着没事闹着玩的，毕竟皇太子关系江山社稷根基，相信刘邦不敢也不会轻易儿戏。

刘盈虽然性格懦弱，但他厚道宽仁，皇太子任期内也没发生什么重大事故，无须负什么连带责任。

再者，刘如意当时只不过还是个少不更事的小屁孩，何德何能担当起大汉王朝继承者的重担，刘邦没理由也不会随意废立皇太子。

吕雉观念中纵然有轻敌因素，但更为关键的是，戚姬在其中扮演的不光彩角色，暗中使拌，差点让她的阴谋得逞，酿成大错。

那是一个花好月圆、清风拂面之夜，刘邦与戚姬如往常一样歌舞升平、把酒言欢、沁人心脾之际，刘邦借着微微醉意，向戚姬交代了对刘如意的具体安排。大概意思是说，刘如意已经十来岁了，此前已经被分封为赵王，如今可以前往赵国做他的王了。

真是一句话惊醒梦中人，戚姬听闻慌忙长跪不起，还没开口说话就呜呜咿咿哭泣不止，扑簌簌的泪珠儿宛如断了线的珠帘，洒了一地。刘邦见爱妃哭得跟泪人儿似的，心疼得不得了，便信誓旦旦地满口答应戚姬改立刘如意为皇太子。

戚姬为了督促刘邦言必信行必果，一刻也不敢怠慢，借着刘邦心软时机，硬是要求刘邦第二日便践行诺言，免得夜长梦多。

刘邦无奈，第二天一早便召集文武百官闭门研讨，研讨会的议题只有一个：论皇太子废立的可行性。

皇太子好好的，怎么突然就要废立呢？现任皇太子刘盈，虽然至此还没有什么过人的政绩，但他也没有什么明显的过错啊！

群臣听了刘邦的想法都很惊骇，黑压压地跪了一地，齐声力争，坚决反对废刘盈皇太子之位，归纳群臣理由主要有二：一是立嫡以长，立长不立幼，不能轻易儿戏般的更改；二是刘盈立为皇太子以来，一直勤奋好学，内敛做人，并没有什么过错，不能无端端的说废就废，若轻易废弃，无法服众。

群臣亦认为，改立刘如意为皇太子也难以服众，理由亦主要有二：一是刘如意年纪才十来岁，难以担当一国储君的接班人重任；二是刘如意没有表现出天才般的才智，且没有什么功绩，难以服国人之口之心。

道理刘邦都懂，可他心意已决，坚持要废掉刘盈皇太子之位，改立刘如意为皇太子，并且都命人准备草拟诏书。

就在这万分危急时刻，突然听见一位老夫子大声疾呼道："不可！不……不可！"

这位仁兄不是别人，正是那个患有口吃毛病的周昌，周昌老夫子义薄云天深明大义。

都说口吃不是病，可病起来却能救人命！

口吃能救人命？对，口吃也能救人命。

刘邦见不轻易发表意见的周昌都站出来说话了，就问道：周昌，你只说了"不可"两字，究竟有什么道理吗？

周昌本来就口吃，被刘邦这样一追问，更加觉得说不出话来，脸色一会儿变青一会儿变紫，过了好久才从口中一个字一个字地蹦出："臣口不能言，但期期知不可行。陛下欲废皇太子，臣期期不奉诏。"

刘邦见周昌老夫子这般滑稽可笑，忍不住大笑起来，就是满朝大臣，听见周昌说出两个"期期"也偷偷闷笑不止。

就是这么一笑，顷刻缓解了整个早朝的气氛，于是刘邦无奈草草宣布研讨会暂时休会（退朝），将废立皇太子一事占时搁置起来。

周昌如此一"闹"，这才暂时保住了刘盈的皇太子之位。

连刘邦都不知情，每次朝堂议事，吕雉都躲在宫殿暗处时刻观察刘邦及朝臣议事动向，吕雉总是能在第一时间掌握朝中政要的一切动态，特别是刘邦废立皇太子的详尽情节。

研讨会休会（退朝）之后，吕雉当即遣人请周昌到东厢相见，一表衷心感谢。

吕雉早早就在东厢门口迎候，见周昌前来，吕雉二话不说当即给周昌行跪礼以作答谢，感谢他为刘盈皇太子之位据理力争，否则刘盈的皇太子之位恐怕就真的保不住了。

周昌到底是忠厚老实人，面对吕雉的跪谢，他没有卖弄做作，直言保全皇太子是出于公心，无须吕雉额外感恩。说完，周昌便自行退了出去，独自留着吕雉孤独地跪在原地。

当戚姬听说以周昌为首的群臣反对废立皇太子议题时，大失所望。戚姬纵然再使"一哭二闹三上吊"的伎俩也是枉然，惹得刘邦也无可奈何，只能哀叹，再途他法。

刘邦身为君王也不能完全为所欲为，他也有难处和无奈。他对戚姬说：全体朝臣没有一个人同意废刘盈改立刘如意为皇太子，就是强行废立了，如意也不能将皇太子之位坐安稳，我觉得这事得从长计议。

听了刘邦的话，戚姬也知道他的话在理，可戚姬的顾虑一刻也没消弭过，她幽幽怨怨地说：我也不是一定要废刘盈改立如意为皇太子，但是我们母子的性命都握在吕雉的手中，还希望陛下能保全我们孤儿寡母的性命，保障基本生活。

刘邦自然也明白其中的原委和道理，劝慰说：这个我心里有数，你容我慢慢想办法吧，我绝对不会让你们母子吃亏的。

听了刘邦的这般承诺，戚姬也只好罢休，耐心等待刘邦的万全之策。

刘盈皇太子之位算是暂时保住了，但这场太子保卫战却才刚刚拉开帷幕。刘邦从刘氏江山社稷长远考虑，外加戚姬日夜枕边吹风鼓，刘盈的危险警报不仅没有解除，反而日趋严重。

时刻躲在暗处观察的吕雉敏锐察觉到，每当讨论废立皇太子之时，张良不是借身体不适回避，就是一言不发。张良可是刘邦的第一谋臣呀，他为什么没有像其他大臣那样与刘邦争论？其中一定有他的道理。

吕雉凭借对张良的了解，坚信张良一定胸怀妙招帮她赢得太子保卫战的最后胜利。

吕雉急得如热锅上的蚂蚁，焦躁得团团转，思前想后，召来她的哥哥吕泽共同商量对策，毕竟吕家与刘盈就是一根绳上的蚂蚱。

吕雉和吕泽都是木头脑袋，急中也生不出来妙智。没办法，吕雉就让吕泽去找张良想办法。

张良在刘邦称帝以后，因为身体原因，时常以养病为由，不参加朝政讨论。对外宣称，他已人老不中用了，不食人间烟火，喜欢香火，酷爱修道，希望能像传说中的赤松子那样做一个得道成仙的高人。

大汉王朝建立之后，张良之所以不再轻易问政，疾病缠身固然是一方面因素，更为关键的是，他实在不愿意卷到朝廷内部政治斗争的是非漩涡之中。

张良智谋过人，很早就参透了君臣之间的奥妙关系，打天下是君用臣，守天下是君防臣。

张良也不免俗，他为了保住既得利益，不愿意过多介入皇家是非，对吕雉发起的太子保卫战保持隔岸观火的观望态度。如果单从忠臣贤良职责而言，他对刘邦无端改立皇太子的态度是持保留意见的，但他也不想正面劝谏刘邦。

吕泽由于从小没好好学习天天向上，染上了一身的江湖流氓习性。他领了吕雉的任务之后，没有像文明人那般直截了当到留侯府择机恭敬拜访，而是率领一班亲信趁张良不备，将张良劫持到一个僻静无人的地方。

张良见吕泽居然绑架了他，顿生不快，可不快归不快，却也无可奈何。张良原以为吕泽会谋财害命，可让他想不到的是，吕泽不仅没有打骂他、索要赎金，反而扑通跪地不起，咚咚使劲磕头不止。

吕泽的反常举动惹得张良一时不知所措，思维急速旋转，思忖着应对吕泽的办法。

跪了地，磕了头，吕泽拍拍身上的灰尘，直言反问张良："张大人是皇上最信任的谋臣，常常为皇上出谋划策，皇上对你的话是言听计从。如今皇上决心要废立皇太子，您老人家怎么能像没事人似的安心睡大觉呢？"

吕泽虽然不学无术，但他的这番话糙理不糙的话却是经过深思熟虑的。

　　吕泽考虑到，解除太子危机还需要张良出谋划策，他便没有直接责难张良，而且大大地拍了张良的马屁。

　　吕泽的话归纳起来有两层意思：一是说皇上要改立皇太子了，你像个没事人似的，难道你支持皇上改立皇太子吗？二是说如果你不支持皇上改立皇太子，那么皇上真的换了皇太子，你还能像现在这样高枕无忧吗？

　　张良自然明白吕泽的话中话，也清楚他是受到吕雉的指使，但是张良实在是不想趟这浑水，便推托说：之前皇上身处危难之际，采纳了我的建议，这是我祖上积德冒了青烟。现在皇上因为感情而决意改立皇太子，这是他们的家事，是夫妻、父子之间的事，这事就算有一百个张良也不会起什么好的作用。

　　吕泽虽然没什么才干，但也是见过大世面的主。他知道这是张良在故意推托，心里就有点不舒服了，心想，你个老夫子嘚瑟什么，不就是你脑瓜子比我重二俩嘛，要按爷的脾气，才懒得理你呢。

　　生气归生气，吕泽知道发脾气是解决不了任何问题，关键是无法完成皇后交办的艰巨而又光荣的任务。为了逼迫张良就范出主意，吕泽腆着肚子、撸起袖子、双手叉腰，龇着牙咧着嘴，抖动着双腿，无赖地摆出一副地痞流氓样，你张良今天帮我出主意得出主意，不帮我出主意也得出主意。否则，别怪我吕泽不客气，哥们这么多年也不是白混的。

　　张良虽然一再推托，吕泽却并不买情面。

　　吕、张二人酣畅淋漓地耍起了太极游戏。时间一长，体弱多病的张良明显感到体力不支，额头直冒虚汗。

眼看太阳快绕过头顶了，可午饭还没吃呢，肚子饿得呱呱直叫，而且今早出门还忘记吃药了，这药是命，可得按时吃啊，而吕泽却又摆出一副死磕到底的无赖样。

这算什么事啊，活脱脱的秀才遇到兵。张良思来想去，决定还是先保住小命要紧，千万别被吕泽活活饿死就阿弥陀佛了。

张良了解刘邦偏执狂性格，若按常理出牌，据理力争几乎是没有作用，若想改变刘邦改立皇太子的想法，必须另辟蹊径独具匠心，甚至借助外力方能见效。

张良对吕泽说：皇上称帝，私下招揽天下英才，但是普天之下，有四个人皇上一直没能收归麾下，效忠朝廷。这四个人年事已高，因为皇上轻慢无礼，不尊重读书人，不注意谈吐，所以他们四个人都不愿意与皇上见面，为皇上效命，至今还隐居山中，发誓不做汉家臣子。但是，皇上又十分看重这四个人，认为他们是世外高人，希望他们能为己所用。对他们的拒绝，皇上曾表达了深深的遗憾。现在要想保住刘盈皇太子的地位，可以以皇太子的名义，带着皇太子的书信，用重金，派能说会道的人做专使，把他们四个人请到门下，作为皇太子的门客，随时侍奉皇太子左右，陪同皇太子上朝，让皇上看到他们，这对皇太子会是一个巨大的帮助。

张良所说的这四个人分别是：东园公唐秉、夏黄公崔广、绮里季吴实和角里先生周术。这四个人在汉初是颇有名气的大腕，人称商山四皓，刘邦一直以来都很想把他们笼络到身边为官，但因为刘邦本身就没有读过什么书，因此他时常对臣子傲慢无礼，这四个人又是清高孤傲的主，他们为了免受刘邦的无端侮辱，所以坚决拒绝入朝为官。

对此，刘邦是既遗憾却又无奈。

张良指出，以皇太子的名义请商山四皓出山侍奉皇太子，则说明皇太子并不像刘邦所认为的那样仁弱无能，也让拥立刘盈的朝臣更加有底气。

得此良计，吕泽不敢片刻停留，连忙磕头道歉外加作揖赔笑，将张良送回留侯府邸，随后直接找吕雉汇报。

吕雉看问题入木三分，待吕泽介绍完张良的计策，当即拍案叫绝，大赞张良才智过人。

吕雉随即叫来刘盈，笔墨伺候，刘盈按照吕雉的意思起草了一封亲笔书信，而吕泽则在吕雉的直接授意之下，充当了太子专使，亲自带着太子书信、重金及亲信随从前往深山老林，极力劝谏商山四皓出山服侍皇太子。

简单地说，吕泽几乎把一身老骨头扔在深山老林，历经九九八十一难之后，终于不辱使命不负重托，"卑辞厚礼"的将商山四皓请下山，入住太子宫邸。

太子刘盈是知书达理的文弱书生，性格脾气倒也与商山四皓相投友好，再加上刘盈对他们礼遇有加，因此，四人在暮年之际终于实现"再就业"，找到了"士为知己者死"的机会。

公元前 196 年（汉高祖十一年），淮南王英布反叛，消息很快传到了长安，刘邦此时已经病重，在戚姬的鼓动和怂恿之下，刘邦打算让刘盈率军亲征讨伐英布。

戚姬的用意很明显，她知道刘盈是个软骨头，根本无法担负起征讨英布的重任。如果刘盈领军征讨，必定无功而返，如此一来，刘邦对刘盈势必更加反感，进而促使刘邦更加坚定改立太子的决心。

戚姬阴暗潮湿的心里甚至希望，刘盈最好能死在前线，一了百了，这样就能为刘如意夺嫡继位扫清一切障碍。

吕雉耳目众多，很快便探知，让刘盈讨伐英布，完全出自戚姬的小阴谋。戚姬想假借刘盈讨伐英布不力，为她夺嫡继位提供契机。

戚姬不仅有美貌的外表，动听的歌喉，曼妙的舞姿，也有不为人知的小聪明，只是她的小聪明在吕雉面前显得那么的单薄，有道是"聪明反被聪明误"。

刘盈性格柔弱，从小跟随吕雉长大，文弱多病，没有带过兵打过战，平时连猫猫狗狗都不忍心杀害，根本就不知道该如何去平叛以骁勇善战闻名于世的大将英布。

更让吕雉担忧的是，那时刘邦身患重病，随时都可能"眼睛一闭，一辈子就过去了"，朝中政权更替存在很多不可预知的变数。

如果刘盈在前线带兵打战，刘邦一旦有什么不测，长安朝中会发生什么样的变数，实在是很难控制，毕竟围绕戚姬周围的爪牙势力也不可小觑。

刘邦打算让刘盈领军平定英布的消息传到吕雉和刘盈耳中之后，他们彻底傻眼了，戚姬此招实在狠，大有四两拨千斤釜底抽薪效果，是典型技高一筹式"捧杀"。吕雉慌乱之中，将此情况通报给商山四皓，请四位高人出谋划策。

四人听说这档子事，个个皱眉紧锁，彻夜商谈。

经过彻夜不眠讨论，四人商议的结果是：要保住皇太子的地位，如果皇太子领兵出征，他的地位必定危险。

商山四皓从政治得失分析认为，皇太子是未来皇位的唯一合法继任者。由皇太子领兵出征，功劳再大，对皇太子的地位也没有什么实质意义，因为这是皇太子应该去干的事情，更没有什么荣耀官爵可以额外奖赏。如果皇太子无功而返，这就会给刘邦、戚姬改立太子留下口舌借口，更加坚定刘邦废立太子的决心，这样一来，原本支持和同情刘盈的群臣也极有可能改变初衷，认定太子的确能力不足，从而不再像以往那样全力坚定地支持太子。

商山四皓再从当时情势分析认为，刘盈出征必定凶多吉少。刘盈没有任何带兵打战的经验，率领一群身经百战的开国元勋出征，而且这些元勋又个个都是天不怕地不怕的枭雄，若由一个软弱无能的娃娃带领他们去征伐昔日亲密无间的战友，这无异于让绵羊指挥群狼相互厮杀，结果可想而知，必然一事无成。

戚姬日夜服侍刘邦，赵王刘如意又天天在刘邦跟前讨巧卖乖顺意承欢。如果太子战败了，刘邦必然会认为刘盈无能，不堪担当重任，更加坚定他废黜太子的决心。所以，太子万万不能带兵出征。

商山四皓不愧为世外高人，洞察世事入木三分、鞭辟入里，几句话就将太子刘盈的处境和出征利弊说透理明。

吕雉此时已方寸大乱，她并不需要什么有见地的分析，她想要的是如何避免局势进一步恶化。吕雉急切地想从商山四皓处获得解除危机的有效办法。

让吕雉倍感欣慰的是，商山四皓没有让她失望，四人直截了当地提出：为今之计，只有一条路可走，只能委屈吕雉，以结发夫妻的名义，到刘邦那里一哭二闹三上吊，希望刘邦能念在多年夫妻患难与共的分上，劝说他改变主意，别让刘盈领兵出征英布。

当然，商山四皓早已将吕雉劝说刘邦的理由都打好了草稿：朝中大将都是皇上的老部下，个个都是誓死效忠皇上的，但却不一定听命于太子；而且英布也是当今难得的猛将，善于用兵，英布唯一害怕的是皇上御驾亲征，最希望太子领兵出征。为了能平定顺利，只有皇上御驾亲征才行。皇上虽然偶感风寒，但为了国家社稷，还是要勉力而为，皇上并不需要亲自冲锋陷阵，只要躺在车子里随军前行即可。只要皇上御驾亲征，以皇上的威望，朝中大将自然奋勇杀敌，必操胜券。

吕雉按照商山四皓策划的剧本，再次发挥了群众演员的不俗演技，到刘邦那里边哭泣边述说，情真意切，句句在理，果然真的感动了刘邦。

刘邦本来就龙体有恙，实在不愿多见有碍市容市貌的风景，此时吕雉一屁股坐到御榻前，不顾公共卫生，一把鼻涕一把泪地扯开嗓子哭闹，惹得他心烦意乱。

为了趁早打发吕雉离开，刘邦便应付着说："我也正担心刘盈无法担当这个重任，还是由我亲自出征吧。"

刘邦拖着病恹恹的身子，亲率大军离开长安时，群臣送到灞上，张良按照吕雉事前委托，对刘邦说：我本应该跟随皇上一同平叛的，但是我这把老骨头实在经不起折腾了。楚人的特点是急躁勇猛，陛下临阵时，一定要先避避对方锐气，再进行反击。陛下御驾亲征，为了防止长安家中发生什么意外，请让太子刘盈监领关中军队。

张良的建议，实际上是让太子管理统帅国家。

刘邦向来敬重张良，他沉思片刻，担心太子不能完全胜任治理后方的重任，便叮嘱张良以少傅的身份全力辅佐太子监国。此时，叔孙通任太傅，承担着教导辅佐太子的主要责任。

公元前 195 年（汉高祖十二年），刘邦平定英布叛乱回到了长安，由于带病出征、鞍马劳顿，外加平定过程中被流箭误伤，刘邦的病情日渐严重。

眼看刘邦快不行了，戚姬深深感到危机四伏，她催促刘邦改立刘如意为太子。刘邦也预感他将不久于世，在梨花带雨的戚姬反复哀求之下，想着戚姬和刘如意的日后生活，他改立皇太子的主意更加坚定迫切。

吕雉身为皇后，在刘邦晚年后期，已将势力渗透到朝政的各个角落，就连刘邦和戚姬的床榻之旁，也早已安插布设了眼线耳目。

吕雉得知戚姬"亡我之心不死"，对戚姬恨得咬牙切齿。吕雉相信，刘邦是被不知好歹的戚姬蛊惑的，为了能保全儿子刘盈的太子地位，她多次卑屈向张良、叔孙通等大臣权臣请求相助，代为劝谏刘邦。

张良、叔孙通与吕雉、刘盈都是一根绳上的蚂蚱，面对情真意切的吕雉，自然个个都信誓旦旦满口应承，将誓死保全太子地位周全。

一日早朝之上，刘邦再次磕磕巴巴地提出改立太子事宜。张良此前已身不由己地陷入太子保卫战的是非漩涡之中，此时想全身而退已不可能，为了表达鲜明的政治立场，他打破了以往对此事沉默的态度，公开跳出来直言劝谏反对废立太子。

只是刘邦心意已决，根本听不进任何人的建议。

张良的建议很少不被刘邦所采纳，此时刘邦连他的一句话都不愿意听，张良顿感伤了自尊，便称病不上朝议事，以此表达无声的抗议。

叔孙通作为太子的老师，是太子的铁杆粉丝，保护太子是他的最重要责任。叔孙通是当时有名的儒学大师，他凭借渊博的知识，旁征博引、引经据典，向刘邦说明废嫡立庶会引起朝政混乱、国破家亡的历史教训。

晋献公本来按照传统立嫡长子为太子，后来因为宠爱骊姬，不顾群臣反对和祖宗遗制，以及诸多王子之间的力量平衡关系，一意孤行，改立骊姬的儿子奚齐为太子，引起晋国内乱好几十年，晋国国力因此衰落，成为笑柄。而秦始皇因为没有早立扶苏为太子，结果被胡亥篡位夺嫡，导致秦朝的灭亡。太子关系到社稷根基，不能随意儿戏废立。且不说太子仁孝，尽人皆知，就以皇后与陛下患难与共，共苦创业的情分，陛下也不应该因戚姬而背弃皇后。当然，陛下身为一国君王，若是一定要废立太子，做臣子的也无法阻拦，但为了还朗朗乾坤一个公义，为了刘家江山能万世相传，请陛下先杀了我，从我的尸体上踩过去，再另立太子吧。

知识分子就是知识分子，叔孙通的劝谏不仅深刻而且尖锐，义正词严，表达了公义忘我精神，以死相谏。

刘邦见一向和稀泥的叔孙通都竟然敢以死相谏，意识到废立太子不可一蹴而就，便推托说："叔孙通，我是开玩笑的，你别当真。"

叔孙通一听，一个脑袋两个大，心想：你没事开什么玩笑，这不是在考验我吗，总有一天，我没有病死，也会被你刘邦吓死。

为了不给刘邦过多的想象余地，叔孙通步步紧逼，乘机强调："陛下，太子关系到天下的根本，是万万不能开玩笑的，还请陛下将此想法给我憋回去，否则，请陛下再次从我的尸体上踩过去。"

叔孙通以死步步紧逼，刘邦很是无奈，只好表面上暂时接受叔孙通的意见，实际上是缓兵之计，寻找改立太子的其他机会。

就在刘邦百般不甘而寻找机会之际，商山四皓很合时宜地在一次朝堂之上公开露脸，这才让刘邦彻底打消了改立太子的念头。

在汉初，由于刘邦起于民间，骨子里并没有太多贵族偏见，因此当时君尊臣卑的等级观念并不格外分明，君臣聚会宴饮时，朝廷中有头有脸的人物都可以带着宾客随从出席。

一次宴会上，吕雉、戚姬以及在京师的各位诸侯王都应邀参加酒宴。在吕雉的精心安排之下，商山四皓从容大方的跟随太子刘盈参加宴会。

商山四皓个个年龄都八十多岁了，古道仙风、世外高人模样，他们出席宴饮的目的就是要攒"回头率"，博得刘邦的眼球，因此他们各个都刻意装扮得不同寻常，相貌装扮稀奇古怪，博衣宽带，飘飘洒洒，皓白须眉，记录着过人阅历和厚重沧桑，透露着非凡智慧。

商山四皓亦步亦趋地随侍太子左右，既表现出对太子的格外尊重，又表现出非凡的自信，对朝中其他群臣视若无睹。

刘邦见儿子刘盈身边居然跟随着四位气度非凡的老者，很是好奇，问左右侍从，这四个老者是什么来头，在宴会上做什么。

商山四皓见刘邦对他们起了好奇之心，便一一报上了大名。刘邦听闻，半张着嘴巴，惊讶得半天没回过神来，脱口问："我一直很想招纳你们四位世外高人辅佐我，但你们却一直躲避拒绝我的邀请，如今你们四位高人为何会追随我的儿子呢？"

刘邦自然不知道，这是吕雉与商山四皓精心编排的一出戏，所有台词和问答都是事前设计、彩排好了的。

四个老者见刘邦已进入圈套，一边恭恭敬敬地上前为刘邦祝寿祈福，一边不卑不亢地回答："之所以不愿意接受陛下的邀请，是因为陛下向来看不起读书人，动不动就向读书人破口吐痰，我们不愿意受陛下的侮辱，所以宁死不从，隐身山林。后来我们得知，太子为人仁孝，恭敬爱人，礼贤下士，天下贤达个个都愿意追随太子，士为知己者死，所以我们也毫不犹豫投奔到太子门下，誓死效忠、爱戴太子。"

刘邦听了商山四皓的回答，已暗暗猜测出，这四个人是吕雉和太子找来的托儿，他知道太子虽然未必像商山四皓说得那样聪明仁孝，但他已经意识到太子无论在社会上还是在朝廷之中，根基已深，民心已牢，不可轻易动摇，如果一意孤行坚持改立太子必定行不通，只好彻底打消改立太子的最后念想。

随后，刘邦目光凝重的对商山四皓说：那就拜托各位高人好好教育和保护太子吧。

四个老者见保护太子的目的已经达到，便再次为刘邦祝寿祈福后离去。刘邦望着四位老人飘然而去的身影，内心感慨万千，悲喜交加。

喜的是，一向软弱无能的太子竟然能把他多年求诏不至的商山四皓笼络到门下，天下人才还有谁不为太子效力？

悲的是，他貌美无双的爱妾戚姬，从此以后就要步入苦海无边的境地了，戚姬不仅成不了什么皇后娘娘，甚至连现有的地位和身家性命都可能烟消云散。

想到此，刘邦长舒一口气，也罢也罢，若吕雉实在无法容纳戚姬，就随她去吧，如此一来，戚姬不又能与他相会于另一个天堂仙境了吗?

刘邦暗生悲戚,毫无宴饮娱乐的心情。群臣见状,便纷纷找理由告辞退出。

刘邦将戚姬叫到跟前,指着逐渐远去的商山四皓背影,凄楚怜惜地说:"我本决意要改立刘如意为皇太子的,但现在有商山四皓高人辅助太子,这足以说明刘盈的羽翼已丰满,很难再撼动他了,戚姬,吕雉从今以后就是你的主人了。"

戚姬听了刘邦的话,知道她的命运运数将尽,刘如意夺嫡篡位的如意算盘算是彻底落了空,想到刘邦百年之后她可能面临的悲惨处境,不由得悲从中来,泪如雨下。

刘邦见戚姬声泪俱下,也很难过,但仍然强颜欢笑说:"你为我跳一支楚国的舞蹈,我为你唱一支楚国的歌曲吧。"

说完,刘邦伴着戚姬优美的舞姿,以他那粗犷而虚弱的嗓音伤感地唱道:"鸿鹄高飞,一举千里。羽翼已就。横绝四海,横绝四海,又可奈何!虽有缯缴,尚安所施!"

一曲唱罢,戚姬早已泣不成声。

刘邦知道,此时任何劝慰的话都是苍白无力的,与其言而无用,不如不说。

刘邦一声长叹,彻底打消了改立太子的念头。

纵观刘邦改立皇太子事件的整个过程,并非是戚姬一人捣鼓、怂恿所为。所谓性格决定命运,刘盈"不类我"的性格确实仁弱有余,刚硬不足。

更让刘邦担心的是,一旦他归西,凭借刘盈的软弱,吕雉必定独掌朝政,"母强子弱"很有可能影响刘氏江山可持续和谐发展。

汉武帝晚年忍痛弑杀钩戈夫人就是对吕雉因"母强子弱"扰乱朝纲所吸取的直接教训。

换个角度看太子保卫战事件，刘邦若凭借皇帝权威和他固执的秉性，就是要强硬改立太子，也实在不是什么难事。对满朝文武大臣而言，太子确立可以说是国事，但更大成分却是皇室的家事、私事，外人不便过多干涉。

刘邦决意改立太子，并不是完全从儿女私情角度考虑，他更加关注刘家江山能否千秋万代。

在此次太子保卫战之中，刘邦从决意改立太子到彻底打消改立念头，实则是他对大汉江山社稷可能面临风险的博弈选择，区别在于，这风险是"必然"风险或是"或然"风险。

如果刘邦与群臣死磕到底，坚持要改立刘如意为皇太子，此决定虽然得不到朝臣的鼎力支持，但定何人为太子毕竟是皇上的家务事，外人不能也没有必要拼命阻拦，其结果必定是"主少国疑"，朝中大臣不满，以刘盈为首的刘氏其他子弟起而争纷，出现大臣内反、诸侯外叛的混乱局面。

这个风险对大汉江山而言实在是太大了，是刘邦能够预测却又不能承受的"必然"风险。

如果刘邦舍弃改立刘如意为皇太子，则可以避免上述风险现实发生。保持现状，虽然可能出现母强子弱的尴尬局面，但至少可以确保刘氏江山社稷根基是稳固的，即使发生争斗，也可划归为人民内部矛盾。

这个风险对刘邦而言，是他能够预测亦能够接受的"或然"风险。

当然，改立太子事件之所以让刘邦如此纠结和感伤，还因为他心存一己私心。

刘邦心底明镜似的，这场太子保卫战其实是两个女人之间"不成功便成仁"的生死之战。特别是对戚姬来说，不成功比压根没有发生此事的后果会来得更加悲惨。

在刘邦生前，吕雉对戚姬恃宠骄横已醋意满腔，而太子之争则使吕雉明白，戚姬是一个一心想要置她于死地而后快的危险人物，心中充满了对戚姬不共戴天的仇恨。

为了保全戚姬和爱子刘如意，刘邦煞费苦心，熬出了胡须熬白了头发。

当时掌管玉玺的御史叫赵尧，赵尧这个人年虽少，但智谋颇多。赵尧见刘邦多日闷闷不乐，已揣知其中隐意，便直言进谏，道出了刘邦的担忧，怕在刘邦千秋之后，由于戚姬与吕雉之间深埋仇深似海的矛盾，恐怕吕雉绝对不会给戚姬母子好果子吃。

针对上述担忧，赵尧提议挑选一名德高望重的人前往赵国为国相，保护辅佐赵王，这名国相必须是一位能让吕雉及内外群臣敬畏的重臣、权臣。如此一来，戚姬母子便可高枕无忧。

赵尧所提出的办法的确是一个好主意，但是派遣谁去担当保护辅佐赵王却又成了一个大问题。

头脑灵活的赵尧既然提出了派国相的主意，想必心中已有合适的人选，在刘邦鼓励首肯之下，赵尧提出了让周昌前往赵国任国相的建议。

刘邦一听这个人选，当即就乐了，他对赵尧的才智多了几分欣赏，于是就召见周昌。周昌当时是汉朝的御史大夫，若下派赵国为国相，表面上有贬低任用之嫌。

刘邦好生安抚一番后，周昌便满腹委屈地前往赵国辅佐赵王。

在周昌的陪伴护送之下，戚姬与刘如意依依不舍，挥泪告别。

刘如意踏上了前往赵国为王的旅程，只是这一走，竟然成为与母亲戚姬的最后诀别。

至此，太子保卫战以吕雉为代表的太子派完胜戚姬落下了帷幕，吕雉牢固捍卫了她在大汉王朝的地位和权势。

第十四章

刑马盟约

话说刘邦平息英布叛乱事件之后，顿感身心俱疲，再加上他不加节制消耗有限身体，终于病倒了。

刘邦一病就是数月。到了汉高祖十二年春天三月中，刘邦自知将不久于人世，便发了脾气，不再愿意接受任何医疗救治。

吕雉虽然有野心和怨恨，但她对刘邦的龙体安康还是很重视，毕竟刘邦是她心目中的主心骨。如果刘邦还在人世，各路权臣、重臣就不敢轻易造次不轨图谋。如果刘邦一不小心咽了气，留下吕雉、刘盈孤儿寡母，后面的事情就真的很难预料了。

吕雉心急如焚，四下派人访遍全国良医，最后找到了一名据说医术精湛的世外名医，请他入宫为刘邦就诊。

刘邦见了名医就揪住他的衣领质问：我的病能否治愈。

文弱名医哪见过这阵势，战战兢兢、哆哆嗦嗦回答说：回陛下，应该还可以。

刘邦听了名医的话十分恼火，骂骂咧咧地认定这位所谓的名医肯定是无营业执照的江湖郎中。

刘邦气冲冲地说：我从一个平头老百姓挥舞着三尺利剑，夺得天下，如今却一病成这样，这是天意，命由上天安排，就是扁鹊神医再世也没办法让他痊愈。

刘邦遂让吕雉赏给江湖郎中五十两黄金，让他滚蛋走人。

从此之后，刘邦就再也不肯接受任何医疗救治，弥留之际，刘邦最放心不下的有两件事情，一件是如何安顿戚姬母子；另外一件是如何防范"母强子弱"。

为了能妥善安顿好戚姬母子，刘邦强撑羸弱的身子，亲自为戚姬布置后宫寝居生活，并安排周昌辅助刘如意前往赵国任王。

安顿好戚姬母子之后，刘邦迫不及待地要去完成一件历史使命，这也关乎刘氏江山根基是否稳固，这也是刘邦弥留回光返照之际所做的最后一件事。

这件大事就是：杀马给驴（吕）看。史上称之为：刑马盟约。

史书上对"刑马盟约"过程没有详尽的记载描述，从刘邦去世的时间节点（公元前195年四月甲辰日）看，不难推出当时的有关情景。

刑马盟约大约发生在刘邦去世前夕，是刘邦对吕雉形成制度约束而做的最后努力。长安三四月的天，春寒料峭，北风瑟瑟，刘氏皇室祭祖圣地一派庄严肃穆，旗鸣萧然，文武群臣巍巍立于两旁，巨大图腾崇拜雕塑矗立四周，场面甚是壮观。

按常规盟约规范，此种仪式根本无须家属参加，刘邦刑马盟约为的就是做给吕雉和吕氏家族看，因此他特意让吕雉和吕氏族人一同见证。

待仪式前戏准备妥当，吕雉怡然落座刘邦身旁，她事前已从多方渠道获知刘邦用意，不过吕雉根本不在乎这种虚头巴脑的外在形式，只要刘邦"一闭眼，一辈子就过去了"，大汉王朝的一切就都将握在她的手掌之中。

刘邦强撑病体，一番慷慨陈词，每每说到激昂之处，他便战栗咳嗽不止，甚至有几次巍巍颤颤险些倾倒。

誓毕，刘邦声嘶力竭大声一喝，命武夫弑杀精心准备好的一匹俊俏白马，一群侍从齐刷上阵，用白马鲜血就着一坛美酒，为现场每位王侯将相、达官贵人分送一碗血酒。

随后，在刘邦虚弱的一声令下，个个痛饮老酒，齐摔瓷碗，誓约效忠，"非刘氏而王者，天下共击之"。

"刑马盟约"是因为刘邦看到了潜在的危险，这是制约吕雉一只独特的撒手锏。

《汉书·王陵传》记载王陵的话说，刘邦临终之前，曾和大臣"刑白马而盟曰：非刘氏而王者，天下共击之"。

"刑马盟约"的宗旨是，从今以后，只有刘氏宗室子弟才有封王的资格，其他任何人以任何理由都不得封王，违反这一规定，天下义士都有义务和权利群起而攻之。

要理解刘邦这一誓约的真实用意，应先了解他所处的当时环境。当时，刘邦已先后铲除韩信、彭越、卢绾和英布等异姓诸侯王，并大肆分封了刘氏宗室子弟为王。

当时国家政治秩序已趋于安定平稳。

但在和平年代，还能有谁能以什么理由封王？刘邦的目的是什么？

稍加分析，不难发现其中隐情，刘邦百年之后，谁将是最大的受益者？

刘盈吗？

表面上看是如此，刘邦死了，刘盈继承皇位，但由于刘盈自身存在诸多缺陷，导致了他"金玉其外，败絮其中"，刘盈只不过是吕雉执政的一枚棋子罢了。

在国泰民安的盛世，唯一可能封王的群体只剩下吕雉家族。

这就涉及了吕雉的外戚家族和刘氏宗室之间的权力平衡和斗争。

刘邦在建立大汉王朝过程中，吸取了大秦帝国"孤立之败"的教训，那时秦始皇高度集权，几乎将所有的权力都集中在他一个人手中，"自号为皇帝，而子弟为匹夫，内亡（无）骨肉本根之辅，外亡（无）尺土藩翼之卫"。

秦始皇统一六国之后，采纳了丞相李斯的建议，在全国范围内实行郡县制，郡县长官全部由皇帝任命，按照统一的法律程序和责任治理天下。

权力是高度集中了，但地方却没有任何的自主权，大事小事特别是军情都要逐级上报中央而后才能行动。所以，在秦末农民战争中，旧有六国诸侯群臣揭竿而起，地方政府却很难做出有力的反击，只能等待朝廷派兵，错失镇压良机。

高度集权制，虽然能高度统一，但也存在一个致命弱点，国家大权掌握在一个人手中，一旦这个掌握权力的人——皇帝，因各种原因与外界失联，皇帝就成为少数派，甚至成为个别权臣奸臣玩弄专权的工具，江山就要改姓。

赵高篡权，李斯助纣为虐，秦始皇的子孙被秦二世和赵高杀戮殆尽就是深刻的教训。

如果分封宗室子弟为王，由宗室诸王专制一方，朝廷权臣也好外戚势力也罢，要想专权就会受到制约。这也推动刘邦和吕雉择机铲除异姓王，并大肆分封同姓为王。

在汉初六七年中，刘邦和吕雉联手，采用政治、军事手段，陆续铲除了除势单力薄的长沙王吴芮之外的其他所有异姓王。又从政治需求出发，陆续分封了九个同姓王。

刘邦先后分封的九个同姓王是：荆王刘贾（刘邦叔父的儿子），代王刘仲（又名喜，刘邦的二哥），楚王刘交（刘邦的弟弟），齐王刘肥（刘邦的庶长子，刘邦做亭长时外妇所生），赵王刘如意（戚姬所生的儿子），淮阳王刘友（刘邦姬妾所生），梁王刘恢（刘邦姬妾所生），燕王刘建（刘邦姬妾所生），淮南王刘长（刘邦与赵王美人所生），代王刘恒（薄夫人所生，原代王刘喜因为防御匈奴侵扰无方，被废为侯，刘邦改封刘恒为代王，刘恒就是后来的汉文帝），吴王刘濞（刘邦二哥刘仲的儿子）。九个同姓王，共十个人。

这十个人中，除了刘贾算是开国元勋之外，其他人被封为王主要是因为血缘关系，当时全国三分之二的土地都掌握在这些同姓王手里，史称为诸侯王。

汉朝建立初期，有条件封王的不仅仅是刘氏宗室，还有吕氏外戚。吕雉在西汉建立过程中与刘邦风雨同舟，一起度过了那些峥嵘岁月。楚汉争霸期间，吕雉在结束了两年多的人质生涯后，回到关中，与萧何一起安抚百姓、筹措军粮，为刘邦提供了坚强的后盾保障。

在铲除异姓王中，吕雉杀韩信、剁彭越、逼卢绾，做了刘邦想做而又不方便做的事情，"佐高祖，定天下"，足以突显吕雉的历史地位。

刘邦取得天下，不仅有吕雉的功劳，还有吕氏家族的巨大贡献。刘邦起兵造反时，吕氏族人义无反顾举旗从征，吕雉的哥哥吕泽和吕释之都积极响应刘邦的号召，光荣入伍成为人民子弟兵，并迅速成长为战绩不俗的名将。

刘邦在彭城大败于项羽，身边只跟随了几十个人，落荒而逃，是吕泽拼死接应，刘邦才勉强稳住了阵脚。吕释之也追随刘邦出生入死，他跟随刘邦攻进咸阳之后，奉命回到丰邑保护吕雉和刘老太公。

吕泽后来被封为周吕侯，吕释之被封为建成候。他们都是因功而封侯，不是单纯凭借外戚关系。

吕雉身为母仪天下的皇后，她对"非刘氏而王者，天下共击之"是有想法的，像刘贾诸人可以封王，那么吕泽和吕释之为何不能封王呢？

吕雉有时当着吕氏族人无奈自嘲，刘姓人家有先天优势，只怪吕姓人家命不好，不能跟刘姓人家比，但连吴芮这一外姓人都可以封王裂土，刘家大舅哥为什么不能封王呢？吕泽和吕释之的功劳总不比长沙王吴芮小吧？

碍于刘邦的威信，吕雉尽管嘴上不说，可心里并不舒服。对此，吕雉也并不心急，因为她知道，刘邦将不久于人世，等他真的死了，这天下还不就她吕雉一个人说了算，吕氏祖宗的春天即将要到来，甚至天下到底该姓刘还是该姓吕，也得再考虑考虑。

吕雉的小心思，刘邦自然明白。刘邦清楚，以刘盈的性格和能力根本无法摆脱吕雉的控制，朝中大权必定会落入吕雉之手。

对此，刘邦即无奈又无他法。相较其他人而言，朝中大权既然无法完全托付给刘盈，退一步而言，权力旁落吕雉之手总比落入其他人手中强百倍，关键是如何对吕雉的权力操控形成必要的制约。

在此背景之下，刘邦"刑白马而盟曰"便应运而生。

既然太子不能更换，就要做好长远的打算，保持刘氏宗族的绝对权力和绝对优势。誓约约定，只有刘氏子弟可以分封为王，其他任何人都不能封王，目的就是为了防止吕雉掌权以后分封吕氏子弟为王，分割刘家江山。

汉初分封异姓王，大都因功分封，如今天下已定，海内和平，何来建功立业、平地封王的机会？要想封王，只能凭借权力和血缘。

纵观汉初权力格局，特别是在吕雉、刘邦剪除异姓诸侯王之后，只有吕雉具备这样的权力平衡点，也只有吕氏家族有这个血缘优势。

刘邦为了防患于未然，凭借他和功臣的生死情谊，与群臣定下了"非刘氏而王者，天下共击之"的盟誓。

刘邦顶着凛冽寒风，完成"刑白马而盟曰"仪式，没过两天，他的病情陡然恶化，整个人进入昏迷状态。

吕雉知道，刘邦已经快油尽灯枯了。

早在刘邦卧床不起之时，吕雉已经流露出王者霸气，她将戚姬强行软禁隔离，不得靠近刘邦半步。吕雉和刘盈寸步不离刘邦身边，把守伺候，随时接受遗诏。

在刘邦病重期间，吕雉为了防止发生什么意外突发事件，她和审食其连夜密谋，安排吕氏族人严加戒备，掌控皇城禁军以防不测。

眼看刘邦就要归天，吕雉连忙追问刘邦百年之后的人事安排。

吕雉：萧何死后，谁来做丞相？

刘邦：曹参可以担当此重任。

吕雉：曹参死后由谁接替丞相之职？

刘邦：王陵可以，但是王陵过于憨厚，陈平可以辅助他。陈平足智多谋，但是难以独当一面担大任。周勃善带兵打战，但智慧不足，但是安定刘氏江山社稷的人，必定是周勃，可以让他担任太尉一职。

吕雉还想继续追问以后的人事安排，刘邦却说：此后的事情也不是你等所能知道的。

公元前 195 年（汉高祖十二年）四月，刘邦终因病医治无效，于甲辰日不幸逝世，享年六十二岁，如今陕西咸阳的长陵就是刘邦的地下寝宫。

刘邦是大汉王朝的优秀奠基者，久经考验、忠诚的反暴秦战士，杰出的有产阶级革命家、政治家，刘氏和大汉王朝的卓越领导人。

刘邦的一生，是吃喝玩乐的一生，是争斗的一生，是全心全意为刘氏江山服务的一生，是追求真理追求进步、为刘家王朝事业奋斗的一生。

刘邦为汉家王朝的建设事业贡献了毕生精力，为铲除异姓诸侯王和培植刘氏诸侯王事业做出了不可估量贡献。他的离世是刘氏家族和大汉王朝的重大损失。

刘邦的逝去，宣告一个时代的终结，标志着吕雉时代的全面到来。

刘邦对身后人事的安排，又把吕雉时代的政治经济格局限定在他所设定的轨道之上，显示了刘邦的知人善任。吕雉深信刘邦的才干，对他充满了期待和信赖。

在权力场中，政治斗争的中心是对权力的无穷追索。对于刘邦的上述安排，吕雉有些照办了，有些则并未遵从。

吕雉心怀一己之私的做法，让一些人物飞黄腾达，另一些人物则陷入了万劫不复的惨绝境地，而首当其冲的便是戚姬母子。

第十五章

阴阳对决

刘邦的骤然逝去，吕雉在一夜之间从皇后升格为皇太后，成为当时级别最高的女人。

与此同时，大汉王朝内外暗流涌动，各股政治势力都想趁刘邦去世这个千载难逢的机会崭露头角，好为今后的锦衣玉食、荣耀显赫做好铺垫。

吕雉作为遗孀，历经多年后宫争斗和政治较量，她变了，应该说是环境改变了她，政治斗争塑造了她。

吕雉已然不是单纯无邪的大家闺秀，也不再是忙于生计的村姑野妇。此时的她善于权谋，工于心计，灵魂深处已蓄势着一股邪心狠意。

吕雉毕竟只是妇道人家，是没有依靠、没有臂膀的女人，在大是大非面前，她还无法做到"心底无私天地宽"。当时，摆在吕雉的面前有三个无法回避的现实问题。

问题一：刘盈怎么办？

问题二：吕氏家族怎么办？

问题三：审食其怎么办？

吕雉的内心迸发出一声坚毅而铿锵的呐喊声：要确保刘盈顺利继承皇位；要代表最广泛的吕氏家族利益；要誓与审食其将爱情进行到底。

对上述三个问题的正面回答，真实反映了吕雉的内心世界和心理需求。

要回应内心无声的呐喊，吕雉该怎么办？

吕雉心里明白：阳谋我不行，阴谋我最行。

吕雉具体计划简单又粗暴。准备将老臣、重臣、权臣统统都杀了。

她选择耍阴谋诡计，搞起了无耻的暗杀活动。

刘邦死后，吕雉最亲近的人，除了刘盈和鲁元之外，就剩情人审食其了。她连夜叫来审食其交心密谋："诸将故与帝为编户民，北面为臣，心常鞅鞅，今乃事少主，非尽族是，天下不安。"

经彻夜商谈，吕雉和审食其达成了攻守同盟。

他们决定以吕雉皇后的名义对外宣称：皇上已病入膏肓，谨遵圣上口谕，召集群臣共进最后的晚餐，以备听命遗诏嘱咐。吕雉则暗地里命审食其等人事先在一旁埋伏暗杀者，待朝臣聚集宫殿，择机乱刀乱棍死之。

审食其也是见过大世面的人，稍加思考，他自然便明白这完全是吕雉为一己之私，为彻底摆脱一群唠叨之人的束缚而搞的大规模暗杀活动。

话说，刘盈的太子地位完全是周昌、张良、叔孙通等大臣保全下来的，按照常理分析，大臣自然会尽心竭力地扶持刘盈，否则他们完全没必要得罪刘邦反对改立太子。

再者，如果大臣想擅权专断，改立一个八九岁的小孩为太子，岂不更方便？更何况，吕雉较戚姬而言，戚姬就显得"子不强、母亦不强"。

吕雉认为功臣可能出现"今乃事少主，非尽族是，天下不安"的担忧是完全站不住脚的。

吕雉借机铲除功臣，其灵魂深处必然隐藏着不可告人的目的，究其缘由，无外乎想独揽大权。如果有功臣相辅治理朝政、辅佐刘盈，她便不能随心所欲地实现大汉女主的理想。

审食其虽然在男女作风方面不太检点，但他为人还算厚道善良，此时冷不丁听闻吕雉灭绝人性地想要搞暗杀活动，心中不免暗暗吃了一大惊，吓出一身冷汗。

审食其暗自琢磨，吕雉已不再是当年在集市偶遇的纯真无邪的少妇，日后与其相处，还真得多留个心眼，爱情诚可贵，小命价更高。

审食其早早利用身体换得了一张旧船票，登上了吕雉这艘船。此刻，已嗅到危机的审食其纵然想提早下船却也已不可能。

活人总不能被尿憋死。审食其转念想，如果将拥戴刘邦的"死士"都变成死尸，那对他是有百利而无一害。如果哪天一不小心酒后吐真言，让刘邦的死党知道他与吕雉之间长期存在不正当男女关系，那可就不好了。

经过一番激烈的思想斗争，审食其举双手双脚表示赞同吕雉的阴谋诡计。吕审这次密谋会议以全票通过形式达成了以吕雉为中心的暗杀活动小团体。

审食其毕竟只是一介庸奴，胆小如鼠，他担心在实施暗杀活动过程中会出现什么意外，就劝吕雉一定要谨慎密谋行事，小心驶得万年船。

　　吕雉虽贵为皇太后，但她终究只是一个妇道人家，听了审食其的劝诫，心中难免起了疙瘩，就连夜召来二哥吕释之一同商量对策。

　　吕释之是连小学都没毕业的大老粗，带兵打战还算内行，为了保住既得利益，他也表示无条件赞同审食其谨慎行事的观点。

　　吕雉一伙人胆小谨慎，瞻前顾后，手脚哆哆嗦嗦，一时半会也不敢采取什么实质行动。如果吕雉贸然行动，也许后果不堪设想，按照历史发展轨迹，也许死的就不是那些功臣重臣，而是吕雉及其同党了。

　　吕雉在焦躁中度过了两天，转眼刘邦已经驾崩三天，这三天对吕雉而言真是度日如年，白天焦躁踱步，夜里辗转反侧。

　　在刘邦随时都可能驾崩的关键敏感时期，朝臣对主子的健康、起居都异常关注。

　　朝臣已有好几天没听闻刘邦的消息，顿时宫中猜疑横生、谣言四起，但苦于没确切的证据，朝臣表面上看似风平浪静，私底下却暗潮涌动。

　　世上本没有不透风的墙。换句话说，若要人不知，除非己莫为。

　　当时曲周侯郦商有一个儿子叫郦寄，郦寄与吕释之的儿子吕禄是能一起愉快玩耍的小伙伴。他们俩成天一起厮混浪迹，是无话不说的铁哥们。

　　就在刘邦驾崩的第三天，吕禄与郦寄如往常一般百无聊赖、斗鸡走马，吕禄在闲聊中继续发扬口无遮拦的优良作风，为了显示神通广大，将吕雉的惊天阴谋作为重磅娱乐新闻暴料出来。

　　郦寄一听此等丧尽天良的阴谋，就知道这绝对不是一般小事，与

第十五章　阴阳对决

吕禄分别之后立马回家，将事情始末原原本本告知他的父亲郦商。

郦商久经宦场，当他得知吕雉的阴谋之后，他彻底傻了眼，多年宦海沉浮经验直觉告诉他其中的利害得失。

郦商深知"稳定压倒一切"的重要性，为了避免大汉王朝再次出现动乱，为了避免大汉子民再次遭受生灵涂炭，他陷入了无尽的沉思。

沉思良久，郦商下定决心，将以"阳谋"挫败吕雉的"阴谋"。

面对吕雉，郦商是弱小的，他根本无法与大汉女主展开正面对抗，特别是从刘邦驾崩的那一刻起，整个大汉王朝都已掌握在吕雉手中，她已然是大汉王朝实质意义上的掌权者。

让郦商甚感担忧的是，趟若吕雉的阴谋得逞，大汉王朝势必瞬间土崩瓦解，大汉子民必定再遭涂炭，战火纷飞的背后，受苦受罪的还是天下黎民百姓。

郦商作为大汉王朝的开拓者之一，早就树立了大局观，他决定哪怕前面是万丈深渊，也将义无反顾，挺身而出。

郦商经过一番缜密思考，窥透其中隐情，决定采取以"阳"还"阴"，用阳谋兼容阴谋。

郦商清醒地意识到，解铃还须系铃人，在此次阴谋决策中审食其起到了特殊的作用。郦商几乎没做过多考虑，便急中带稳地匆匆径直来到审食其府邸。

审食其内心本已焦躁不安，此时听闻郦商在这特殊敏感时期突然造访，心里不免更加疑虑。审食其与郦商本因"道不同不相为谋"而往来甚少，为了不露破绽，他故作镇定，皮笑肉不笑，老大不情愿地接见了郦商。

郦商倒也大方，在寒暄片刻之后，就让左右下人回避，单独对审食其说：审兄，你要大难临头了，你可知道？

审食其心怀鬼胎，心虚得很，突然听到郦商这番话，还以为他与吕雉之间的丑事被曝光了，不由得吓出一身冷汗。

为了表明清白，审食其悄然收拾一丝外人不易察觉的慌乱眼神，稳了稳气息，急促地追问郦商：侯爷此话何意，究竟出了什么事情？

郦商俯身凑到审食其耳边，低声耳语道："主子已经死了三四天了，吕雉把持着宫中秘事而不发丧，并且设计想将所有功臣都杀死。请问吕雉有这能力吗？不说别的，灌婴领兵十万，驻守在荥阳；陈平又奉有诏令，前往帮助灌婴；周勃代替樊哙为将军，就连樊哙现在是死是活都尚不得知。再者，北徇燕代都是佐命的功臣，都是刘邦的铁哥们。如果上述这些人知道长安朝廷中有遗臣、老臣、重臣被无故诛杀，他们必然会联合起来向西攻打关中，危及首都。这样一来，内外大臣甚至是皇太后和皇太子都将难以保全了啊。"

审食其听闻，面露铁色，嘴唇发紫，手脚不由自主地颤抖不止。

郦商见状，便乘胜追击，进一步劝诫："如今世人皆知，审大人你平日就直接参议宫廷重大事项，但在这个危急存亡的关键时刻，如果你没有及时进谏，他人肯定怀疑你是同谋，一定会来与你拼命，如此一来，你和你的家族就难以再保无恙了。"

郦商的这一番话，不管你信不信，反正审食其信了。

由于害怕，审食其已思维混乱、语无伦次，但为了表明清白，抵赖鬼胎阴谋，他勉强压了压慌乱的神情，严正表态道："我，我，我实在是没有听说过谁要诛杀遗臣的事情啊！即使真的有这回事，我可以拍着胸脯发誓，绝对与我无关。话说回来，既然外面有这样的谣言，我一定当面如实禀报吕皇后，消除大家的误会。"

郦商听了审食其的表态，知道目的已达到，便向审食其告辞而归，临别时一再暗示告诫审食其"有则改之，无则加勉"等语尔尔。

待郦商离开后，审食其再也坐不住了，前脚跟着后脚就进宫面见吕雉，将郦商的话一字一句原原本本地转述给吕雉。

吕雉得知暗杀方案已泄露外传，十分震惊害怕。

吕雉心想，计谋已经败露，原定计划已经不可能实现，便只好作罢，权当作什么事情都没有发生过。吕雉让审食其严密叮嘱郦商，让郦商千万要管好自己的舌头，否则有他好果子吃。

审食其领命后一刻也不敢耽搁，径直来到郦商府邸，并将吕雉的话转述给郦商。

郦商听了审食其的话后，心中终于松了口气。

郦商本意就是为了安定内外保全大局，当然不会将此等骇人阴谋外泄出去，就拍着大腿打包票，绝对不会说出去一字一句，请吕雉放一百个心好了。

随后，吕雉才传令为刘邦发丧，让大臣入宫哭灵守忠。

至此，刘邦已离世四天有余，将刘邦殓棺后，不到二旬的时间就将他风风光光地安葬在长安城北，号称为"长陵"。

待刘邦后事料理完毕，满朝文武百官争先趋之若鹜进谏拍马屁，说是先帝如何如何的不容易，如何如何的伟大，如何如何的英明，从一个农民起家，拨乱反正，三尺长剑平定天下，被世人称为汉朝的太祖皇帝，功德无人能及，应该尊称号为高皇帝。

刘邦驾鹤西去，最大的赢家就是皇太子刘盈，他能名正言顺地转正，成为真正的天子，表面上的"一把手"。

此前刘邦差点要将刘盈废掉，刘盈心中已对父亲有几分恨意，但碍于权势，不得不忍辱。

满朝文武大臣借机要提高刘邦的声誉，刘盈内心多有不甘和不愿，毕竟如今我天下第一了。但是刘盈转念一想，如今羽翼还未丰满，朝廷根基还未扎牢，为了赢得满朝文武大臣的欢心和支持，也就依顺他们，下诏为刘邦定谥号为高皇帝，后人称其为高帝，也称其为高祖。

又过了二日，皇太子刘盈登基帝位，成了名副其实的汉朝对外的国家元首。登基之时，刘盈才十七岁。

随后，刘盈尊吕雉为皇太后。

刘盈心性憨厚仁德，即位之后赏功赦罪，布施仁德，他死后被后人辞谥号惠，世人称为惠帝，当然这权且后话。

郦商敢于直面强权，不畏惧、不退缩、不妥协，他以个人的政治智慧，采取阳谋的方式，顺利地挫败了吕雉骇人的阴谋，拯救了无数黎民百姓免遭涂炭，郦商的功绩应铸刻在大汉历史篇章之中。

吕雉搞暗杀活动，从另一个角度也可以看出，那时的吕雉在政治权谋争斗中还是比较幼稚的，缺乏了系统的政治智慧，吕雉还尚未完全脱离纯朴本色。

第十六章

知人善任

刘盈登基，喜诏颁布宇内，四面八方各路牛鬼蛇神都伸长了耳朵探听风声虚实。

且说燕王卢绾，他在刘邦还在世时闹出了叛汉归奴突发事件，刘邦遂派小姨夫樊哙率领大军平乱。

燕王卢绾无心要造反，本就不想与大汉朝廷为敌，便携家眷、宫廷人员和数千兵士，避居长城下。心意是等到刘邦痊愈之后，亲自入朝当面向刘邦伏地谢罪。

燕王卢绾凭借与刘邦从小就积淀的生死兄弟情，十分自信，他始终认为刘邦一定会原谅他的无心之过。但让卢绾大失所望的是，左等右等，等来的却是刘邦驾崩、刘盈登基、吕雉独揽大权的消息。

卢绾预料，皇太子刘盈登基之后，吕雉必定专断国政，势必会打压甚至消灭他。卢绾不想自寻死路，走投无路的他只好带着一班人马投靠了匈奴，并被匈奴国封为东胡卢王。

再说樊哙，他率领大军到达燕国后，卢绾早已溜之大吉。燕国人民勤劳善良热爱和平，从来就没有过造反的念头，不用樊哙大军大打出手就举起双手，臣服了汉兵。

随后樊哙进驻蓟南，准备再次择机追击卢绾。

一天，一个使臣持着节符突然来到樊哙军营，命他临坛受诏。

樊哙一脸懵逼，左顾右看，愣是没看见临坛在何处，就问使者："坛在什么地方？"

使臣："在数里之外。"

樊哙戎马一生，就是个大老粗，压根没想其中有什么蹊跷，况且也不知道究竟发生了什么事情，只好策马扬鞭随着使臣一同前去应命。

樊哙跟随使臣走了数里，来到坛前，只见陈平登坛宣读圣旨。

樊哙见状很自然地下跪听诏。才听了一会儿，突然有几名彪形大汉武夫从坛下闪出来，揪住樊哙衣领，反扳樊哙双手，用绳子把他结结实实的捆了个结实。

这里补叙一句，刘邦在病重昏聩之际，戚姬蛊惑他说："陛下，我听说了，樊哙是吕雉的人，待你归西了，就要诛灭刘氏族人。"

刘邦听了当然窝火和害怕，于是在意识不甚清醒之时下诏，命陈平、周勃前往缉拿正在燕国征伐卢绾的樊哙。

樊哙一看不对劲，心想，上陈平的大当了，可为时已晚。

樊哙正要发作，陈平已经把圣旨读完，三步并作两步地走到坛下，将樊哙扶起，凑到他耳边，耳语几句，樊哙才老老实实的没话可说。

陈平指挥武士将樊哙压入牢车。陈平究竟对樊哙说了些什么话，我们不得而知。

跟随樊哙一同前来的有几个随从，见大哥被人拿下，都想撒开脚丫子返身逃跑，却正巧被周勃瞧见。周勃大声喝令，震慑住了他们，惊得他们像犯了错的孩子一般站在原地不敢动弹。周勃遂命令他们跟随他一同返回兵营。

周勃与陈平告辞，周勃向北走，陈平则押着樊哙向西走。

也许世人只知道陈平的六出奇计，却很少人知道这也是陈平的六计之外的又一奇妙计。

正是由于此计，陈平不但解救了樊哙，化解了樊哙老婆吕媭的误解，而且获得了新主人——吕雉的首肯和重用。

话说两边，周勃快马加鞭回到樊哙军营，当着全体将士的面取出圣旨，将士平日本就很敬畏周勃，又见他奉圣旨代替樊哙为将军，所以大家都不敢怠慢，将卒皆听令。就这样周勃顺利接手了樊哙的军权。

陈平奉命将樊哙押回长安，在入关之前，他就接到刘邦的另一道圣旨，命令他立即将樊哙斩首，后直奔荥阳去帮助灌婴，但樊哙的人头要派人快速送入长安面圣。

智多星陈平，审时度势，审慎分析了当时情势，认定现任老板刘邦将不久于人世，而谁会是下一任老板呢？也许很多人都会认为，当仁不让是太子刘盈。

陈平却不这样认为，他异常坚定地认定，大汉王朝的主宰者不会是年纪轻轻的刘盈，而是刘盈母亲——吕雉。

陈平与传圣旨的诏使本来就相识，当即就与他秘密交谈，畅谈情势，诏使向来佩服陈平的才智计谋。诏使是个聪明人，自然知道刘邦已时日不多，为了能在吕雉主政期间继续保全富贵，不妨慢点回去复命，索性就跟陈平一同在驿站住了下来，逍遥了两三日。

到第四日，陈平和诏使果然接到了刘邦驾崩的"喜号"。

陈平也是一名优秀的群众演员，他接到刘邦驾崩的消息之后，便撒开脚丫子玩命往驿站大门口跑，纵身一跃跳上骏马，快马加鞭匆匆离开驿站，直向皇宫方向急奔，风驰电掣离开之际，还不忘交代诏使代为押送樊哙紧跟前行。

诏使还想细细追问缘由，哪知陈平一溜烟消失在雾蒙蒙的远方。

陈平为何不按照刘邦的圣命将樊哙当即处决呢？为何迟迟停滞驿站拖延不肯入关面圣呢？

这就要说到陈平的尴尬，我们先说樊哙是什么人呢？他是吕媭的丈夫，是吕雉的妹夫。如果陈平遵旨立斩樊哙，毫无疑问肯定就得罪了吕雉及吕氏家族；如果他违令不杀樊哙则背负违抗圣旨的罪名，前后都无退路。

陈平需要找到一个既不得罪吕雉又不违抗圣旨的切合点，这很考究一个人的政治智慧。

可喜的是，陈平具备了深厚的政治智慧，他精确地找到了这个切合点。

对此，陈平采取了二字诀，一"推"，二"拖"。

"推"是将樊哙的罪过得失全推给刘邦定夺，不妄加评定和执行，这对刘邦会有个满意的交代；"拖"是在得知刘邦病危关头，将时间拖延至吕雉当道之时，樊哙平安押回京城，并由吕雉全权定夺处置，这对吕雉也会有个满意的答复。

陈平料事如神，事先已预料到刘邦将不久于人世，所以暂且把樊哙的小命给保住。

陈平深知樊哙的贱内吕媭是个爱搬弄是非的长舌妇，担心她家夫君无端被羞辱，很有可能会在吕雉面前搬弄是非嚼舌头。

为了减少不必要的麻烦，陈平匆匆忙忙直接进宫，开始了一段可被评为奥斯卡最佳男主角奖的表演。

陈平前脚刚迈进皇宫，身子一歪，便侧卧匍匐前进，一头扑到高祖灵前，一跪、二拜、三嚎、四哭，连贯动作一气呵成，泪如雨下，声如洪钟。

吕雉听说陈平回来了，触电一般从凤鸾椅上弹跳起来，三步并两步扑向了帷帐外的陈平，揪着陈平衣领便开口直问樊哙的具体下落。

见到吕雉后，陈平故作更加伤心，像在外受了委屈后回到母亲温暖怀抱的小孩，死死抱着吕雉双腿不放，肆无忌惮嗷嚎呜咽不止。

在吕雉再三追问之下，陈平见表演差不多了，便抽泣着缓缓地收住了眼泪，半哭半泣地说："我奉皇上的圣旨前去斩首樊哙，因念及樊哙曾经对大汉王朝做出了杰出的贡献，我不敢随意对他处以刑罚，于是就把樊哙押解回长安，听候皇后你的发落，樊哙现在就在郊外，即刻可到。我得知皇上驾崩，悲痛万分，迫不及待地抢先一步回来奔丧哭灵。"

吕雉得知樊哙的人头还在，悬在半空的心终于舒畅地落下了地，心想，陈平这小子还真有几分眼光，马屁都拍到我这了，是个可用的人才。

吕雉刚死了老公，她虽然贵为皇后，但她在朝廷之中势单力薄，她需要忠于刘邦的忠臣，又需要能为己用的权臣。

陈平的表现都符合吕雉的用人标准。

吕雉得知樊哙安然无恙，转怒为喜，既激动又感激，大大地表扬了陈平一番，说陈平识大体顾全大局，不会盲目遵从命令，是个忠心可鉴的大忠臣。

吕雉很欣慰，陈平也很高兴。

吕雉对陈平的表现很满意，想着陈平舟车劳顿，就提议让陈平回家休息。吕雉以为她和陈平的谈话就此结束，可没想到的是，这才是高潮的开始。

陈平毅然决然的拒绝吕雉说："现在正是宫中大丧之时，我请愿留下来充当守灵的卫兵。"

吕雉担心陈平太过辛苦，便进一步劝诫："陈大人刚经过长途跋涉赶回来，已经很劳顿了，不应该再留下来守灵，你先回家休息几天吧，到时再进宫守灵也不迟。"

陈平听罢，顿时如小鸡啄米，咚咚磕头不止，再次大声抽泣道："我们的刘盈太子即将就要走上皇位，国家的事情还没有完全稳定下来，我曾受到了先帝的厚恩，理应为新帝效力，以答谢先帝的知遇之恩，这样才对得起先帝的恩情，才对得起吕皇太后的栽培，怎么敢害怕劳苦呢！"

陈平这招确实厉害，牢牢地把握住了吕雉的心理需求，陈平窥透吕雉不仅需要权臣，更需要忠于刘邦又忠于刘盈的忠臣。陈平的表态效忠极大地迎合了吕雉心理需求，着实让吕雉心理异常舒服和满足。

吕雉内心给陈平点了一万个赞，从此便将陈平收归为她阵营可以信任的人。

至此，吕雉也不方便再劝阻，陈平一口一个先帝一口一个太子的，便先入为主觉得陈平是个重感情、重义气的人。

吕雉略带感激、和颜悦色地鼓励陈平道："像你这般忠诚的人，现在实在是少见了，即将上任的新帝年龄还很小，随时都需要高人指点，就麻烦陈大人为郎中令吧，辅佐相国，服侍少主，也让我不再那么担忧，这便是你不忘先帝厚恩的最好报答了！"

陈平听此，毫不犹豫地受领吕雉封职，谢主隆恩，起身退了出去。

陈平前脚刚告辞退去，那喜爱嚼舌头的吕媭后脚就进来告状，在吕雉面前一把鼻涕一把泪地哭诉说："樊哙是被人冤枉的，那个陈平就是要杀樊哙的背后主谋，请皇后给他治罪法办。"

此前，陈平经过一番作秀铺垫，吕雉对他的认同感已经大大飙升，此时听闻妹妹这番话，就愠怒责怪说：吕媭你也太错怪好人了，陈平要是想要你家樊哙人头，樊哙早就死一百回了，为何还要把他押解回来呢？

吕媭倒是个有些小聪明的主，辩驳道："陈平可能听说先帝已呜呼，就灵机一动改变计划，这正是他的狡猾之处啊，希望皇后不可轻信陈平这奸佞小人。"

吕雉劝道："长安距离燕国好几千里，仅往返就需要好几周的时间，那时先帝还在人间，先帝曾命令他立刻去砍了樊哙吃饭的家伙，他若是砍了你家男人，也不能责怪他擅自专断。为何说他事先听闻先帝死后就改变计划了呢？况且我和你在长安城内，都不能设法解救樊哙，如果不是陈平顶着违抗圣旨的风险，全力保全樊哙性命，将樊哙带回京城，也许你就再也见不到樊哙了。如此厚恩，应该感谢才是，你也是善良、淳朴的人，为什么要恩将仇报呢？"

吕雉的这一番话，合情合理，驳得吕媭哑口无言，只好悻悻自行退去。

没过多久，樊哙就被押解回到了京城。待樊哙进京，吕雉亲自下令赦免无罪，将樊哙放出牢车。

樊哙入宫拜谢吕雉，吕雉问他："你的性命，究竟是亏谁保全的？"

樊哙顺势拍马屁说："是受了皇后的无上隆恩才得以保全。"

吕雉再问："此外还有其他人的帮助吗？"

樊哙记起了陈平的附耳密语，自然很感谢他，便回答："还有陈平。"

吕雉听了樊哙的话，笑笑说："算你还有良心啊，不像你家贱内痴狂无理呢。"

随后，樊哙转向一直默默站立一旁的陈平作揖道谢。

终究是聪明人占便宜，陈平凭借过人智谋，不但没有招来祸害，反而从此得到了吕雉的宠幸。

按上述故事情节分析，表面上并不能看出吕雉有多聪明，聪明的人是陈平。陈平不仅设了局，将吕雉耍得团团转，而且还让吕雉心怀感激。

稍加分析不难发现，陈平聪明固然不假，可吕雉难道就蠢笨吗？不然，上述此番表演，是吕雉大智若愚的外在表现。此时此刻，吕雉比任何时候都更需要权臣、谋臣的效忠，不仅为她，也为刘盈、审食其和吕氏家族的前途和荣耀。

吕雉只要稍微用心，便一定能够看穿陈平看似高明的伎俩，那么她为何不揭穿他呢？不揭穿陈平的表演，本身就是吕雉高超演技的体现，如此一来，不仅给以陈平为代表的朝中大臣表态效忠尽职的机会，也给吕雉收揽朝中忠臣人心的机会。

陈平的表演是为了表态效忠，吕雉的表演是为了明确态度，是主子奴才之间各取所需相得益彰的一台双簧大戏。

吕雉需要拉拢、亲近一批实力派人物，作为靠山铺垫，特别是儿子刘盈根基还不深之时，要想坐稳江山，身边急需一批像陈平这般既圆滑又睿智的朝臣相辅佐。

吕雉既自然又贴切的与陈平配合演了一出"知遇"与"誓忠"的大戏，让人感觉不到她的做作，这才是高手，高手过招，过不留痕。

归根结底，无论是吕雉还是陈平，他们都在打太极，都在借力打力，实现双赢和谐局面。在复杂局势关头，吕雉最终选择不再孤傲，她选择主仆双赢策略。

这是她知人善任王者风范的又一真实写照。

"世人看我太疯癫，我笑世人看不穿。"

第十七章

残忍的"人彘"酷刑

公元前 195 年（汉高祖十二年）四月甲辰日，刘邦驾崩，五月丧事办毕。

刘盈登基，为汉惠帝，吕雉顺理成章地晋升为皇太后。

"一朝天子一朝臣"，这个道理不仅适用于朝纲前庭，也适用于后宫内院。刘邦生前不仅留下了吕雉，还留下了戚夫人及后宫佳丽万千。

此前提及，戚姬凭借天然优势，居然萌生鬼胎，想夺嫡继位。为了保全刘盈皇太子的地位，吕雉被迫发动了太子保卫战。

当然，太子保卫战的结果是吕雉在商山四皓的帮助下，完胜戚姬，吕雉从此成了戚姬的真正主人。

刘邦死后，吕雉坚决按照刘邦的既定方针执行朝中人事安排。但是，在后宫深闺之中，吕雉早将刘邦的遗嘱抛到九霄云外，迫不及待地将报复的魔爪无情伸向了情敌戚姬。

刘盈虽已继位，可母强子弱，吕雉独揽专权，朝中大权独由她主持。吕雉手握重权，她想肆意享受玩耍权术带来的快感，她平生最恨的人就是戚姬，真是三十年河东三十年河西，戚姬此时落在她手里，能有好果子吃吗？

刘盈登基大典刚结束，吕雉便在第一时间下令把戚姬囚禁起来，处以钳刑，充为奴隶，强迫卸下宫装，改穿卑女衣物，并将她赶进永巷内，勒令舂米，每天都有工作量，完不成工作量不仅没有饭吃没觉睡，还要遭受吕雉安排的人的毒打。

戚姬自从跟随刘邦之后，享尽世间常人所无法想象的荣华富贵。戚姬是一个只知道弹唱歌赋的弱女子，从来没有干过什么粗重活，一双纤柔嫩手怎么能抬得起比腰还粗的米杵呢？

吕雉偏偏不肯放过她，要求苛令很严，要想不遵守都没办法。戚姬为了活命，只能勉强挣扎，抬杵学舂米，舂一回就哭一回。

戚姬是个苦命人，她回想曾经所走过的辛酸路和远在赵国的宝贝儿子刘如意，心中无限感伤。

戚姬在舂米过程中，反正闲着也是闲着，编了一曲歌曲，一边哭一边唱："子为王，母为虏！终日舂薄暮，常与死相伍！相离三千里，谁当使告汝！"

其实戚姬就是平时舂米过于辛苦，以歌赋曲儿什么的排解忧愁，不过是想念儿子罢了，最多就是想到赵国去，母子团聚，希望贵为赵王的儿子能救她脱离吕雉的魔爪，都是人之常情。

不料这首歌曲却被吕雉的爪牙听见，并传到了吕雉的耳中。吕雉异常震怒，破口大骂：你个卑贱的奴婢还想依靠你的儿子吗？

斩草必除根，免留身后患，是吕雉的一贯做事风格。

吕雉就预谋着让赵王刘如意来长安朝拜，找机会将其铲除。

之前讲述过，御史大夫周昌受刘邦的委托到赵国任相国，他的主要职责是保全刘如意的周全。周昌深知刘邦的担忧和吕雉的内心小九九，所以在吕雉一次两次派人喧赵王入朝觐见时，他都亲自出面，以各种理由推脱，坚决阻止赵王前行。

周昌自认为是纯爷们，爷们就得一言九鼎，信守诺言，既然答应刘邦照顾、辅助赵王，就必须说到做到。

周昌对吕雉派来的使者说："先帝嘱咐命令我服侍赵王，现在皇太后要召赵王入朝，明明是皇太后不怀好意，所以我不敢送赵王去长安。况且赵王近日身体出现了些毛病，不能奉诏，只好等到其他方便的时候再去拜见皇太后了！"

为了达到既定目标，吕雉想出了调虎离山的办法，以要事相商为由，征召周昌这个老夫子入朝听诏。

吕雉这招釜底抽薪实在厉害，她把持汉朝大权，周昌作为中央派驻地方要员，吕雉征召周昌入都，周昌还真不能不去。

周昌回到长安城之后，吕雉马上召见他，怒气冲冲地呵斥道："你不知道我恨戚姬吗？为什么不让赵王前来觐见我呢？"

上天明鉴，周昌所做的一切都是出于一片公心，他不惧强权，直言驳斥吕雉：先帝将赵王托付给我照顾辅佐，我在赵国一日，我就应该保护赵王一日，这也是为人臣子应尽的本分，况且赵王是当今圣上同父异母的弟弟，先帝也很喜欢他。我此前力保圣上的皇太子之位，是蒙受了先帝的极度信任，先帝将赵王托付于我，也是希望我能保赵王周全，避免出现兄弟相残的局面。但是如果皇太后你怀有个人恩怨，我怎么敢违背先帝的意愿而参与其中呢？我也只能遵从先帝的遗命了。

吕雉听了周昌的这番话，却也无言可驳，就让他自行退出，但就是不肯周昌再回到赵国辅佐赵王。

吕雉铲除赵王的心意已决，于是又再次派人到赵国喧召赵王前来长安觐见，那时周昌已经不在赵国，没人给赵王出谋划策，也没人敢继续抗旨不遵，赵王不得不应吕雉的命令来到长安觐见朝拜。

刘如意到长安觐见吕雉的那一年，刘盈还没满十八岁，刘盈宽厚待人，心中常怀仁慈之心，与吕雉的性情大不相同。他见戚二娘被母亲无端折难，受钳刑、司杂米，也觉得母后的行为有些过分。

吕雉三番两次召赵王前来长安觐见，刘盈知道这是吕雉不肯放过刘如意。为了保全弟弟如意，不给吕雉加害他的机会，刘盈未征得吕雉同意就亲自前往长安郊区迎接刘如意，与他一同入宫觐见吕雉，同吃、同住、同行，以防吕雉暗中加害。

刘盈了解吕雉的秉性和手腕，因此对她多了几分防范和戒备。吕雉见了刘如意恨不得马上亲手杀了他，但碍于刘盈伫立一旁，也不好怎么爆发出怒火，勉强敷衍几句就让他们退下。

刘盈暗中观察吕雉的一言一行，知道吕雉已经有些不开心，就牵着刘如意的手一起回到宫中。那时刘盈还没有娶媳妇，刘如意便暂住在他的宫中。

为了预防不测，刘盈做好了准备，随时陪同刘如意吃、住、用、行，生怕会出什么意外。

就这样，表面上相安无事地过了几天。

刘如意入住皇宫不久，便心急如焚地向刘盈提出请求相见戚姬的请求。刘盈顿感为难，经过一番激烈的思想斗争，觉得时机还不成熟，便好言好语劝慰刘如意，让他等等，容自己想出万全办法方可。

刘如意毕竟未久历社会，遇到事情也没个主意，他对吕雉怕得要死，生怕得罪惹怒了吕雉。

刘如意整日闷闷不乐，愁眉不展，每每想到正在受苦受难吃牢饭的母亲，便以泪洗面，含悲度日。

俗话说得好，明枪易躲，暗箭难防。

刘盈平日时刻提防吕雉，刻意保护刘如意，可百密也有一疏。

惠帝元年（公元前 194 年）十二月中，刘盈趁着隆冬腊月想出去骑马射猎活动筋骨。那天，刘盈起了个大早，刘如意毕竟还只是个孩子，大冬天贪睡没有起床，刘盈见弟弟正酣睡得香就没忍心叫醒他。

刘盈以为就离开半天，应该不会出什么问题，于是就独自留下刘如意在宫中，交代服侍人员好生伺候，便带领一群玩伴外出打猎。

就在刘盈前脚踏出宫门外出狩猎之际，后脚就有一个人影闪进吕雉宫殿，向吕雉汇报了刘盈的当日行踪。

刘如意觐见吕雉的这段日子，让吕雉很费神。虽然刘如意已经是她刀俎上的鱼肉了，但她的内心还是急迫地想早日铲除刘如意，以绝后患。

碍于刘盈皇上的身份，吕雉不好将此事公开化。因此，她对刘盈和刘如意采取监视居住，苦苦等待寻找时机。

刘盈知道吕雉胸藏杀心，因此防她比防贼还严，硬是没给吕雉任何空隙钻。

那天刘盈将刘如意独自留守在宫中出去打猎，这给吕雉提供了难得的好机会，吕雉阴冷地哈哈大笑几声，便对那人影耳语几句，那人唯唯诺诺退了出去。

这回，吕雉算是彻底放心了，她要给戚姬献上一份大礼。

一个阴谋正在悄然发生，刘盈完全不知情，也毫无防备。

刘如意就是一个留守儿童，他又能抗拒什么呢。

临近中午，刘盈满载而归，当他准备将猎物与刘如意一同把酒言欢之时，却发现刘如意已经七窍流血，一命呜呼！看着惨死的刘如意，刘盈那个后悔啊，抱着刘如意嗷嚎失声痛哭，那哭声痛彻心扉。

一个幼小的生命就这样消逝，让人感慨唏嘘。

愤怒的刘盈不顾吕雉的反对，坚持按王礼为刘如意办理了后事，并赐他谥号隐王，希望他来世能脱离凡尘侵扰，做一个隐居世俗而享乐生活的快乐大王。

料理完刘如意的后事，刘盈实在难咽心头之痛，派人暗地里对刘如意的死进行缜密侦查。侦查结果与刘盈料想的一致，刘如意的死的确是吕雉主使所为，但对刘如意的死却有两种不同的说法，一种是说被毒酒毒死，另一种是说被勒死。

不管刘如意是如何死的，有一点是不争的事实，他终究是被人害死的。如今查明主使人是吕雉，刘盈却不能奈何她一根汗毛，只好无奈叹息。

刘盈胸口始终压抑着一股无名的怒火，进一步调查得知，具体实施犯罪的是东门外的一个官奴，刘盈继续发扬"柿子捡软的捏"的优良作风，决定让官奴承担杀害刘如意的罪责，在人证物证事实俱在的前提下，刘盈宣布以故意杀人罪将其斩首，这才算是为刘如意鸣冤泄恨。

当然刘盈秘密侦察和处决官奴都瞒着吕雉，胆小懦弱的他生怕又惹出什么意外岔子。

吕雉连个稚嫩的未成年孩子都不放过，如此做法实在过于残忍，有悖大汉女主风范，可让人震惊的是，这仅仅只是开始，真正的残忍还没到来。

刘如意悲惨遭遇不测之后，就在众人都还没有缓过神来之际，后宫中又发生了一起骇人听闻、惨绝人寰的事件。

那是一个阳光明媚的艳阳天，刘盈闲着无聊在宫中喝着酒，欣赏着歌舞，生活惬意无比。突然，一个猥猥琐琐的太监凑到刘盈耳根前，轻声细语说："奉皇太后的命，请皇上去看"人彘"。"

刘盈从来没听过"人彘"，便觉得很稀罕好奇，以为是吕雉获得的珍奇野兽，就跟在太监后面，左转右折出宫直奔前往永巷，刚进入永巷，太监便小跑着躲进一个略显豪华的厕所中。

见太监此番举动，刘盈当场就发飙："死太监，在前面带路居然不顾主子，直接去撒尿解急，真当自己有九个脑袋吗？"

倒霉的太监见皇上龙颜大怒，立马跪地谢罪，千分委屈、万分恐惧写满了他的整个脸。太监畏畏缩缩地用手指了指厕所里的一个物体说："皇上，厕所内的就是"人彘"，皇上请尽情欣赏吧！"

看着太监一脸的无辜，刘盈觉得既可气又好笑，他朝厕所内看了一眼，真是不看不知道，一看吓死人，那个是什么怪物啊？还会动！

只见厕所内的怪物，若隐若现的像是人的身子，两只手不见了，两只脚不见了，眼内的两颗眼珠也不见了，只剩下两个血肉模糊的窟窿，那身子还稍微能扭动，活像个不倒翁，那个怪物嘴张得很大，却发不出任何声音。

刘盈看了一眼就怕得要死，身体不由自主地蜷缩颤抖起来。刘盈当即就问太监，那个怪物是个什么东西。

太监唯唯诺诺，瑟瑟发抖，不敢明说。

看了一眼"人彘"，刘盈已吓得面部扭曲。由于害怕，刘盈当即小跑着回到宫殿，回到宫殿内屋，稍感暖意，定了定心气，便硬着头皮命令太监说明"人彘"究竟是什么妖怪。

太监见刘盈执意要问，不得不勉强逐字说出三个字"戚夫人"。

太监说出这三个字后，刘盈当即头晕眼花，血压直飙250，当场吓得晕死过去。在太医的急救之下，刘盈勉强安定扶神，强撑着倾斜欲跌的身子，再次问太监"人彘"来由。

太监也顾不上什么君臣礼节，左顾右盼，确定没有吕雉的爪牙耳目，俯身凑到刘盈耳边悄悄密语，原来"人彘"由来是这样的。

吕雉害死刘如意之后，就到戚姬面前炫耀。戚姬也是一个母亲，得知吕雉狠心杀死她亲生骨肉，终于忍无可忍地爆发了，她趁吕雉靠近她的机会撕扯抓挠吕雉，让吕雉受到了惊吓。

撕吼过了，抓挠过了，戚姬仍不解恨，她深知吕雉的自尊命门，知道吕雉的心理底线，这是吕雉唯一不能提及的耻辱。

此时的戚姬，已抱定必死之心，她不再惧怕死亡，她将义无反顾地突破吕雉心理最后一道防线，哪怕前面是万丈深渊，也将义无反顾。

戚姬稍待平静片刻，从鼻孔中哼哼发出几声冷笑，随后如开了闸的洪水一般怒吼，破口大骂吕雉是一名弃妇，被沛县狱卒欺凌，活该不受刘邦待见尔语等等。

戚姬的言语，彻底激怒了吕雉。吕雉心理防线瞬间崩溃，完全不顾身份修养和形象，命人将戚姬斩断双手双脚，挖出两眼珠子，熏聋两只耳朵，毒哑喉咙，最后命人将她丢进厕所中，折磨至死方罢休。

这样还不算，吕雉命太医必须维持戚姬的生命体征，确保戚姬在未来相当长的一段时间内，有情感、知觉和反应，绝对不能让戚姬如此轻松地死去。总之一句话，要让戚姬生不如死。

太监还未讲解完毕，刘盈便面无血色地追问太监"人彘"名字由来。

太监直言："人彘"是吕皇太后亲自命名。听完太监的所有陈述，刘盈的精神世界瞬间坍塌，怎么会有如此狠心的母亲呢，同样都是人，同样都是女人，同样都是为人母的女人，竟然让他先父的爱妃死得这般惨痛，还有没有一丁点儿道德？还有没有一丁点儿人性？

此后，刘盈就一病不起，据说是得了"怔忡"：一是被"人彘"惨状所吓；二是怜惜刘如意所遭的不测；三是因吕雉的歹毒而深感悲愤又无奈。

吕雉解决了一个戚夫人，后宫之中早已没有任何人能够再威胁到她的地位，但她却并不满意。

吕雉此时已专政后宫，可回想起此前后宫嫔妃佳丽争先向刘邦争宠，她那颗阴暗潮湿的心，没办法继续忍受后宫那道靓丽风景的存在。

吕雉在解决戚姬之后，决定来次彻底的"秋风扫落叶"。对待后宫嫔妃就像秋风扫落叶一般无情，吕雉将她们要么定罪投入监狱，要么赶出皇宫。

一时间，整个后宫一片哀鸿，一团怨气，无以名状，三千佳丽一个都不留，统统都扫尽。

眼不见心不烦，麻利地做完上述事情，才让吕雉彻底出了此前憋在心底的恶气。

再说各诸侯国，那时刘邦刚驾崩，各诸侯国大有冷眼静观，甚至蓄势图谋的倾向，各股势力暗潮涌动。

吕雉毕竟是妇道人家，其实内心亦没有什么大的主见，对各诸侯列国只能采取严防举措。她害怕各诸侯列国会有什么异常举动，心生异志，就下令新修都城防御工事，多次征配劳壮力，数量达到二三十万之多。适龄男丁都用完了，没办法，吕雉毫不犹豫地让妇女顶上！

就这样劳民伤财地过了好几年，才将都城修建完毕。

这个都城防御工事规模甚是庞大，周围共计六十五里，城南为南斗形，城北为北斗形，造得非常坚固，世人都称该新都城为"斗城"。

第十八章

割地赔款 认妹为母

吕雉经过两年多时间的经营，收买了朝中许多重臣和权臣的人心。当然这些重臣权臣也巴不得被吕雉所收买，好继续维系既得利益。

吕雉刚把"斗城"工程修缮完毕，正想喘口气歇歇，就听说齐王刘肥按祖制要前来长安朝觐拜见吕雉和刘盈。

得知刘肥要来朝拜，吕雉本稍适平静的心又起了涟漪。

那是惠帝二年冬天，大概十月份。

之前讲述过，刘肥是刘邦在发迹之前与村姑野夫曹氏所生的儿子，是刘邦的第一个儿子，年龄要比刘盈大好几岁。

刘盈本性仁厚，对入朝觐见的齐王自然以兄弟礼仪接待，携手邀请他一同入宫，拜见吕雉皇太后。

吕雉见着刘肥，不冷不热地敷衍慰问了几句。

吕雉猛听刘盈一口一个"兄长"，一口一个"亲哥"的称呼刘肥，耳朵就觉得很刺痛，心中不禁打了个冷战。

吕雉斜眼瞧着刘肥，内心便涌出了除掉刘肥的念头，毕竟刘肥是长子，在"传嫡传长"的伦理秩序之下，刘肥的存在无疑是刘盈所面临的一个现实威胁。

齐国是当时大汉王朝幅员最辽阔、物产最丰富、赋税最雄厚的诸侯国，若是能将齐国收归门下，那岂不美哉！

刘盈为了表达地主礼仪之情，特意吩咐御厨准备酒宴，为刘肥接风洗尘。

刘盈作为主人，在客人赴宴时，亲自为各位宾客安排座位，吕雉皇太后是长辈，自然坐在首位；刘肥是兄长，刘盈就安排他坐在左侧，犹如一般寻常人家的传统坐序，和谐有序，其乐融融。

就是在和谐有序，其乐融融的酒宴上，吕雉却心有所思，将事情看得更深一层。

刘肥，人如其名，心肥得很。他对刘盈的座次安排也不推让，连想都没想就一屁股重重坐到左侧座位上。

刘肥是没多想，可吕雉此刻却想多了。

吕雉眼睛直勾勾地盯着刘肥，心想，你还真不知天高地厚，看来是活腻了，如此这般不顾忌君臣礼仪，尽然敢与我的宝贝儿子称兄道弟，而且还敢坐在他的上座上。

吕雉眼珠一转眉头一皱，计从心来，便假借换衣服为借口，来到更衣室，召来心腹服侍人员，悄悄交代数语，便从容自若地回到原座位泰然安坐。

刘盈是个亲情味实足的人，这次与哥哥相见，十分开心，一团和气，毫不见外地与刘肥共续兄弟天伦之乐，相劝刘肥痛快多畅饮几杯老酒。

刘肥在酒席间也充分发挥了心肥的优势，不加设防，拍着刘盈的肩膀连续喝了好几杯酒。

不一会儿，一名专门服侍吕雉的侍从人员端上两美酒，放在桌上，说这是特别醇美的老酒，吕皇太后恭请刘肥品尝。

吕雉则见机力劝刘肥痛快喝下这两杯"美酒"。

刘肥见状，这回倒是心中一紧，想起赵王母子遭遇，特别是"人彘"事件，全身不寒而栗，后背冷飕飕地直冒汗，心里嘀咕着，小心驶得万年船。

刘肥假装不敢擅自喝这美酒，就起身举着美酒邀请吕雉同饮，说是先向皇太后祝贺，祝贺皇太后永葆青春凤体安康，岁岁有今日年年有今朝。

吕雉见状，气就不打一处来，心想，你还敢拿毒酒来敬我，你不是想我死吗？

吕雉心存邪念，为了不露馅，不便当场发作，于是假装称酒量浅，喝不了这些酒，还是让刘肥一个人喝完它。

刘肥见吕雉推托，心中更是起了疑窦，更不敢擅自喝这些酒。为了确保吕雉的美酒没问题，他转而敬刘盈，如果刘盈敢喝这酒，则说明这酒应该没什么问题。

那时刘盈已经微醉，刘肥主动来敬酒，他是来者不拒，痛快举杯，把酒来言欢。刘盈起身端起两杯酒，把其中的一杯递给了刘肥，准备与刘肥碰杯，干了那两杯"美酒"。

正当刘盈举杯邀明月之时，说时迟那时快，吕雉一个箭步闪到刘盈跟前，顺势夺走刘盈手上的酒杯，恶狠狠地将酒泼洒在地上。

刘盈被吕雉突如其来的举动惊呆了，完全没有回过神来到底发生了什么事情，稍待镇定，仔细一看，那杯美酒倾洒在地上后，呲呲冒着青烟，不用多问，那酒肯定是毒酒。

刘盈见状，内心交织着愤怒、郁闷、尴尬和无奈等情绪，呆呆地坐在座位上，耷拉着脑袋，陷入了无尽的沉默之中。

刘肥也被吕雉的异常举动吓出了一身冷汗，顿时醉意全无，是傻子都明白，吕雉为他准备的两杯酒，绝对不简单。

刘肥明白，这是吕雉要对他下手了。

刘肥乘着吕雉和刘盈都发呆沉默之际，把"美酒"放下，假装已喝高了，感谢吕雉和刘盈的盛情款待就告辞而出。

刘肥的心虽然比较大，但他也不是无知之人，他返回住地后就用重金贿赂宫中消息灵通的人士，探听得悉，吕雉所赐的两杯美酒果然是毒酒。

探明内情之后，刘肥是既感幸运又很害怕，知道这次是一时侥幸脱险，但终究还是不能脱身，毕竟吕雉是皇太后，当今级别最高的女人。

刘肥急得像热锅上的蚂蚁，思来踱去的就是想不出个解救的办法。没办法，只好召集随行亲信召开第一次闭门研讨会，分析形势，商量对策。

第一次研讨会在热烈而紧张的气氛中如期举行，会上一位随行亲信提出第一套方案：割地赔款。

具体而言，就是刘肥要想平安回到齐国，最好割地赔款，送给鲁元公主，以表达敬畏之心。

鲁元公主是吕雉的亲生女儿，如果她获得了刘肥额外的馈赠，必然会博得吕雉的欢心，吕雉老人家一高兴，刘肥就可以乘机辞行而归。

刘肥听了这个丧权辱国的办法后，很兴奋很高兴，摩拳擦掌，想尽快到吕雉面前丢人现眼。

刘肥依照此方案，主动向吕雉做了次深入浅出的思想汇报，说是愿意将城阳郡送给鲁元公主，以表达他对鲁元公主的一点小意思，恳请笑纳。

吕雉听说刘肥主动愿意割地赔款，自然很高兴，大大地表扬了刘肥几句，心中的隐隐杀意已有略微消减。

能得到皇太后的表扬，那是无上的荣幸，刘肥心里乐开了花，以为机会真的来了，心想，吕雉还是比较厚道的，收礼肯办事。

刘肥趁吕雉心情不错的时机，直接向她打了辞行报告，希望能回齐国处理政务，为吕雉和皇上分忧。

也许是吕雉心怀他意，也许是高兴过度，吕雉没有批准刘肥的请求，而是有意留他在京城多住段日子，希望刘肥能在京城吃好、喝好、玩好。

吕雉的一把砍刀已经架到刘肥的脖子上，刘肥他怎么能安心在京城吃好、喝好、玩好呢。

刘肥申请回家的请求没有得到批准，急得他惊慌失措，回到驻地后再次召集随行亲信，开了第二场闭门研讨会，整个研讨会召开得很成功，大家各抒己见畅所欲言，与会人员展开了激烈的研讨。

经过与会人员热烈讨论和不记名投票，研讨会最终以全票通过的形式顺利通过了第二套方案：认妹为母。

具体而言，就是刘肥认同父异母的妹妹鲁元公主为干妈。

该方案的具体安排如下：刘肥请求能尊称鲁元公主为王太后，刘肥在鲁元公主面前将以儿子身份自居，对鲁元公主将按母子礼仪相待，刘肥侍奉鲁元公主犹如侍奉亲生母亲一般。

按理说来，鲁元公主与齐王刘肥是同父异母的兄妹，刘肥却认同父异母的妹妹为母亲，真是不可思议，简直天方夜谭。

吕雉可不这么想，鲁元公主是她的女儿，刘肥认鲁元公主为母亲，这么说来，刘肥可算是她的孙子了。

可让人更不可思议的事情却还在后头，吕雉身为皇太后，作为当时女性的最高代表，封建伦理最权威的卫道者，对这种迷乱封建礼教的请求不仅不反感，反而表现出了极大的兴趣和认可。

第二天天刚亮，众多宫女太监带着美酒佳肴来到刘肥的驻地，一名太监小跑着提前向刘肥通报皇太后、皇上及鲁元公主的御驾紧随其后，片刻即到，此次前来是专门为大王饯行。

刘肥得知吕雉恩准他回家，当场激动得眼泪直飚，旁人都以为齐王重情重义，与皇太后、皇上及鲁元公主有情浓于血的亲情，都对刘肥的为人表现出了最崇高的敬意。

其实只有刘肥等少数几个人知道，这喜庆的泪水是终于得以重生的幸福之泪，是终于脱离吕雉魔爪的幸运之泪。

演戏演全套，刘肥慌忙出门，跪拜恭迎吕雉一行的到来。

不一会儿，浩浩荡荡的銮驾已驱到跟前，刘肥早已规规矩矩地跪伏在门外恭迎，直到吕雉、刘盈和鲁元公主等人进门后才敢缓缓起身紧跟其后进入府内。

吕雉左手牵着刘盈、右手拉着鲁元公主一同进入府邸，很自然地登堂就座。

待各位都就座完毕，刘肥开始了他极具戏剧天赋的表演，他先向吕雉行跪拜礼，拜完后转向鲁元公主行母子相见的新礼。

吕雉对刘肥全身心投入的表演很是满意，笑容可掬，连说几个好。

鲁元公主年龄与刘肥相差不大，可她也居然恬不知耻厚着脸皮自称为刘肥的母亲，管刘肥叫儿子，真是一堂笑语，备极欢娱。

待入席就座，吕雉坐上座，鲁元公主坐左侧，刘盈坐右侧，齐王刘肥则在下座陪伴着。看似其乐融融的一家人，浅斟小酌，逸兴遄飞。现场还有一班吕雉带来的乐队，笙簧杂奏，雅韵悠扬。

吕雉享受着这难得的天伦之乐，赏心悦目，也就把前日嫌弃忌恨刘肥的私意一股脑的抛到九霄云外去了，就这样一直喝到太阳西下才散席。

席散了，刘肥依旧谨遵君臣、母子之礼，亲自跪送吕雉、刘盈和鲁元公主回宫，并乘机向吕雉辞行，吕雉自然当即批准。

得到吕雉的批准，刘肥一刻也不敢耽误，连夜命随从准备行李，一夜无眠。

次日天微微亮，城门刚开启，刘肥不敢耽搁片刻，率领随行出城离开长安，离开生死关头，离开他噩梦的源地。

刘肥至此才有仿佛死后还魂的庆幸。

第十九章

都是风骚惹的祸

历经刘肥"割地赔款，认妹为母"的奇闻趣事之后，吕雉倒也消停了一段时间，可惜好景不长。那是惠帝三年春正月间，一代名相萧何病逝，随后曹参接任萧何相位。

萧何与曹参都是追随刘邦从沛乡打拼出来的"死党"，曹参虽然才华不及萧何，但也不是庸辈，因此各项工作开展得井井有条，大汉王朝一派欣欣向荣景象，全国人民正迈着坚定的步子大踏步向小康生活前进。

国内一片国泰民安、繁荣昌盛，却不曾想到，边境又闹出一曲滑稽可笑的外交风波——这都是风骚惹的祸。

话说，在大汉王朝的北边有匈奴国，那时候的国王是冒顿单于。冒顿单于残暴、没文化，杀父夺位，射美妾而整军纪。

此前，匈奴国与汉朝和亲（刘邦曾受困于白登山之围，解围之后刘邦借与冒顿和亲而稳边境），总算是消停了几年，顾忌岳父家颜面没敢过度骚扰边境。

刘邦驾崩不久之后，消息便传到冒顿单于耳中。按理来说，岳父死了，对冒顿单于而言应该是天大的噩耗，但冒顿单于非但没有流半滴眼泪，反而兴奋异常。

冒顿单于又按捺不住好战的冲动，他骨子里深藏着好战基因，三番五次派遣他的侦察连到汉朝边境侦察军事动态，收集汉朝社情民意。

匈奴国未经开化，缺乏厚重人文修养，当他们的侦察连将情报呈报给冒顿单于时，冒顿单于看着报告笑了，报告如此描述：

刘邦已驾崩，其儿子刘盈即位，为惠帝，惠帝就是个软骨头，贪生怕死，沉迷酒色，其母吕皇太后专政国事，风骚异常，淫欲乱伦，实为悍妇当道。

冒顿单于看着这薄薄的一张纸，竟然不知天高地厚地就想轻薄大汉王朝，认为文明国家也不过如此，一国之母还干出如此违背伦常的苟且之事，还不如他们国家，虽然国家也常常干出违背伦常的苟且之事，但从来都是敢作敢当，不偷偷摸摸。

冒顿单于的轻薄，最直接的原因源自吕雉，都是她惹的祸。

也许是冒顿单于闲得实在无聊，心里发闷发慌，只好拿大汉王朝来开涮，既然吕雉美名远播，冒顿单于也就有意想亲笔写封书信戏弄她，顺手写的几句讥讽傲慢无礼言语，权作国书。

由于冒顿单于实在没什么文化，国书字体写得又实在是太过难看，要是被后来的王羲之看了这份国书体，估计他老人家肯定会被气活过来。

没什么文化也就顾不得字体好看不好看了，冒顿单于当即让人将此国书送到长安，公然以匈奴国的名义呈上，并注明"吕汉太后亲阅"。

这真是前无古人后无来者的第一份国书。

刘盈因为吕雉专政，俨然成为"花瓶"摆设，心中郁闷异常，整日借酒度日消遣，纵情于酒色，无心理政。

刘盈见这份国书注明"吕汉太后亲阅"，看也没看就让人送到吕雉那去了。

吕雉拿着这份国书饶有兴致地看了起来，说起这份国书，真可谓前无古人后无来者，该国书写着：

"孤偾之君，生于沮泽之中，长于平野牛马之域，数至边境，愿游中国。陛下独立，孤偾独居，两主不乐，无以自娱，愿以所有，易其所无。"

该国书具体说些什么呢，简明扼要翻译后的意思是，冒顿单于说，我虽然是文盲，但我还是勉强能同意与吕雉联姻。

吕雉看到结尾两语，顿时火冒三丈，连骂带叫地将国书撕得粉碎，恶狠狠地将纸片摔了一地，心想：你个冒顿单于算个什么东西，你还敢拿那张脸跟我家审食其相比，呸，不要脸！

恼羞成怒的吕雉顾不得颜面，马上召集文武百官入宫开会，商量如何对付那个不知天高地厚的冒顿单于。

待会议开始，吕雉也顾不得什么身份什么修养，破口就大骂："匈奴冒顿单于来了封傲慢轻薄的国书，真是没教养，真是没羞耻感，我打算砍下匈奴国使臣的脑袋拿来当球踢，再发兵去教训他一顿，不知道大家有没有其他高见？"

吕雉的话还没有说完，就见舞阳侯樊哙从一旁如闪电般跳出来，厉声严词道："皇太后，我愿意领兵十万，横扫匈奴的老窝！"

在朝的文武百官听了樊哙的言辞，都纷纷表态要亲自前去讨伐，并且高举口号，发誓要将冒顿单于打回旧石器时代。好像收拾冒顿就如踩死一只蚂蚁一样容易，个个虎视眈眈，摩拳擦掌。

就在主战派声势一边倒的情况下，忽然听闻一个人高声呵斥道："樊哙你这个匹夫，不说大话你能死啊，能憋死你啊？应该先把你的脑袋砍下来当球踢才行！"

这句话不仅激怒了樊哙，就连吕雉也大感意外。樊哙怒目朝那个人看过去，留神一看，这个人不是别人，正是中郎将季布。

还没等吕雉问明缘由，季布就直接抢先说："从前无上伟大光荣永远正确的高祖皇帝北征匈奴冒顿，率兵达三十多万，尚且受困于平城白登山，被整整围了七天七夜。那时樊哙为上将，驾着指挥车在阵前，不能帮助大汉解围，无奈被困，当时天下就有一首歌谣流传于世'平城之中亦诚苦，七日不食，不能彀弩'，就是到现在这歌谣尚且还流传于世，士兵的伤痛都还没有痊愈，樊哙却又想动摇天下，狂言十万兵甲横扫匈奴冒顿，这不是当面欺瞒吕皇太后您吗？再说，夷狄情性野蛮还没有开化，我们何必要跟他们计较呢？他们说出好话来，不值得欢喜；他们要是说出野蛮无礼的话，那才正常，这样的事情根本不值得皇太后动怒。我认为不能轻易地发大军前去讨伐啊，请吕皇太后三思。"

吕雉被季布这么一劝说，倒也把那一腔怒火吓退到子虚国去了，脸上露出些许恐惧表情，陷入无尽的沉思中。

樊哙回想起当年被困白登山时情景，觉得匈奴人实在可怕，也就不敢与季布理论了。

樊哙心中不免感叹："我真是老了，也有害怕的时候了，我还是回家欢度余生算了，何必惹得一身麻烦。"

文武百官是典型的墙头草，经季布点播、吕雉首肯，一致商议，

第十九章 都是风骚惹的祸

认为应该"以德报怨"，感化那群人，好展示我泱泱大汉王朝的气度和海量。

前无古人后无来者的第二份国书就这样产生了。

吕雉当即召入张释，命他草拟一封回复匈奴国的国书，言词要充分体现大汉王朝的宽容、大度和谦逊，并准备赠送冒顿单于车马，将送礼的意思写入国书中。

"单于不忘敝邑，赐之以书。敝邑恐惧，退日自图，年老气衰，发齿堕落，行步失度。单于过听，不足以自汙，敝邑无罪，宜在见赦，窃有御车二乘，马二驷，以奉常驾。"

其实这封回复冒顿单于的国书也很简单，大概的意思是说，冒顿单于你还这么有心挂念我吕雉，专门送国书过来，我诚惶诚恐，其实我对冒顿单于你也很欣赏，只是因为我已经人老珠黄、发白齿落、老态龙钟，恐怕配不上你，所以特意奉送车二乘，马二驷，好让冒顿单于你闲暇时自驾游玩。

这一来一回的国书实在是前无古人后无来者啊！堂堂大汉王朝级别最高的女人竟被如此欺辱，是可忍孰不可忍！

国书写好后，就让匈奴国使臣带着国书和车、马回去匈奴国向他们的冒顿单于汇报。

冒顿单于见吕雉回复的书信言简意赅、意谦辞卑，便觉得此前的侮辱性国书有些唐突，内心就有些内疚，于是又派人到汉朝当面向吕雉谢罪，说什么我们匈奴人僻居塞外，没有听说泱泱大国的礼仪，还恳切希望能得到吕皇太后的赦宥，此外又送来几匹汗血宝马。

另外，冒顿单于又厚颜无耻地请求再次和亲，称匈奴人还是做汉朝女婿最合适了。

为了顾及大汉王朝泱泱大国的大度宽容国际形象，吕雉不情愿地从刘氏家族中随便找来一位女子，冒充公主，出嫁匈奴。

冒顿单于再次得到汉朝美女，自然也就心满意足了，随后的几年没有再生出什么事端来。

汉氏王朝，安富尊荣的吕雉就这样被蛮夷如此侮辱戏弄，且还要送他车马，嫁他宗女，试问将汉氏王朝侮辱到什么样的一种地步了呢？

这所有的问题无非是因为吕雉自身行为不端正所导致，上述的滑稽外交风波全都是吕雉惹的祸。

而吕雉却不知道检点，仍然与审食其整日厮混，苟且偷欢，甚至比刘邦在世的时候还要恩爱加倍。

审食其又恃宠而骄，结连党羽，更有势倾朝野的架势，众臣无不在私底下议论弹劾。

第十九章　都是风骚惹的祸

第二十章

情人入狱

俗话说，世上没有不透风的墙。

吕雉与审食其苟且之事早已在宫中、坊间流传甚广，但这种事情最后一个知道的往往是身边最亲密的人，像刘邦到死了也不知道其中的个中情由。

一次很偶然的机会，吕雉和审食其的丑事无意间通过嘴碎的太监传到了刘盈耳中。听得此等秘闻，刘盈的精神世界和人生信仰再次被无情摧毁，吕雉圣洁光辉高大形象再次被彻底颠覆。

刘盈得知母后与老管家如此这般不要脸，又羞又恼，决定借法惩戒审食其，要与审食其来好好算算账，不为别的，单纯就为父亲头上那顶绿得晃眼的帽子。

这账该如何算，其中却是自有一番技巧，这事绝对不能明着来——否则有损皇家颜面，此事得借助其他无关痛痒却又名正言顺的琐碎事由，将审食其扳倒整死。

刘盈对审食其的态度是明确的，一个字：杀。

但碍于吕雉的情面，也为顾全皇室颜面，刘盈极力避免外界解读出吕雉和审食其之间存有什么不可描述的瓜葛。

审食其起初本性不错，厚道也本分，但是随着地位财富和权势的变化，特别是仗着吕雉的宠幸，恃宠而骄，目中无人，自然也养成了他肆意妄为的恶劣行径，平日里违法犯罪的勾当没少干。

刘盈根本不费什么吹灰之力就随随便便查找了审食其诸多劣迹做把柄，随后逮捕、入狱、审判、伏法。

审食其长期干着对不起刘邦、对不起刘盈、对不起全汉朝人民的丑事，心里很是虚。他知道，刘盈以一些鸡毛蒜皮的小事找茬，醉翁之意不在酒。

审食其被捕入狱，不仅审食其情急担忧，就连吕雉也慌乱无章。吕雉那时虽然已贵为皇太后，是大汉王朝真正意义上的主人，但是这种见光死的"丑闻"，还是让她很难为情。

吕雉也很想亲自去求刘盈网开一面，好几次见着刘盈却又羞得满脸通红，半张着嘴怎么都开不了口，欲言又止，终究还是心里有鬼，抹不开脸面。

吕雉把解救审食其的希望寄托于朝臣，希望朝臣能领会她的心意，设法代为挽救。为此，吕雉专门召来几个心腹，将她要解救审食其的小道消息代为散布出去。

朝中大臣多对他败坏伦理纲常的行径深恶痛绝，巴不得将他来个一刀两断，以申明国法，实现大汉王朝法律面前人人平等的尊严。

如此一来，审食其被投入监狱已经好几天，却没有一个人愿意出来作保相救。

朝中消息灵通人士早已探悉得知，廷尉已私下领了刘盈的旨意，要将审食其定罪为"大辟"，大辟之罪可是"十恶"之一。

按照常理来说，审食其这次真是死多活少，不可能再入深宫与吕雉调情作乐于床笫之间。

审食其眼见就要被处以极刑，可心中总还是抱有一丝幻想，希望能得一条生路，避免身首异处。

审食其在狱中辗转反侧，思来想去，突然想到一个人也许可以救他，这个人不是别人，正是平原君朱建。

朱建何许人也？竟然可以救天下人所不容的审食其于水火之中？

说起朱建其人，却也是个不能小看的人物。

朱建出生在楚地，以前是淮南王英布的门客。后来英布谋反，他曾极力劝阻英布不要造反，但却没有被英布采纳。后来英布造反失败被杀，刘邦听说朱建是个直言敢谏的忠臣，就召见了他，当面表扬嘉奖了他，并赐号为平原君。

朱建因此而闻名，他随后搬迁定居长安。

朱建因美名远播，长安的公卿贵族多希望能与他结交相识，可朱建为人刚毅有余、灵活不足，他一一谢绝前来巴结相交的人拜访。

说也奇怪，朱建在长安没有什么朋友，唯独与大中大夫陆贾很投缘，莫逆之交，成为一时让人羡慕的"伯牙子期"知己。

审食其本就是蝇营狗苟的小人，自然也羡慕朱建的美名，所以就想通过陆贾与朱建结交，但朱建却毅然决然地不肯降低名节与审食其结交，直到发生了这么一件事情，改变了朱建，也改变了审食其。

话说在某年的某一天，朱建的母亲病逝。

朱建不仅是个出了名的大孝子，更是以清正廉洁而闻名的贤士，几乎没有什么黑色、灰色收入，口袋常年比他的脸蛋还干净，家中更没有什么金银细软家资，就连为母亲置办丧葬的棺材本都没有，不得已向亲朋好友伸手借钱。

陆贾知道这件事情后，乐呵呵地来到审食其家中恭喜道贺，陆贾的怪异举动弄得审食其很是莫名其妙。

审食其纳闷，朱建死了母亲，跟他又没有一毛钱关系，何来喜何来贺？人家死母亲，陆贾有必要如此高兴开怀吗？还有没有点儿人道主义情怀？

陆贾善于思考，能将问题看得更深一层，他不顾审食其的反感，一脸喜气地再次强调："朱建的母亲刚病逝了！"

审食其还没等陆贾把话说完就反感地问道："他死了母亲，跟我有关系吗？"

陆贾对审食其的反感并不懊恼，他不慌不忙地解释："审大人你有所不知，前段时间你曾托我想认识结交朱建。那时候，朱建因为母亲还在世，不敢轻易接受他人恩惠，不敢与你交往，现在他的母亲已死，清正廉洁的朱建连安葬母亲的棺材本都凑不齐。此时你如果雪中送炭，以厚礼相赠，他必定会感恩你的盛情，将来你要是有什么急难危事，我相信他一定会为你两肋插刀鼎力相助，这样你不就又得到了一个能为你去死的贤士了吗？这样的喜事难道不应该来向你道贺吗？"

审食其听了陆贾的话，觉得很有道理，于是让人给朱建送去一百两黄金慰问金。

朱建那时正在为母亲的棺材本而东拼西凑，着急上火，万分为难，突然得到了审食其的这份厚礼，对他来说无异于及时雨雪中炭。

一分钱难倒一个英雄汉的关头，朱建也就不再矫情推托，将这一百两黄金收下，作为母亲的棺材本。

一般趋炎附势的达官贵人听说朱建收受了审食其赠送的一百两慰

问黄金，都很开心，认为这是千载难逢结交朱建的好时机，个个都前来凑份子。

这份子钱，少的有几两黄金，多的有几十两黄金，朱建哭累之余闲得没事躺在床上清点这些慰问金，一算还真是不得了，共有五百多两黄金，真是无端发了笔横财。

朱建看着这五百多两黄金，着实为难起来，本来是想借用审食其一百两黄金权做急用，没想降低自己的高尚品格。但这样一来，开了口子，收受了这个人的慰问金而不收受那个人的慰问金，总是不近情理，于是乎，朱建索性一并收受，乘机把母亲的葬礼办得热热闹闹风风光光。

办妥了母亲的后事，朱建不得不逐个登门道谢，审食其便与朱建相见，在审食其无微不至的热情款待之下，朱建与他结交甚欢。

朱建虽然从骨子里很鄙视这个败坏伦理纲常的审食其，但俗话说得好，拿人家的手短，吃人家的嘴软。此前虽然是在万分为难的情急之下，收受了审食其的一百两黄金，可终究是没能坚守品格雅气，只好将就着与审食其来往。

话说此次审食其银铛入狱后，虽焦急万分却又百般无奈，便怀着最后一丝希望托人恳请朱建代为营救，毕竟审食其此前有恩于朱建。

朱建得知来人的目的，几乎用了鄙夷的口吻对来人说："大汉王朝法律面前人人平等，天子犯法与庶民同罪，我相信英明的朝廷一定会秉持公平、公正、公开的原则审理此案，朝廷不会冤枉一个好人，更不会放过一个坏人，我朱建无才无德，不敢违反朝廷定下的司法程序，违规到监狱与审食其相见，请代为转达审食其吧。"

审食其得知朱建的无情回复，气得暴跳如雷，骂朱建是个忘恩负义的小人。

骂累之后，审食其剩下的只有老泪纵横，泣不成声，心中既后悔又忌恨，他想尽了所有的办法，都没能脱身，看来小命休矣，只能束手待毙了，可惜无法再与心上人吕雉再续前缘了。

就在审食其准备上路的悲观绝望之际，奇迹却意外地发生了，审食其在监狱劳动改造几天之后，突然接到了刘盈特赦出狱的圣旨。

审食其知道此次是绝处逢生，喜出望外，发自内心地感谢刘盈、感谢大汉王朝、感谢大汉人民给他重新做人的机会，他表示一定要坦率做事坦诚做人，给全国老百姓交上一份满意的答卷。

审食其匆匆忙忙回家走火盆、洗澡，去了一身的晦气。一顿惊喜交加之后，审食其再次陷入沉思，他这次得以保全出狱，除了心上人吕雉全力搭救之外，还会有什么人呢？

审食其暗中仔细打探了一番，让他大感意外的是，原来搭救他的恩人并不是吕雉，而是刘盈身边的红人闳孺。

审食其与闳孺虽然相识，却并没有什么交情，为什么此次闳孺会突然搭手相救？这让审食其百思不解。

再说闳孺其人，他本是刘盈身边的一个小官吏，但由于他面庞俊秀，妩媚动人，姿色胜过一般意义上的美女，而且闳孺性情又十分狡猾聪慧，能说会道，巧言令色，他摸透了刘盈的心思，把刘盈伺候得舒舒服服，因此得到了刘盈的万分宠幸，刘盈居然让他也参与国家大事决策，对他言听计从。

当然这里需要说明的是，刘盈的性取向很正常，并不是坊间流传的那样：他连美男都宠幸。从另一个方面也说明吕雉的专政程度和刘盈的无奈。

审食其为了感谢救命之恩，亲自前往闳孺家中拜谢。待审食其一番寒暄一番感恩戴德之后，闳孺才说明前后实情缘由。至此，审食其才如梦方醒，他真正救命恩人直接为闳孺，间接却为朱建。

朱建并不是审食其所想的无情无义之人，他表面上拒绝审食其相救的请求，私底下却不动声色地开展搭救行动。

这还要从朱建严词回绝相救审食其说起。

朱建不仅重名节，也重感情。他在搭救审食其一事上采取了避实就虚的技巧，掩盖了外界的猜测和疑惑。

表面上，朱建毅然决然回绝搭救审食其的请求，但暗地里，他密切关注此案的发展情势，积极为营救审食其奔走相告。

朱建内心是矛盾的，他既希望审食其能申公伏法，维护封建纲常伦理，又希望能回报审食其此前的厚恩。

朱建内心展开了激烈的思想斗争，最后他被自己说服了，审食其在他最困难的时候伸出友善的橄榄枝帮助他渡过难关。此次审食其有难，他一定会对得起审食其厚赠的一百两黄金，即使当时审食其送给他一分钱，他也会竭尽全力舍命相救。

朱建思来想去，要想解救审食其，就要从源头上找对策。此次，刘盈想至审食其于死地而后快，那么只能从刘盈身上下手，这也只能向刘盈身边的红人求得帮助了。

闳孺就是当时刘盈身边最红的红人。

那天风和日丽，朱建踱着小健步，闲庭自若地来到闳孺家中拜访。

此前，闳孺早已钦慕朱建的美德名声，很早就想与他结交，苦于没有机会相识，没想到此次朱建主动前来相见，他连忙出迎请其入座。

朱建与闳孺不痛不痒地寒暄客套一番后，朱建就让一旁的下人退出去，低声对闳孺说：听说辟阳侯光荣的被捕入狱了，宫廷内外都传言说是闳大人在皇上面前打的小报告，到底有没有这回事啊？

朱建这话真是语不惊人死不休啊，真不知道他是如何想出这番话的。

闳孺顿时惊慌说："我向来跟辟阳侯没有私交，更谈不上什么冤仇，我无端端地为何会在皇上面前打他的小报告呢？真不知道朱大人这消息是从何而来啊？"

朱建嘴角微微一扬，笑着半认真半戏弄地说："大家七嘴八舌之言，也无法考究真假，但是闳大人还是有很大嫌疑的，我担心如果审食其死了，你也必定免不了一死。"

闳孺顿时面露恐惧之色，目瞪口呆说不出话来。

朱建继续说："闳大人承蒙皇上的厚爱和宠幸，可以说无人不知无人不晓，就好像辟阳侯承蒙吕皇太后的宠幸一般，世人皆知。其实，现在国家大权都掌握在吕皇太后的手中，只因为辟阳侯关涉与吕皇太后之间的个人隐私，吕皇太后不方便替他说情罢了。今天辟阳侯若被处死，我想明天吕皇太后就会对你下手，母子之间的争斗，相互报复，闳大人与辟阳侯只不过是其中的一枚棋子罢了，都难免一死。"

闳孺觉得朱建的话很在理，急忙问道："按照朱大人的高见，一定要让辟阳侯不死，我才能保全性命吗？"

朱建顺势说："这个是自然的。如果闳大人能在皇上面前为审食其求情，解救审食其于水火之中，我想吕皇太后定会感念闳大人的恩情。这样你不仅能继续得到皇上的宠幸，同时也能得到吕皇太后的宠爱，得两主的欢心，闳大人的富贵一定会比现在加倍的。"

闳孺听到能富贵加倍，连忙点头表示赞同说："劳烦朱大人指教了，我一定按照大人的指点去处理此事。"

就这样，才过一天的工夫，审食其就被赦免出狱。

至于闳孺是如何说服刘盈的已经不重要，我们只知道闳孺在朱建的指点下，游说刘盈成功解救出了审食其。

第二十一章

荒唐婚礼

🌀 牵而绊之

吕雉听说审食其被特赦出狱之后，眉开眼笑，脸上的愁容顿时舒展，好几次派人请审食其进宫前来相聚。

审食其毕竟有过前车之鉴，怕重蹈覆辙，不敢轻易进宫与心上人相会，但是随从太监又接了吕雉的死命令，不能将她的心上人接进宫，那么他们也就不用再回去了。

随从太监为了保住本已不健全的性命，只好对审食其死缠烂打，最终审食其实在扭不过太监，没办法，只好硬着头皮静悄悄地跟随入宫。

审食其见过吕雉，略微寒暄几句便想告辞回去，奈何吕雉哪里肯割舍。已经好几天没见到心上人了，于是就强令审食其陪在左右。

吕雉和审食其一番颠鸾倒凤之后，相拥躺在凤床上，面带凝重地思量所要面临的诸多问题，而最紧迫的问题就是要避开刘盈的耳目，毕竟刘盈不像刘邦那么好糊弄。

吕雉把持国政，有着过人的智慧，没过多久，她就想出了一条应对刘盈查奸的妙计，概括起来八个字：牵而绊之，分而居之。

审食其听了吕雉的妙计也暗暗叫好，还真不能小看了吕雉的智商。

如何牵而绊之？又如何分而居之呢？这还得从刘盈的婚姻大事说起。

刘盈即位时正好十七岁，至此又过了三年，他已年满二十岁。

在当下，一个二十啷当岁的男性，可以被看成是个大男孩。可在汉朝，一般寻常人家子弟大概十七岁就行成人礼（冠礼），家人就要张罗着给他们寻找合适的女子办理婚礼。

刘盈那时已经满二十岁，一位守成天子，为什么即位三年了，还没有听说要册立皇后呢？

这所有的一切都只因为吕雉怀有不为人知的私心。

吕雉与刘邦生了刘盈和鲁元公主，此前已经介绍过。且说鲁元公主下嫁张敖，生了一个女儿，暂且称她为张小姐。张小姐相貌标致，情性温柔，又出生于皇室之家，属于宅男女神级美女。

吕雉对这个外孙女也是喜爱有加，本着"肥水不流外人田"的原则，吕雉就想着将张小姐嫁给刘盈，好亲上加亲。

只可惜在刘盈即位时，张小姐才七岁开外，实在是太过幼小，一时不方便成婚。等到刘盈即位三年之后，那张小姐也不过才十岁开外，无论从生理年龄还是心理年龄，张小姐都还没有成年。

吕雉作为外祖母，为了亲上能加亲，对此却视而不见，更有一层假公济私的复杂心理掺杂其中，迫不及待地命太史选定惠帝四年元月，将张小姐强行摊派给刘盈，并册立她为皇后。

刘盈不仅软弱，而且也乖顺，原本婚姻大事"父母之命，媒妁之言"倒也无可厚非，可刘盈也够愚昧，明知道张小姐与他相差将近十岁，况且张小姐是亲姐姐的女儿，亲姐姐的女儿就是他的外甥女，他就是张小姐的亲舅舅。

这回倒好，在母亲的直接安排下，外甥女与亲舅舅直接配做夫妻，令人瞠目结舌，这岂不就是乱伦吗？

吕雉从来不顾忌繁杂世俗陋习，不管辈分也不管伦理。

刘盈的思想早已被禁锢在吕雉为他设置的藩篱之中，如果硬要跟吕雉争执，就有违背母亲意愿的嫌疑。为了充分展示孝心仁厚，将错就错，权由吕雉定夺安排了事。

吕雉执意要将外甥女嫁给儿子，寓意有三：其一是秉持"肥水不流外人田"的初衷，确保后宫大权掌握在自家人手中；其二是实现"牵而绊之"的目的，羁绊刘盈的思绪，省得到处轻易相信世间流言蜚语；其三是渗透"子乱母亦乱"的深意，做亲舅舅的迎娶外甥女为妻，违背了纲常伦理，日后即使吕雉做出了些"不雅"之事，作为儿子的刘盈也应该是无话可说了，更不应该再为难审食其。

🏵 分而居之

一转眼到了惠帝四年元月，张敖为了将女儿嫁给小舅子，正忙得不亦乐乎不可开交。

吕雉原本与刘盈一同居住在长乐宫中，按理分析，此次婚礼及册立皇后大典应该会安排在长乐宫中举办，而吕雉却坚持要求婚礼及册后仪式放在未央宫举办。

其个中深意何在？

长乐宫与未央宫相距好几里地，为了能顺利地举办婚礼和册立皇后，吕雉要求刘盈必须搬迁至未央宫中居住。

吕雉此番要求，进而实现她与刘盈分而居之的目的，消除她与审食其苟且偷欢的最大障碍。

总的说来，婚礼和立后过程虽然繁缛隆重，但总算是没出什么纰漏，也没有人不开眼，敢明着面跳出来说三道四，毕竟这些都是皇室家务私事，外人不便横加干涉。

为了庆贺，刘盈做了几件好事，如大赦天下、免除赋役、删除苛禁、准民藏书。

说到准民藏书，作为资深级书虫，本人深表欢迎，这使得遗书得以在民间广泛流传，为我国古代文化的发展繁荣做出了积极的贡献。

未央宫与长乐宫相距好几里地，便在吕雉和刘盈之间设置了一道沟通往来的有形屏障。刘盈是出了名的孝子，他自从移居未央宫后，为了表达孝心，总是随时抽空前往长乐宫中看望母亲。

当然刘盈也不是什么无知之人，他深知吕雉的此中用意，因此也就不顾不方便而更加殷勤地往来探望吕雉，名为探望，实为监督，为的就是正本清源。

未央宫和长乐宫分别位于东西两端，中间要经过好几条平民街道巷子，皇宫车马出入，往往要封闭路段，经常阻碍正常交通秩序，影响了老百姓的正常生活。

刘盈仁厚，为了避免扰民，轻车简从，特意命人修建一条复道，直通未央宫和长乐宫，复道修建方案是：由武库南面，一直修到长乐宫，两面统用围墙围着，可以朝夕往来，不致打扰平常老百姓。

方案一定，刘盈就命工匠赶筑此通道，并且要求限期完工。

复道开工不久，刘盈的老师叔孙通便兴冲冲请求面见，叔孙通以直言敢谏而闻名，曾以死捍卫刘盈的皇太子之位。刘盈向来对这位叔老师敬畏有加，对叔老师的谏言也从来不敢怠慢。

叔孙通说："陛下新修复道，我举双手双脚赞成，但陛下修的这条路正是高祖皇帝出游衣冠的主要道路，皇上为什么要将此路截断？这可是亵渎祖宗的大不敬之事。"

刘盈听了叔老师的话，恍然大悟，惊惶辩解说："我一时疏忽，才导致现在的错误，我现在就命令停止施工，恢复原路。"

叔孙通微微笑说："陛下作为无上伟大光荣永远正确的天子，是不会也不应该会有过错的，现在兴修复道已经尽人皆知，怎么可以再让人停止施工修筑呢？"

刘盈心惶惶地追问："那这该如何是好啊？"

叔孙通答："臣为陛下考虑，只有在渭河的北面寻找风水宝地，另外修建高祖的宗庙，可以让高祖皇帝衣冠出游渭北，免得每月都要到这里。而且广建宗庙，是后人大孝的根本，不会有人出来说三道四。"

刘盈听闻，转惊为喜，随即命增建原来的高祖庙宇。待原庙竣工，复道也修成。刘盈这样就能经常方便往来长乐宫和未央宫之间。

当然刘盈的所为上可对宗庙下可对孝心，无可挑剔，吕雉对此也无可奈何，只能任由刘盈自由出入，只不过更加格外小心，免得露出了与审食其之间的苟且之事，再让心上人遭受牢狱之苦。

第二十一章 荒唐婚礼

第二十二章

死者悄然 生者惊蛰

☉ 死者悄然

刘盈迎娶外甥女张小姐之后，便定居在未央宫中，吕雉则仍住在长乐宫，两宫人员常相往来，虽然有所隐晦，但倒也其乐融融。

可事情总不是那么一帆风顺，两宫之中经常发生不同寻常的怪事。

据史料记载，惠帝四年春季，长乐宫和未央宫的藏冰室竟然先后都发生大火灾，织布的地方也被一把怪异的火烧得精光，更有在宜阳下起了血雨。惠帝四年十月，竟然出现惊雷，到了冬天，桃李相继开花，枣树果实成熟。

上述怪事都是古今中外罕见的奇闻，这难道真的预示着吕氏专政阴盛阳衰的征兆了？

如果上述怪事算是"天灾"（自然灾害）的话，那么下面的事情可谓是"人祸"了（人的祸患）。

惠帝五年，几位遗老重臣忠臣相继辞世：相国曹参病逝，不久之后留侯张良西去，留侯才安葬，舞阳侯樊哙复老告终。

这几位遗老重臣的辞世，是大汉王朝的重大损失，是大汉子民的重大损失。

　　吕雉身为大汉王朝的实际掌舵手，在关乎国运兴衰的大是大非面前，趋利避害，对已逝重臣都给予了相应妥当的安置，让逝者安心，生者宽慰。

　　至惠帝七年孟春月朔日食，仲夏日食几尽。到了仲秋，刘盈突然患病不起，不久之后竟然在未央宫中撒手归天。

　　吕雉真是苦命人，不管怎么说，刘盈毕竟是她身上掉下的一块心头肉，母子连心，人之常情，可她却要孤独地承受白发人送黑发人的人间惨痛。

　　刘盈在位几年期间，虽然没有什么大的作为，但他宽厚仁慈，得到了满朝文武百官的爱戴和拥护。

　　刘盈突然驾崩，一班文武百官都来到未央宫哭灵。

✸ 生者惊蛰

　　壮年丧子，白发人送黑发人，对吕雉而言无疑是晴天霹雳。可让人困惑不解的是，吕雉坐在刘盈的灵床边，"只打雷不下雨"，嗷嚎震天响，有声有调，唠叨有节奏，但脸上却不见一滴泪痕。

　　吕雉只有刘盈这么一个儿子，刘盈在位七年，二十四岁就驾鹤西去，遭此短命。文武百官都觉得吕雉命苦可悲，但为什么吕雉哭灵时，有声无泪，如此薄情呢？

　　一群人都看不明白。

　　群臣百思不得其解，都猜不透吕雉的心事，唯独一人窥透了其中隐情奥秘，这个人就是侍中张辟疆。

张辟疆是大汉第一谋臣张良的儿子，生性聪明，据说他在年幼的时候就很有见识。此次哭灵，张辟疆也在文武百官之列，他暗暗观察揣摩，窥透吕雉哭而不哀的个中隐情。

刘盈遗体入棺后，满朝文武百官与刘盈来了个遗体告别仪式，三鞠躬、献鲜花，礼毕，追悼会就此告一段落，百官相续退出。

退出未央宫，张辟疆没有回府邸，而是直接来到左丞相陈平家中，悄悄对陈平说："吕皇太后只生了惠帝一个儿子，今天却唱演了一出光听雷声不见雨点的把戏，哭而不哀，难道其中没有什么深意吗？丞相大人有没有揣摩出其中的奥秘呢？"

吕雉按照刘邦的用人遗志，任陈平为左丞相。陈平是大汉王朝与张良、萧何齐名的杰出谋士，他曾帮助刘邦解困于白登山之围，六出奇计，素以智谋著称，但这次吕雉哭灵干号，他倒也没有多想有什么不妥。

此时，听闻张辟疆的话，反而觉得惊诧起来，因而随声问道："依张大人看，这其中究竟会有什么缘由呢？"

张辟疆并不卖弄，直截了当说："主上驾崩，且没有生得一男半女，吕皇太后这是心里害怕呀！她害怕像你这样位高权重的重臣有其他想法呢，所以不着急哭泣，她是要让遗老重臣心中明白，她不是一般的妇道人家，她有信心、有决心、有能力稳定度过惠帝突然辞世的难关。如果吕皇太后认定你们这些手握重权的大臣有异心的话，我想你们离灾祸也就不远了。依我计，为何不请求吕皇太后请立吕台、吕产为将军，统领长安皇宫的南北两军，并将吕姓子弟都授予官位，这样吕皇太后不就能心安了吗？大人你不也就自然脱祸了吗？"

陈平听了张辟疆的谏言，觉得很有道理，心底暗暗佩服少年张辟疆独到的才智。

待张辟疆告辞离开，陈平便直接进宫面见吕皇太后，请皇太后拜吕台、吕产为将军，统领南北禁军。

请问吕台、吕产是什么人啊？在这关键时刻如此重要。

吕台、吕产的父亲就是周吕侯吕泽，而吕泽是吕雉的哥哥，这样说来，吕台、吕产都是吕雉的亲侄子，吕雉是他们的亲姑姑。

再说，为什么要吕台、吕产统领长安南北禁军，而不统领其他军事力量呢？

这就要说南北两军的重要意义了，此两军一直以来都是宫廷的禁卫军，负责宫廷防务和安全。

南军防务范围为皇宫，驻扎在城内；北军防务范围为首都京城，驻扎在城外。这两军向来都是归太尉兼管。

如果任命吕台、吕产分别统领南北禁军，这就等于吕雉真正把持了京城的军权，这样一来就定能确保刘氏江山的稳固，能确保吕氏江山的万代千秋。

从吕雉多年来的做事风格和性情分析，她本来就是只眷顾吕氏家族，而不顾及刘氏夫家血脉。

当吕雉听了陈平的建议后，正中下怀，很合心意，假意谦虚推托一番之后，便毫不犹豫立即下旨遵照陈平的方案施行，拜吕产、吕台为将军，分别统领南北两大禁军。

解除了后顾之忧，吕雉果然专心哭子英年早逝，每一次哭灵都是声泪俱下，真真切切，较之前哭而不哀相比，迥然不同。

就这样过了二十多天，吕雉便将刘盈的灵柩运往长安城东北向，与高祖陵墓相距五里地安葬，并号为"安陵"。

群臣后人为了歌颂惠帝的仁厚，恭上庙号，世人尊称其为孝惠皇帝。

第二十三章

女 主 当 道

❀ 临朝听政

孝惠皇帝悄然离世，留下前第一夫人——遗孀张皇后。那时张皇后不过才十四五岁开外，刘盈本厌恶这种近亲婚姻，临夜就寝，刘盈就从来没翻过张皇后的牌。

张皇后自然没能给刘盈生下个孩子，为孝惠皇帝留下一男半女的龙脉。

张皇后的尴尬，对刘氏江山而言，可谓"巧妇难为无米之炊"。旁人若遇此类事情，早就摇头无计可施，可就此等疑难杂症也难不倒吕雉。

吕雉奇思妙想，私底下偷偷地将后宫嫔妃所生的一个男婴强抱过来，纳入张皇后的房中，掩耳盗铃，对外谎称是张皇后的亲生儿子，并将择日册立为皇太子。

真是最毒妇人心，吕雉害怕皇太子的生母将来有一天可能会泄露天机，索性一不做二不休的将皇太子亲生母亲消灭，以绝后患。

吕雉将惠帝安葬完毕之后，就择日册立假太子立为皇帝，号称少帝。

少帝年幼，吕雉在文武百官的簇拥和极力劝诫下，"勉为其难"地开始她的人生实质意义的政治生涯——临朝听政。

这里需要补充的是，满朝文武百官无一不是在吕雉明示或暗示，或受威逼或受诱惑之下，才拥戴她登上政治权力巅峰。

临朝听政，吕雉开创了中国历史上女性称霸一体的先例和范本，在汉代之前闻所未闻，值得后人的借鉴和警醒。

也许后世的武则天和慈禧都曾读过汉代史料，从吕雉身上领悟了女主当道的精髓要领：武则天明着称帝是吕雉的升级版本，而慈禧垂帘听政则不过是吕雉的改良翻版罢了。

吕雉实行临朝听政，实质意义上，她已掌握了整个大汉王朝政权，成为中国历史上第一位女皇帝，吕雉称制，并开启了"吕太后纪元年"纪年表，只差公开"登基"，发表就职演说了。

吕雉成了大汉王朝实质上的"一把手"，手握刘氏江山大权，心里自然十分得意，按照她"只顾母家不顾夫家"的做事风格，随即就想分封吕氏家族人员为诸侯藩王。

当吕雉把这个意思传达给满朝文武大臣时，当时就有一位大臣当场倒地，顺势来了个四脚朝天——举双手双脚表示抗议和反对。

这个人义正词严地说：高皇帝曾经召集满朝文武百官，宰杀白马，歃血为盟，共立誓约，约定非刘姓者不得封王，如果失约，或者自立为王，则天下的义士可共同对抗攻击，我们应高举高祖伟大遗志，坚决不能让这种歪风邪气无端蔓延。现在高皇帝的尸骨未寒，鲜血未干涸，你们为什么要背信弃约呢？

这个人究竟是何人，敢冒天下之大不韪直接与当朝"一把手"唱对台戏？

这个人不是别人，正是右丞相王陵。

王陵作为当朝高级公务员，之所以敢于对抗吕雉，有其内在复杂的情感因素，他对以刘邦为首的刘氏江山怀有刻骨的情义。

之前讲述过，王陵的母亲拒绝西楚霸王项羽劝降王陵的要求，并以死明志。毫无道德底线的项羽则气急败坏，全然不顾大将风范，大叫大嚷命左右侍卫将王母尸首丢到鼎器之中，用火一烧，顷刻糜烂，尸骨无存。王陵与项羽结下了不共戴天的杀母之仇。

话说王陵追随刘邦将项羽打败，项羽乌江刎别，这个结局也算是为王陵报了仇血了恨。因此，王陵在灵魂深处，对刘氏江山怀有极深的感情。

🏵 异姓封王

此次，吕雉竟然公然背弃高祖皇帝定下的"刑马盟约"，王陵也就顾不得个人安危，挺身而出，匡扶正义于狂澜。

面对王陵的质问，吕雉一脸愤怒，冷若冰霜，想反驳却又找不出任何辩驳之辞，气急败坏、面红耳赤、青筋爆棚。

在这万分尴尬之时，左丞相陈平与太尉周勃已察悉吕雉面有怒色，便在吕雉准备发作之前，齐声迎合说：高祖皇帝平定天下，曾封刘氏子弟为王，现在吕皇太后已称制了，已是大汉王朝的实质"一把手"，是为大汉女主，分封吕氏子弟为王，请问有什么不可以的吗？

吕雉听了陈、周二人的解围，才缓缓收拾了一下本已不悦的凤颜，转怒为喜，幸灾乐祸地看着王陵如何应对。

王陵听了陈平、周勃的话后，气得胸脯此起彼伏，仰天长叹，恨口才不佳，人众我寡，也就索性不再争执，再争执也无意义。

就此，吕雉彻底打破刘邦"非刘氏不为王"的遗志，开创了异姓封王的先例。

退朝之后，王陵与陈平、周勃一同退出。

刚出大殿，王陵当即跺脚叉腰指鼻，责问陈、周二人说：从前与高祖皇帝歃血为盟，你们两个人也在其中，现在高祖皇帝归西不到数年，尸骨未寒，而且吕皇太后毕竟是女流之辈，刚临朝听政就想分封吕氏子弟为王，你们两个人迫不及待地阿谀奉承、违背信义，将来有什么脸面到地下去见高祖皇帝呢？

陈平和周勃见状都哈哈大笑不止，说：今天我们当庭发生争执，你的忠、信、义，我们俩人不如你，但我们料定今后安定我大汉江山社稷的一定是刘氏后裔，我想关于这点的远见，你就不如我们俩人了。

王陵对陈平和周勃的话不以为然，悻悻然径直离去。

吕雉毕竟是妇道人家，心胸窄度量浅，睚眦必报，王陵在众臣面前为难质疑她，她必定会对他来个"软着陆"式打击。

约莫过了十来天的时间，吕雉就颁出圣旨，免掉王陵右丞相的职位，并拜为少帝太傅，就是少帝的老师，光荣的从国家总理岗位转身为祖国未来的园丁。

王陵觉得官场不好混，混了大半辈子也没混明白其中的奥秘，"高处不胜寒"，遂决定不如全身而退，尚可洁身自好，就上书称年老多病，想要辞职归老还乡，颐养天年。

对于王陵的请辞，吕雉想都没想，当即拍板"准奏"，这也正合她的心意，消除了心中此前埋下的隐痛。

王陵被罢免，直接的受益者就是陈平，他随即就被吕雉任命为右丞相，这样一来左丞相一职就空缺了。

丞相职务可是当时一人之下，万人之上的高级官职。

左丞相一职空缺，为了稳固大汉女主权势，吕雉决计委任信得过的人担此重任，而她最信得过的人自然是她的心上人——审食其。

吕雉经过一番运作，力排众议，任命审食其为左丞相。

审食其本来就没有什么真才实学，整日在宫中厮混，以监督官僚的名义头衔，干着与吕雉苟且之事，仗着吕雉的宠幸，朝中所有大大小小的奏章都由他定夺拍板。

审食其此次被任命为左丞相，更加助燃了他不可一世的嚣张气焰。

吕雉除了在关键岗位安插亲信之外，她还广撒耳目，特务机关人员遍布全国，各诸侯王身边无不安插了她的爪牙，大汉王朝人心惶惶，笼罩在一片白色恐怖之中。

一天，吕雉密探奏报，经明察暗访得知，现任御史大夫赵尧曾经为保全赵王刘如意而给刘邦谋划对策，推荐周昌为赵国丞相，辅佐赵王不被吕雉所害。

至此，吕雉大权在握，了解此情况后，她第一件事情就是打击报复，随随便便找个理由，污蔑赵尧失职，而使其获罪受处罚。

吕雉随后就提拔了上党郡守任敖入朝，拜他为御史大夫。

任敖是什么人呢？如此深得吕雉垂爱。

任敖此前为沛县的一名小狱吏，在吕雉入狱落难时，曾竭尽所能的保护过她。此时他被吕雉破格提拔，任命他为御史大夫，这也正所谓以德报德，还算吕雉有些良心了。

处理完上述国事之后，吕雉又忙着处理家务事，一是追封生父吕文为宣王，长兄周吕侯吕泽为悼武王。

吕雉以此二王的分封，向吕氏称王迈出了实质的脚步。

谨小慎微的吕雉，生怕人心不古、他人不服，为了掩盖吕氏封王的矛盾焦点，就有意转移了社会关注焦点，她先封郎中令冯无择等人为列侯，再将后宫无名嫔妃所生的五个小私生子招进宫来，硬说成是刘盈的儿子。

大家都知道刘盈年少，虽婚但未育有一男半女，吕雉为了转移分封吕氏子弟为王的敏感热点，而假意振兴刘氏血脉，分封五个小子为王侯。

五个小子中，一人叫刘疆，封为淮阳王；一人叫刘不疑，封恒山王；一人叫刘山，封襄城侯；一人叫刘朝，封轵侯；一人叫刘武，封壶关侯。

正巧的是，那时吕雉的女儿鲁元公主暴病而亡，吕雉再次独自承受了白发人送黑发人的惨痛。

吕雉虽然位高权重，但她内心深处始终伴随着孤独和寂寞。

为了表达对女儿的哀思，吕雉封鲁元公主的儿子张偃为鲁王，赐鲁元公主谥号为鲁元太后。

话说回来，鲁元公主的丈夫被封为鲁侯，而鲁元公主的儿子则被封为鲁王，这真是"子因母贵"的又一真实写照，是吕雉人生信仰的又一实践。

吕雉经过前期的铺垫准备，就想继续加封吕姓子弟为王侯。她让心腹张释私底下暗示右丞相陈平等人，让朝臣请求吕雉立吕姓子弟为王侯。

吕雉这一伎俩倒也滑稽，可这就是政治，这就是权谋。

右丞相陈平，对当前形势有着独到的见解和长远的判断，迫于现实紧迫形势，他按照吕雉的意旨上书奏启，请将齐国的济南郡划割出来建吕国，分封吕雉的侄子吕台为吕王。

吕雉为了表示谦厚，假意推让了几句，但在大臣一致"强烈"要求下，她才"勉强"下旨分封吕台为吕王。

这个吕台就是个扶不起的阿斗，吕雉刚封他为吕王不久就一病呜呼。

吕雉得知侄子病故很是伤心，相较刘盈归西而言，其悲伤多了几分真切。

为了抚慰吕台家人的情绪，吕雉让吕台的长子吕嘉承袭吕王封号，此外还加封吕台的另外一个儿子吕种为沛侯。

随后，吕雉索性对吕姓子弟再次大封一场：封吕雉妹妹的儿子吕平为扶柳侯、吕禄为胡陵侯、吕他为俞侯、吕更始为赘其侯、吕忿为吕城侯。

说到这，不禁会有一个疑问。

吕雉为何会发了疯似的大肆封分吕氏子弟为王侯呢？这自然与她做事风格——只顾娘家不顾夫家，有着莫大的关联，但其中还有不为人知的另一面——吕雉没底气，缺乏基本的安全感。

吕雉作为一介女流，她没有男人那般钢硬，凭空入主大汉，成为大汉女主，手揽大汉王朝大权，她心里是没有底气的。因为，她在以男人为绝对主角的封建政治斗争游戏中，没有根基、没有人脉、没有手腕。

　　吕雉对她的人脉、能力和手腕缺乏足够的自信，为了寻求足够的安全感，为了确保自身地位和权利的稳固，她需要培植一批效忠于她的政治势力。

　　在吕雉看来，吕氏子弟无疑就是她最信任的群体，所以她才会发了疯似的分封吕氏子弟为王侯。

　　吕雉坚信，一旦大肆分封吕氏子弟为王侯，她在朝廷之中的权威必定永葆万年。

☉ "保吕安刘"之吕刘联姻

　　经过一番分封，吕雉的子侄族人都沐浴在她无私奉献的无上荣耀之中，此时的他们更显威耀无比。

　　吕雉虽轻狂无度，但她心智正常，她明白天下姓刘不姓吕，只有刘氏安定了才能确保吕氏无恙。

　　为了顾及吕刘两氏和睦相安，避免刀俎鱼肉，她又想出了一条亲上加亲的计策——吕刘联姻。

　　在吕雉看来，世上再没有比联姻关系更来得容易拉拢收买人心了。吕雉坚信，只有联姻，吕刘两氏才能永久和睦互为相欢，不致发生间隙。

　　再说齐王刘肥，他本来就惧怕吕雉的淫威，这次又无端被割划了济南郡（吕雉将刘肥所辖领地济南郡割让分封给吕台，为吕王），再次签订丧权辱国的条约，那是既怕又气啊，一时想不开，两手一摊、两脚一蹬，竟然撒手人寰，向阎王爷报道去了。

吕雉得知刘肥死了，顿时心花怒放，刘肥的死为吕刘两氏的睦邻友好又提供了一大有利机会，刘肥啊刘肥，上次想毒杀你不成，这次你自己玩完了，你真是死得其所啊。

吕雉为了表达宅心仁厚，赐予刘肥谥号悼惠，让他的长子刘襄继承齐王封号，同时让刘肥的次子刘章和三儿子刘兴居二人进京任命为宿卫（保卫京城的官员）。

为了拉拢刘肥嫡脉，吕雉特意将吕禄的女儿许配给刘章，实现亲上加亲，封刘章为朱虚侯（没想到此举为吕氏覆灭埋下了一颗巨大的隐患），封刘兴居为东牟侯。

再说赵王刘友与梁王刘恢年龄相仿，且都长大成人，吕雉怀着私心，决定代他俩撮合美事，把吕家的女子强行摊派嫁给他们两人。

赵王、梁王深知吕雉手腕厉害，敢怒不敢言，只好将就把吕姓女子娶回家中。

完成了上述一系列的封侯、联姻，吕雉内心稍微安定了些，以为从此吕刘两家必定相安无事，不仅刘氏天下将一载万年，吕氏天下更将永保千秋。

🏵 废立的不是皇帝，而是寂寞

真是一波未平一波又起，分封联姻才告一段落，那知民间市井还没传出什么碎言片语，宫廷内部却已流言四起唾沫横飞。

这又会是什么事情呢？

事情的缘由源自吕雉所立的少帝。

由于历史隐晦，少帝户籍信息已无从查起。起初，少帝年幼无知，被吕雉把玩于股掌之间，做了三四年的傀儡皇帝。

随着少帝年龄渐长，他日渐初懂人事。

少帝成天在宫廷中闲得发慌，没事到处乱逛，闲逛中不经意间多次偷听宫人流传的悄悄话，说是吕雉暗地里将少帝掉了包，杀死了少帝的生母，还让少帝认张氏皇后为亲生母亲。

少帝虽小，但他也是堂堂男儿身，得知此天大的秘闻，心中不免生恨。初生牛犊不怕虎，少帝得知生母被吕雉所杀，欺骗他认张氏为生母，甚是义愤填膺。

少帝毕竟年少，缺乏基本的政治头脑，自以为是皇上，天下我第一，口无遮拦，不分场合不分时间随便胡言乱语，就连张皇后平时的教训也全然不听从。

有一天，少帝酒过三巡，在酒精的作用下，壮着胆子对身边的宫奴发起了牢骚：吕皇太后敢杀我亲生母亲，等我长大了，看我如何为我的母亲报仇雪恨！

少帝疾恶如仇的志向倒是不小，只可惜还是嫩了些。少帝不知道吕雉早已在他的身边安排了密探，少帝想等长大后为生母报仇，殊不知是否还真有长大得以报仇的那一天呢。

少帝年少轻狂本性很快就在宫中传开，自然也就传到了吕雉耳中。

吕雉听闻，大吃一惊，少帝小小年纪就有如此这般狠话，将来长大了那还了得，不如趁现在他年少无知，手无实权，趁早将他废去，不仅除去后患，还能欺瞒此前"掉包杀母"的阴谋。

下定决心之后，吕雉当即召入少帝。

待少帝拜见，还没等少帝开口问安，吕雉已命人将他送至永巷之中，找了个小黑屋给软禁了起来。吕雉决意另外选个听话无知小儿来继承皇位。

将少帝关入永巷小黑屋中，吕雉已经算是心慈手软了，难道忘记"人彘"就诞生于永巷茅厕之中了吗？

吕雉将少帝软禁了起来，随即颁布了一道圣旨，大意是说，少帝身体从小不好，体弱多病，迷惘昏乱，根本不能担当起治理国家社稷的重任，请各位大臣好好商量下，改立一位贤德的人继承大汉王朝君位。

右丞相陈平等人还是一如既往的贯彻"迎合路线"，带领文武百官同僚跪拜，向吕雉进谏言：吕皇太后从天下大局考虑，废暗立明，奠定宗庙社稷，朝臣坚决拥护吕皇太后英名的决定。

说完，朝臣跪拜磕头，个个哭天抢地请求吕雉亲自选定合适人选。

吕雉为了体现公允和无私，让群臣先退朝商议推选，等商定有结果之后再上报。

文武百官奉命退出之后，一刻也不敢悠闲，随即展开激烈的讨论，一群木鱼脑袋讨论来商量去，但终究还是不知道吕雉其中的意图，不知道她心属何人，自然个个都不敢擅自决断。

话又说回来，虽然陈平迫于情势而逢迎吕雉，有背忠臣辅佐之道，可他久历官场，足智多谋。陈平觐见吕雉之后，便私底下将服侍吕雉的近身太监悄悄拉到一边，问明吕雉新帝的最佳人选。

吕雉与文武百官之间的"政治虚伪游戏"规则其实大家都心知肚

明，太监很痛快地就将吕雉的想法透露给了陈平。

吕雉选定的新帝最佳人选是恒山王。

请注意，这个恒山王不再是刘不疑，而是刘义，刘义就是先前的襄城侯刘山，刘山为恒山王刘不疑的弟弟，刘不疑少年夭折归西，刘山继承了刘不疑的恒山王位，并改名为义，即刘义。

吕雉欲立恒山王刘义为新帝的想法一经授意给下人之后，那些奴才第一时间转告了陈平等文武百官。按照既定的"潜规则"，文武百官以最快的速度上书，呈请吕雉立恒山王刘义为少帝。

上述表演似乎很造作、很矫情虚伪，但这就是历史，这更是现实。

吕雉对文武百官的上奏也不推托，当即依文武百官"商定"的结果，下诏立刘义为新帝，并让刘义改名为刘弘。

立了新帝，吕雉连眼皮都没眨下就顺便将软禁在永巷内的少帝给杀死，消释了压抑在她心头的一块隐疾。

此时的刘弘被"公推"为少帝，可他也还年幼，所以吕雉又很自然地再次"勉为其难"临朝听政。

吕雉为什么两次立少帝都选定未经人事的小孩呢？

其实她内心怀有极大的私心，旧新少帝年幼无知，吕雉一方面尽可大胆临朝听政，做实质意义上的女皇帝、大汉女主，继续把持汉朝大权；另一方面又能继续确保吕氏家族沐浴在她赋予的无限荣耀之中。

正所谓"高处不胜寒"，吕雉在极权之中，巅峰之上，玩的是孤独的游戏。

虽然孤独，但吕雉还必须装得很享受地玩下去。就拿废立新旧少帝来说，从某种意义上而言，她立的不是皇帝，而是寂寞。

第二十四章

漏网之鱼

恒山王刘弘被立为少帝之后，吕雉让轵侯刘朝接封恒山王爵位。那时，淮阳王刘强恰巧病逝，吕雉又让壶关侯刘武继承他哥哥的爵位，所以刘武为淮阳王。

诸吕姓子弟都封为王侯，整个事件进展得还算顺利，唯独吕王吕嘉骄恣蛮横，无视法纪，傲慢得很，且不顾亲情，连吕雉都看不过去。

就在吕嘉做出一件件出格的事情，一次次辜负吕雉的殷切期望之后，吕雉便产生了废除吕嘉吕王封号而另立吕产为吕王的想法。

吕产是吕嘉的叔叔，即是吕嘉父亲吕台的胞弟。以弟继承兄长的封号，在汉初已经成为通常惯例。

吕雉为了显示公道无私，决定再次虚伪地走走"法定"程序，请文武百官开会商议，好名正言顺地废旧立新，所以没有当即废除吕嘉的吕王封号，而是推迟了好些天。

话说到这里，不得不提到一个人，他叫田子春。

田子春，齐国人，他在当时算是个独工心计的谋士。

一天，田子春自驾游经过长安，听说吕雉欲废吕嘉吕王封号，便悄悄巧为安排，一来是为掌管汉室江山大业的大汉女主吕雉效力；二来是为刘氏报德，双管齐下、一箭双雕。

刘氏对田子春有何恩德呢？这还要从刘邦的堂兄弟刘泽说起。

起先刘泽受刘邦恩惠，被封为营陵侯，安排居住在长安。那时田子春还只是一个落魄书生，经常到长安碰碰运气，以求高就，但由于运气不佳，多次面试未被选用，甚至来往长安的差旅费都成问题。

为解决眼下困境，田子春就托人向刘泽毛遂自荐。这次田子春的运气不错，刘泽那天心情好就接见了他。

田子春与刘泽把酒来言欢，谈古论今，没想到田子春的论道很合刘泽的心意，就这样田子春成了刘泽的一位门客，实现了人生的又一次再就业。

刘泽被封为侯，但他内心却多有不平和愤恨。

刘泽自认为他是高祖皇帝的亲兄弟，理应被封为王，特别是诸多吕姓子弟都被封为王之后，他这种封王的愿望显得更加强烈。

田子春经过几次与刘泽谈论之后，窥透了刘泽的心思。为了在刘泽面前展示才华，也为了报答刘泽的知遇之恩，他表态愿意为刘泽出谋划策、奔走效劳。

刘泽对田子春的表态自然很满意，就拿出了三百两黄金送给他，委托他全权代理负责封王事宜。

可没想到的是，田子春收下那三百两黄金巨款之后，竟然饱载而归齐国，似有卷款潜逃跑路之嫌。

刘泽对田子春不告而别大失所望，但还是心存侥幸，认为可能是田子春家中临时有急难事情，办完家事就会尽快办理他的大事，这也算是刘泽权作自我安慰罢了。

田子春这一走就是两年多的时间，没有任何消息。

刘泽望眼欲穿地苦苦等待了两年多时间，渐渐地对田子春心生怨恨，派人到齐国寻找田子春的下落，当面质问他为何辜负对友人的誓言。

当来人找到田子春时，田子春已是一方富贾。原来田子春收了刘泽的三百两黄金之后并没有马上为他去活动谋取封王事宜，而是凭借刘泽赠送的三百两黄金回家做起了生意，而且很是成功，竟然成为一方富贾。

田子春接到来人的责问之后，慌忙谢过，赶忙让来人回报刘泽，此前不是不办，而是时机未到。现如今时机已成熟，他一定按照约期到长安完成刘泽交代的重任。

等来人回去之后，田子春当即整理了行装，带着他的儿子一同出发前往长安。

到达长安，田子春并没有直接去求见刘泽本人，而是物色了套几进几出的大宅庭院先行安顿，并用重金贿赂收买了太监总管张释的密友，托他将儿子引荐给张释做门客。

世人都知晓，张释是当时吕雉身边的心腹大红人，他虽然只是一个太监，但因为得到了吕雉的宠幸，一夜之间如同暴发户一般红遍大江南北。

张释虽然是个生理不健全的男人，但他内心深处也有儿时的理想和抱负，他也想网罗志士贵人，充当他的爪牙。

张释听闻友人为他推荐田子春的儿子为门客，自然慷慨地同意其留居门下。田子春的儿子私底下得到了田子春的密计，极力讨好张释，花费了不少心思，让张释异常得意。

风和日丽的一天，田子春的儿子主动邀请张释到他家中吃饭喝酒。张释本来就被田子春的儿子伺候得美载载的，得到他的盛情邀请也就欣然接受宴请，跟随他一同来到了田子春的家中。

田子春得到消息后，早早准备了异常丰盛的佳肴，恭恭敬敬地站在大门口迎接等候。

张释缓步走进田子春的豪宅，左看看右瞧瞧，心中暗暗吃惊，看到田子春家中金碧辉煌，家具华丽无比，档次一点都不比侯门差。

等到佳肴端上桌，再看每道佳肴都是精美异常，山珍海味，备列席间，让张释胃口大开，开怀畅饮。

酒过三巡，半醉半醒状态时，田子春凑到张释耳边低声耳语：我到长安看见王侯府邸就有一百多家，多是高祖皇帝的功臣。但我常常想，吕皇太后母家吕氏子弟也曾经多有辅佐高祖皇帝成就帝业，立下大功，并且吕氏子弟和刘氏皇族本来就是一家，本应该更加优待才是。现在吕皇太后年岁已高，她的本意是想多封母家吕氏子侄，但又害怕朝廷百官不服气，只立了吕王一人为王，最近听说吕王吕嘉得罪了吕皇太后，将被废置，我想吕皇太后必定立吕氏其他子弟为吕王，大人你常年跟随服侍吕皇太后，难道还不知道太后的心意归属吗？

张释第一次与田子春谈论政事，他已感受到田子春的非凡眼光，暗暗心生敬意，便对田子春少了几分防备。

张释：皇太后的心意无非是想另立吕产为吕王。

田子春：大人既然知道吕皇太后的心意隐情，为什么不将吕皇太后的意思转告给各位大臣呢？让他们立刻奏请立吕产为吕王。如果吕产真的封为吕王，大人你也肯定会被封为万户君侯。否则，如果大人你知道吕皇太后的心意隐情却不代为陈情，吕皇太后一定会对你有所忌恨，到那时候恐怕大人你也会祸及自身了。

张释听了田子春的话，既害怕又惊喜：如果不是你及时提醒，我就要错失这飞黄腾达的大好机会了。如果真有一天如你所言，我一定会好好报答你的恩情。

张释与田子春又各自相互谦虚了一番，连续相饮了好几杯酒才尽兴告辞而别。

又过了几天，吕雉再次召集文武百官升殿召开研究废立吕王商议结果专题会。在此之前，张释已按田子春的计谋，悄悄向群臣透露了吕雉的想法，群臣为了个人利益得失，一如既往地在关键时刻坚决贯彻"迎合路线"，都一窝蜂地向吕雉推荐吕产，请立吕产为吕王。

群臣你一言我一语地都说吕产是如何如何的好，如何如何对吕皇太后忠心不二，在朝臣嘴中，吕产都快成为完美无缺的神人。

吕雉得知群臣的想法与己不出其左，很是高兴，当下就下诏废去吕嘉吕王封号，改立吕产为吕王。

吕雉自然明白，文武百官的"想法"与她高度一致，背后有张释点拨的功效。待退朝之后，吕雉专门赏赐张释一千斤黄金作为奖赏。

张释还算比较厚道，面对一千斤黄金也不背弃之前与田子春的诺言，取出五百斤黄金转送给田子春。

田子春富甲一方，根本不稀罕这五百斤黄金，坚决不收。张释见田子春这般豪爽，对田子春更加尊敬礼遇，并将田子春引为知己，常常往来，遇到什么事情都相互商量。一来二回，田子春与张释成了穿一条裤子的"铁哥们"。

田子春与张释的关系已经发展到称兄道弟的地步，认为兑现刘泽承诺的时机已成熟了。

这一天，田子春与张释喝着小酒、听着小曲、赏着美人，正当雅兴备至之时，田子春对张释说：吕产为王，我想大臣们心底肯定还是不服气，看来需要在当中设法调停才好，这样才能确保吕刘两家相安无事，和睦相处。

张释此时对田子春的为人和智谋已深信不疑，听闻田子春此番言论，便很谦虚地向田子春讨计问谋。

田子春顺势说：现在营陵侯刘泽为刘氏家族中最年长的人，虽然身兼大将军，但终究还是没有被封为王，免不了有些怨言和失望。大人为什么不陈情告白吕皇太后，随便划出十来个县城大小的地方，封刘泽为王。如果刘泽被封为王，必然欣喜，就是满朝文武大臣也不会有什么其他闲言碎语。从另一个方面讲，吕氏子弟的王侯地位也因此而进一步巩固了，正所谓"安刘保吕"嘛。

张释听了田子春的分析，认为他说的很有道理，第二天便瞅准时机向吕雉陈情进言。

吕雉原本并不愿意多封刘氏子弟为王侯，在一个妇道人家的内心，她只顾母家而不顾夫家。

听了张释的进言，切中要害的理论根据是"安刘保吕"，吕雉也觉得这思路有几分道理，并且刘泽的妻子是吕皇太后的胞妹，总归还是吕氏一家人，姻缔相关，应该没有什么隐患。

吕雉便下诏封刘泽为琅琊王，并命他直接去封国就职。

田子春为刘泽运作成功封王之后，才去拜见刘泽，向刘泽道贺。

刘泽早已得知封王内情，是田子春力谏运作的结果，当即起身相迎田子春入座，盛情佳肴款待。

田子春与刘泽开怀共饮了好几杯酒，正当刘泽酒兴刚起，田子春便让人撤掉宴席。

刘泽刚封王，心情正酣爽，此时才饮几杯酒，都还没进入状态，田子春就突然让人撤掉酒席，刘泽很是不解，就问他出了什么事情。

田子春：大王你要迅速整装出发前往封国，千万别在此停留，我将随你一同前行。

刘泽听罢还想继续追问缘由，偏田子春再三催促他抓紧时间切勿耽搁滞留，却也不肯说明其中隐情。以刘泽对田子春的认识了解，他已经深信田子春的智谋才干，也就不再追问，总道是田子春此举一定有他的道理，况且自己也已了却了封王的心愿，就离开酒席连夜整理好行装，免得夜长梦多。

田子春返回寓所，匆忙收拾行李，等到次日天刚微微亮又亲自去催促，请刘泽去跟吕雉辞行。刘泽见田子春这般急促倒也不敢怠慢，当即入宫拜见吕雉，报告行期辞行。

吕雉刚起床，由于头天晚上没睡好，因此整个人都懵懵的，对刘泽的辞行并没有多说什么，刘泽即磕头告退。

刘泽一出长乐宫宫门，已见田子春备好了车马。

田子春直接让刘泽跳上马车，快马加鞭，匆匆地驰出函谷关，直奔琅琊王封国而去。田子春命令随从出函谷关之后也不能减速半刻，再急行军几十里地，才命人缓慢徐徐向前行。

刘泽见田子春举止异常，很是疑惑，却也不方便追问情由。

事后得知，吕雉在刘泽告退之后，果然后悔封刘泽为琅琊王，还派人急行军去追赶，来人追到函谷关仍不见刘泽的影子，知道已经来不及，才折回去禀报吕雉，吕雉苦于覆水难收成命难回，这才算罢手。

经过这一茬，刘泽对田子春的先见之明更加敬佩，对他格外礼遇厚待，他们欢喜前往封地，过起了短暂的幸福生活。

第二十五章

弑杀刘氏子弟

饿死的王侯

刘泽顺利实现了"胜利大逃亡",吕雉觉得被人玩耍戏弄,异常郁闷愤恨,内心很想拿刘氏子弟来开刀解气。

偏偏在这时候,赵王刘友的妻室、吕家闺女入宫向吕雉告密,说是赵王刘友将有异心,恐有他变。

吕雉情绪本来就不高,猛然间听闻有人要造反,瞬间慌了神,管它什么三七二十一的,在没有其他任何证据佐证,也没有经过实地调查研究的前提下,气得横眉倒竖,立即派人宣诏赵王刘友入宫觐见。

且说赵王究竟有没有什么异心他变呢?

事后经仔细调查研究,明察暗访,纯属一派胡言子虚乌有之事,多半是妇人嚼舌头所致,由刘友的妻室吕女信口捏造,有意诬陷嫁祸。

俗话说,一日夫妻百日恩,千年修得共枕眠,为何同眠共枕的夫妻竟然反目成仇呢?

上文介绍过,吕雉曾将吕女强行摊派给刘友为妻,吕女仗着吕雉势力任意欺凌刘友。刘友也是堂堂五尺男儿身,遂与吕女多次上演了家庭矛盾甚至家庭软暴力，冷落吕女而另择新欢。

吕女对刘友是既妒忌又怨恨，她连招呼都不打就直接来到长安，二话不说向吕雉一哭二闹三上吊，大嚼刘友的舌头，无非是说赵王刘友对吕氏子弟被封为王事件，时常有怨言，平常经常跟别人说吕氏子弟怎么能够封为王呢？等吕皇太后去世的那一天，一定将吕氏家族灭掉，让吕氏绝后于世。此外还有许多狂言乱语，都是要找吕氏子弟报仇之类。

吕雉为了保全吕氏族人，本着"宁可错杀一千不可放过一个"的宗旨，对吕女的话深信不疑。

吕雉决定残忍地饿死赵王刘友。

赵王刘友应召入宫之后，吕雉也不问明虚实真假，立即把他软禁在官邸，派兵看管，不给吃不给喝，撒尿拉屎都派兵看守。

刘友随行人员私底下想给他找点吃的喝的，都被看管的士兵阻拦，甚至有些人员因为据理力争而被捕入狱论罪处置。

可怜的赵王刘友因为没有吃喝，饿得奄奄一息，饥饿难耐之余作了首诗歌为自己鸣冤不平：

诸吕用事兮刘氏微，迫胁王侯兮强授我妃！我妃既妒兮诬我以恶，谗女乱国兮上曾不寤！我无忠臣兮何故弃国，自决中野兮苍天与直！吁嗟不可悔兮宁早自贼，为王饿死兮谁者怜之，吕氏绝理兮托天报仇！

真是歌声呜呜，饥肠辘辘，悲切不堪，悲壮不已，最终赵王刘友竟然饿死在驻地。就连他的遗骸都是用一般平民的礼节安葬在长安。

一门王侯竟然饿死宫中，这也算是古今奇闻了，这也正应验了"世上没有累死的官吏，只有饿死的王侯"。

憋屈死的王侯

赵王刘友史无前例的被活活饿死，吕雉就改任梁王刘恢为赵王，改封吕王吕产为梁王，又将后宫所生的儿子吕太封为济川王。

吕产虽然被封为吕王，但他始终没有去封国就职，而是留在长安做少帝的老师（太子太傅），济川王吕太年纪也尚小，也没有到济川国就职，仍然住在宫中。

再说新任的赵王刘恢，他的命运与前任赵王刘友的命运遭遇是一样的。

刘恢是一位有着诗人气质的王侯。

刘恢也曾被吕雉强行摊派，娶吕女为妻。

刘恢的妻子就是吕王吕产的女儿，吕女凭借吕雉和老爹的权势，在刘恢家中横行霸道，不可一世，而赵王刘恢又是个秉性懦弱的主，成了名副其实的"妻管严"。

吕雉改任梁王刘恢为赵王，刘恢那是十万个不情愿，虽然家有悍妇，但梁国总归还是他的地盘，我的地盘我做主。

如果移居赵国，从前赵国的官吏多半本就是吕氏的亲信，即使从梁国带官员到赵国就职，官员当中多半是吕姓人员，梁国、赵国两处事务叠加在一起，让刘恢累得直喘粗气，根本就不像个封国王侯。

真是船漏偏逢连夜雨，刘恢越软弱，那位吕女的嚣张气焰越是日盛，竟然公开将刘恢所宠爱的姬妾用毒药害死。

刘恢面对爱姬无疾而终，恼怒悔恨难咽，堂堂五尺男儿身，连心爱的姬妾都保护不了，除了无可奈何外，他内心深处只有郁闷愤恨。

也许是诗人气质做祟，刘恢内心居然生出几分暮凉悲秋之感，辗转思念爱妾，顿时觉得生活廖无生趣，蹉跎岁月之间，撰写出了诗歌四章，让乐工谱成管弦。

那音律如怨如慕，如泣如诉，让刘恢伤心得要命，一把鼻涕一把泪，情绪酝酿恰到好处之时，他索性服药自尽，到冥府间追寻他的爱姬去了，好重续旧欢，免受阴阳两隔之苦。

赵国的大臣对刘恢的遭遇都深表同情和愤怒，他们向吕雉如实禀报刘恢自杀身亡的消息，本想为主公讨回公道，责罚吕女。

却不曾想，吕雉不仅没有责怪吕产的女儿，反而说是刘恢为了一个妇道人家竟然心甘情愿殉情，对上辜负刘氏宗庙的寄托，对下亏欠父母孝道，不准再立他的子嗣为王。

赵王位置空缺，吕雉决定让人到代国，授意代王刘恒迁徙到赵国。代王刘恒知道吕雉的为人和手段，他避重就轻，情愿长守代边也不敢移居赵国，托来使回报吕雉。

来使回报吕雉之后，她也不强求，正合心意，遂决定立她的侄子胡陵侯吕禄为赵王，但吕禄还留在长安为官。吕禄的父亲就是吕释之，那时已经去世，吕雉特追封吕释之为赵昭王。

就这样，吕雉毫无顾忌地弑杀三任刘氏赵王，终将赵国属地划归吕氏族人门下，算是了却了吕雉的又一桩心事。

不久燕王刘建在燕国病死，刘建在世留有一个儿子，但是并非刘建正室所生，是私生子，吕雉不想让这个私生子继承刘建的王位。

为了铲除刘氏王侯，好为吕氏子弟封王侯多留位置，吕雉一不做二不休，派出刺客，潜入燕国，杀死了刘建的私生子，随后封吕台的儿子吕通为燕王。

第二十六章

悄然崛起

三任赵王刘如意、刘友、刘恢相继悲惨死去，吕雉乘机先后再立吕禄为赵王、吕太为济川王、吕通为燕王。

至此，吕氏已有三位王。

汉高祖刘邦所生八个儿子，八位王，被吕雉折腾得只剩下二人，一个是代王刘恒，另一个是淮南王刘长。

加上刘氏王族，还有齐国、吴国、楚国和琅琊国，总算还保留刘氏王地六国。

也有史学家认为恒山国、淮阳国、济川国三国也算是刘氏血脉，这里就不多探究。

此时，吕氏也有三王，一个是梁王吕产，一个是赵王吕禄，一个是燕王吕通。吕氏势力已与刘氏相当，而且吕禄的封地远超过了各王的封地，但他却仍然留在长安宫廷之中，手握全国兵马大权，权倾一世，这都是刘氏诸王不能够匹敌相比的。

刘氏的天下几乎都快成为吕氏的天下了。

流光如逝，一晃眼的功夫就过去了八年时间。

这八年内是吕雉专制的时代，而这八年也是人神共怒的时代，在这八年中常常出现阴阳反复变化，全国自然灾害异常现象时有发生，一会儿发生地震，一会儿发生山崩，一会儿发生洪水，一会儿出现红日当头、繁星频显等怪异现象。

对于上述种种怪异现象，吕雉本人也有所察觉，每每见到日食如钩现象时，总是望日自言自语：难道这些都是因我而起的吗？

虽然吕雉已经意识到这些问题，但是江山易改本性难移，总道是多活一日，就多做一天大汉女主，至死方休。

少帝刘弘虽然名为国君皇帝，但吕雉却从来不让他参与政事国事，简直就与木偶无异。

宫廷内有临光侯吕嬃、左丞相审食其、大谒者张释等宗亲心腹把持密谋；宫廷外有吕产、吕禄分管南北禁军。而右丞相陈平、太尉周勃是图有虚位而没有实权，混迹官宦只是为了保名声、图养俸禄罢了。

此时的吕氏，正是盛极一时的吕氏，是吕氏的全盛时代。

物极必反，日暮则衰。

吕雉专制时代，吕氏日盛，刘氏日衰，剩下几个高祖子孙都人人自危，唯恐哪一天会有大祸临头。

就在"吕盛刘衰"的关键时刻，却有一位刘家龙种子弟年少气负，慷慨激昂，隐藏胸中大志，不愿随波逐流苟且屈服，常在阴暗的角落静静怒目相向，等待着机会的到来。

这个人是谁呢？他就是朱虚侯刘章。

当年刘章的父亲齐王刘肥病逝之后，吕雉命他及三弟一起进宫保卫皇宫，那时他才二十刚出头。

刘章长得英俊潇洒，仪表堂堂，气宇轩昂。后来他在吕雉的强行摊派之下娶了赵王吕禄的女儿为妻，虽然说强扭的瓜不甜，但也有例外，刘章和吕女两人还算恩恩爱爱，与之前吕刘联姻的情景大不相同。

吕雉见他们俩相处家庭和睦，恩爱备至，自然也觉得欣慰欣喜，就是赵王吕禄得了此等乘龙快婿也很是欢喜，对刘章另眼相看。

却哪里知道，刘章骨子里流的是高祖刘氏的龙血，心藏深计。刘章表面上利用与吕女夫妻恩爱有加、温存可人的表象，好让吕女转告吕氏族人，他们是何等相亲相爱，以麻痹吕氏族人警惕之心，也好趁机大有作为，扬眉吐气，以匡扶刘氏家族于危难之中。

这不，机会来了。

一天晚上，刘章如往常一样进宫站岗放哨，那晚吕雉正好在宫中大摆宴席，宴请吕氏宗亲，参加酒宴有一百多人，且一大半都是吕氏王侯。

刘章见吕雉如此排场，已怒火心头烧，但是他面不露怒色，静静站在一边，等候吕雉的具体吩咐。

吕雉酒席间看见刘章站立在一边，于是就让刘章做酒吏，做好此次酒宴后勤保障，主要任务是监督大家喝酒。刘章听了吕雉的吩咐，心中顿生一计，出口恶气的机会终于来了。

刘章慷慨激昂的对吕雉说：禀皇太后，我是一介武夫军人，现在奉皇太后的指令监督众人喝酒，请皇太后允许我按照军法从事！

吕雉一向将刘章看成小孩，总觉得他说的就是一句玩笑话，所以也就不加思索地笑着答应了刘章的请求。等到参加宴席的人入座，酒过三巡，自吕雉以下，大家都有几分酒兴。

为了让吕氏子弟酒醉出乱，抓住小辫子，刘章当即让歌舞过来助兴，唱了几曲巴里词，表演了一回莱子戏，都是当时最尽兴的流行娱乐节目，也惹得吕雉眉开眼笑，用手拍着节拍大大赞叹一番。

随后，刘章又向吕雉申请，想给众人献丑，为吕雉及宾客唱首《耕田歌》。

吕雉大笑：你的父亲或许还知道如何耕田，你一生下来就是公子哥，怎么知道耕田呢？

刘章：我还是略微知道的。

吕雉：那你且先说说耕田的大概意思吧。

刘章吭声唱道："深耕溉种，立苗欲疏。非其种者，锄而去之。"

吕雉何等聪明何等敏感，她已经听出了刘章歌中语带双关，但由于当时正宴请吕氏宗亲，喜气洋洋的气氛，不便在席间责问刘章，面带怒色，默然不说话。

刘章则继续装傻充愣，假装没看见吕雉的怒色。只是让酒席服务人员不断给众人倒酒，将参宴者灌得醉意熏熏。

期间就有一位吕氏子弟因酒量浅，不胜酒力，偷偷地想退出酒席，但是这个倒霉蛋，偏偏被刘章看见，刘章以迅雷不及掩耳盗铃之势，抢步跳下阶梯，拔出随身佩带的佩剑，追到那个人的背后，大声呵斥道：你胆敢擅自溜出酒席吗？

那人听见背后有人呵斥他，正忙着回过头来，准备作揖谢罪，刘章却已怒目直瞪道：我已经获得了吕皇太后的许可，监酒以军法从事，你胆敢擅自离席，你分明是藐视王法，你休想再活命了！

言毕，手起剑落，竟将那人脑袋砍了下来，然后从容地转过身回报吕雉说：禀报吕皇太后，正有一个人想擅自离开酒席，我已经按照皇太后您的旨意将他依军法从事了，将他砍了脑袋！

刘章的这几个连贯动作一气呵成，顿时惊呆了在场的所有人，就连吕雉也不禁花容失色，只能用双眼死死地盯着刘章，刘章却好像什么事情都没发生一般，从容自若地回到岗位继续值守。

吕雉沉默了良久，也死盯着刘章很久，她已经准许刘章按军法从事，所以还不能责怪他擅自砍杀吕氏子弟，只得忍耐了事。

本欢乐备至的气氛，却不料血溅酒宴，参加宴席的人都局促不安，纷纷告退。吕雉见状也雅兴全无，便下令撤掉酒席，起身回寝宫。待吕雉起身离去，与宴人员也都随即离席作鸟兽散，刘章也安然回家。

自从经过上述这番宴席插曲，吕氏子弟才知道刘章的英勇无惧，都惧怕他三分。吕禄对这个乘龙快婿也多了几分顾忌，但碍于女儿情面上，不好对刘章有什么责怪，仍然跟平日一般对待。

吕氏子弟见族辈中的大哥级人物——吕禄，对刘章还是一如既往的关照培养，也就不好自讨没趣去与刘章一争高下，只能隐忍度日。

刘氏子弟听说刘章力斩吕氏子弟，都暗自庆幸，都希望刘章能匡扶刘氏基业，力挽狂澜，抑制吕氏势力的过度发展。就连右丞相陈平、太尉周勃等重臣也与刘章走得很近，都认为他是奇才。

刘章此次语带双关抗衡、巧妙用计斩杀吕氏子弟的举动，标志着刘氏势力逐渐重新崛起，吕氏势力日趋衰弱。

◉ 女性封侯

且说刘章一时间竟然成为刘氏子弟倾慕的英雄，希望他能匡扶汉世基业于危难之中，而这所有的一切征兆，都让吕雉感到了<u>丝丝恐惧</u>。她一如既往地采取分封吕姓子弟的方式，寻求心理片刻安慰，从而好进一步巩固吕氏权威和地位。

吕雉近乎疯狂地分封吕姓子弟，实则是她的无奈之举，也是她最后的疯狂之举，因为吕雉内心缺乏基本的安全感。

吕雉先前已大肆封吕氏子弟为王侯，可她还是觉得不过瘾，当她想再分封吕氏子弟时，发现吕氏宗亲族人之中，已无男丁可分封（当然男人还是有的，虽然身为皇太后，但分封子弟为王侯，也必须是能扶得起的阿斗），对此却也难不倒吕雉。

吕雉突发奇想的决定加封她的亲妹妹吕媭为临光侯，这真是史无前例的又一创举，分封女子为王侯将相，又开创了中国历史上一个先例。

"王侯将相宁有种乎"的真言，再次得到了历史检验。临光侯吕媭，女掌男权，竟然得到了封侯。

吕媭虽然得到封侯，但她不改专喜留意他人过失的性情，经常伺机向吕雉嚼舌根打小报告。

吕媭听说刘章擅自杀了吕氏子弟，却也想不出什么办法陷害刘章，便时刻暗中察悉，得知陈平与刘章交往很密切，就想从中作梗，希望能先扳倒陈平，如果陈平一倒，刘章也就比较好收拾了。

吕媭为了打压陈平，就多次在吕雉面前打他小报告，说他是个酒鬼，白天喜欢酗酒。又说他生活作风有问题，经常调戏良家妇女。

如果换成一般的人，就凭酗酒和调戏良家妇女恶习，完全可能被拉下马，作风问题不是问题，可在关键时刻却是"一票否决"的大问题。

可这次，吕媭选错了对象，陈平是吕雉最为信任的忠臣之一。吕雉还没有老年痴呆到不分黑白是非，她知道吕媭其实是想报复刘章、陈平，而有心诬陷他们，所以也就没有轻易相信她的鬼话，只是命令心腹私底下密切监视陈平的日常行踪。

陈平听说吕媭在吕雉面前打了他的小报告，决定将计就计，平日索性更加贪婪酒色，沉湎不理国事。陈平如此松懈怠工，反而让吕雉放心，陈平的行径是为了让吕雉麻痹大意疏于防范，认为陈平也不过如此，不值得担忧。

那天陈平进宫向吕雉汇报工作，正巧吕媭也坐在旁边，吕雉等着陈平汇报完工作之后，指着吕媭对陈平说：俗话说得好，小孩子的话不可听，你尽管大胆放心照常处理朝廷政务就行，不要畏惧我的妹妹吕媭嚼舌头，即使她在一旁多口舌，我还是相信你，不信吕媭！

陈平磕头拜退起身而去，只是难为了一个皇太后胞妹，被皇太后当面奚落得无地自容，委屈得几乎都要掉下眼泪，面对吕媭的百般无辜，吕雉却也只对她哼哼的冷笑几声。

吕媭坐立不安，干脆直接避开吕雉，远远地找了个没人的地方大哭了一场。自从那时候起，吕媭再也不敢在吕雉面前嚼陈平的舌根了。

吕雉不是只顾娘家不顾夫家的人吗？为何此次会如此薄情，让妹妹难看而讨好一个外人？

当然，这并不是说吕雉是何等的公道正派，善恶分明，她通过打压吕氏族亲而笼络外人"曲线救国"的策略，更说明吕雉已经百般无奈，几近最后的疯狂。

第二十七章

吕氏的灭亡

◎ 暴风雨来临前的寂静

纵观右丞相陈平在吕雉时代的政治表现，他为了维护既得利益，凡事都向吕雉早请示晚汇报，从来不敢擅自专断，身边又有娇妻美姬，夜夜纸醉金迷，看似就是个麻木不仁、厮混度日的老官僚。

在吕雉主政的年代，陈平无趣厮混是外在表象，可他的内心却时刻焦躁不安，毕竟他也是刘氏基业的奠基开拓者之一，他对刘氏江山不仅有义更有情。

平日里，陈平显得无所事事，其实他内心深处时常开展着激烈的思想斗争，他的初衷是要安定刘氏江山基业。无奈女主当道如日中天，嚣张气焰可谓日盛一日，即使想要设法抗衡也恐怕犹如螳臂当车不自量力。

陈平整日忧愁，总觉得世道危险万分，但又没有什么好办法可施。

故事讲到这里，不得不提及一个人，他就是陆贾。

陆贾也曾是大汉王朝的高级公务人员，官至大中大夫，亲历了"吕盛刘衰"，更目睹了吕氏子弟的过人手腕，为了自保，不便与其正面力争，于是就托病辞职告老还乡，请风水先生选择一块好地，领着家眷过起隐居的世外桃源生活。

陆贾的行径虽是明哲保身之举，似有不顾江山社稷为重的懦弱嫌疑，这里我们也不过多评述。

陆贾自从离开政治权力核心后，便人走茶凉，家道中落，已没有什么家资，只剩下从前代表大汉王朝出使南越国时获赠的外交礼物"赆仪"。那时的大汉王朝可没有什么规定，代表朝廷出访获赠的物品，无论值不值钱，都可归个人所有，不需要上缴。

陆贾归隐之后不久，他的老伴就病逝了，身边留有五个已成家立业的儿子。陆贾便将"赆仪"变卖得了一千两黄金，分成五份，分给了五个儿子，让他们各自经营过日子。

陆贾则自留了一辆车、四匹马、十个仆人，外加一把宝剑，独自过起了乐天派的生活，逍遥天下。而个人所需衣食则由五个儿子轮流提供，不求什么奢靡，只求温饱即可。

陆贾有时候到长安，与从前多年官宦同僚相聚欢畅豪饮，谈天论地，好不意气相投，就是右丞相府他也经常出入，门吏仆役都认识他，都随他自由出入，从来不需要通报知会。

那天，陆贾如往常一样去拜访陈平，下人见是熟客也就由他自由进入，不加盘问，只是说丞相在内房中。

陆贾对相府自然熟门熟路，便径直来到陈平的内房，只见陈平面无表情，两眼发呆，耷拉着脑袋，唉声叹气，独自一人沉思落寞。

陆贾见状便上前问道："丞相有什么烦恼缠身吗？"

陈平正在发呆，陆贾的到来他丝毫没有察觉，突然被这一声疑问而惊醒，猛然抬头一看，见是熟人，才将悬在半空中的心落地为安，请陆贾就座，一边笑一边问："先生知道我有什么心事吗？"

陆贾："大人你位居右丞相高位，又食养三万户人家，可以算是富贵至极了吧，应该没什么他求了。但见你还是忧思过滤，我想一定不是为了家事，一定是为了国事天下事，为了吕氏专政吧？"

陈平淡淡苦笑一声说："的确如先生所料。敢问先生有什么好办法吗？可以使刘氏转危为安。"

陆贾淡然笑道："和平盛世要关注一个国家的丞相，战争乱世要关注一个国家的武将，如果丞相和武将和睦则天下人都会归附，即使天下突然有什么风云变化，也不至于出现割据势力，国土四分，保持国家的一统。如果国家一统繁荣，那么请问还有什么事情不能办到呢？如今社稷大业的安危可以说掌握在两个人的手中，一个是大人你，另一个就是绛侯周勃。我时常想向绛侯进言，只怕绛侯与我有间隙，会把我的进言当作耳边风。大人你为什么不改善下与绛侯的关系，联络联络感情，到时候便于互相帮助呢？"

陈平听了陆贾的话，欲言又止，似乎有什么难言之隐，陆贾见状走到陈平的身边，悄悄地在他耳边密谈了几句话，陈平听后一再点头表示认可，愿意为国家社稷大业而听从陆贾的计谋。

话说陈平与周勃虽然同朝为官，且辅佐高祖多年，共同为刘氏江山的建立做出了杰出的贡献，但是他们政见不一、性格不合。周勃刚正不阿，清廉有余；陈平足智多谋，多市侩世俗气息。周勃对陈平多有不屑，陈平对周勃也是多有不满。

从前刘邦在荥阳时，周勃就曾弹劾陈平是个大贪官，虽然已经过去很多年，但是陈平和周勃之间总是有些说不明道不清的小九九，同朝共事也只是貌合神离。

此次陆贾为陈平出计谋，让他为了刘氏江山社稷大业而与周勃和好结欢，为刘氏江山基业齐心共渡难关。

按陆贾计谋，陈平在家中大摆酒宴，专程邀请周勃共饮。等到周勃到来，陈平对周勃是极尽能事的热情，当即上前请周勃入席上座，宴席又上极力劝周勃多饮美酒，宴席下又专门请来歌姬献歌跳舞，惹得周勃美不甚哉。

在这其乐融融的氛围下，陈平和周勃那是甩开了膀子大口吃肉大碗喝酒，喝高了的两位老兄一改之前的隔阂间隙，勾肩搭背称兄道弟。酒宴之后，陈平又命人取出五百两黄金，作为周勃的生日礼金，抱拳作揖周勃祝寿。碍于情面，周勃当面不肯收下，陈平又当着周勃的面，命人将礼金送到周勃的家中。

过了三五天的时间，周勃也准备了异常丰盛的酒宴，按照惯例回请陈平，陈平自然欣然前往赴宴，那天陈平也是大醉而归。

起初周勃根本不屑跟陈平往来，因为外界认定陈平已经成为吕雉的头号心腹，周勃压根儿信不过陈平，甚至对他多了几分忌惮和防范。

就这样一来二往，陈、周二人之间的间隙在酒桌上，在哥们义气中被冲淡无痕。从此他们来往很密，相处来往多了，也就不免谈及国家大事。

其实周勃与陈平一样，心中也对吕氏忍隐多年，经过几次试探性的交流，周勃在国事政见方面与陈平的思路情投意合，大有相见恨晚的感叹。

至此，陈平十分信服陆贾的才辩，特意增送他一百名奴婢仆人，五十辆车马，五百万冠钱，让他交游公卿望族之间，私底下与他们交好，将来可以作为匡扶汉世大业的一份中坚力量。

陆贾收了陈平的馈赠便到处结交访友，劝众人摒弃吕氏而重振匡扶刘氏。在陆贾的游说之下，朝中文武百官绝大多数都被他说服，不愿再追随吕氏，吕氏的势力日渐孤薄。

　　表面上看，一切事由的发展都显得格外的平静和谐，让人联想不到即将到来的会是一场暴风骤雨。

　　这大概就是诗人们所说的"暴风雨来临前的寂静"吧。

🏵 天意不可违

　　在"暴风雨来临前的寂静"前夕，以吕媭为中心的吕氏反动派根本不清楚外界究竟发生何事，摸不清事态局势。

　　吕氏反动派依然故我，恃权欺势，没有走拉拢重臣权臣的高层路线，也没有走贴近基层的群众路线。

　　公元前180年，正当三月上旬，吕媭按照风俗习惯，亲临渭水，驱除不吉祥的兆头，祈求风调雨顺国泰民安。

　　礼毕，一行人浩浩荡荡径直回宫。

　　大队人马走在轵道上，吕媭突然看见一个东西从天而降，蹦到身边，那东西好像是一只苍狗，咬着吕媭的衣腋不放，顿时让她痛彻心扉。

　　由于疼痛难耐，吕媭顾不得龙凤颜面，在御驾中失声大叫起来。

　　周边的护卫听见吕媭的惨叫，赶忙摆好架势准备护主，但却不知道究竟发生了什么事情，左顾右望，不见有刺客，只听见吕媭有气无力声音微颤，呜呜咽咽地质问左右是否看见一只苍狗。

　　周围侍从护卫犹如丈二和尚摸不着头脑，七嘴八舌地都称没有看见，吕雉左看看右瞧瞧，见四周并无他物，也觉得很奇怪。

没办法，吕雉忍着剧痛回到宫中，宽衣解带，脱下衣服一看，腋下已经青肿，因此更加惊奇疑惑。

吕雉当即召太史进宫，命他占卜吉凶，太史经过一番捣鼓，又是念叨又是掐指，嘴里只蹦出两个字：凶相。

凶相，就是不吉祥的征兆了，具体而言，说是赵王刘如意在其中做祟。

吕雉听了将信将疑，认为不值得全信，于是暂且命太医调理治疗伤痛，但敷药用药都不见效果。吕雉疼痛难耐，不得以才派人到赵王刘如意的墓前代为祭祀祷告。

神也拜了，香也烧了，头也磕了，可吕雉的身体就是不见好转。

白天腋下的疼痛还可以勉强忍受，但是到了夜间，腋下的疼痛则比白天增加百倍，吕雉都快疼得受不住。

幸亏吕雉体质好，一时还不至于疼死，这样就一直春去夏来，夏去秋来，才将她的全身气血折磨得差不多，整日裹被卧床不起。

吕雉遭受如此疼痛折磨，也许是上苍对吕雉略施的惩罚吧，天意难违。

◎ 安排后事

吕雉知道自己所剩时日已不多，就挣扎着最后的气力，安排起了后事：拜吕禄为上将，统领北军，保卫皇宫；拜吕产统领南军，保卫都城。

吕雉临终前召见吕禄、吕产，语重心长地嘱咐二人说："你们被封为王，满朝文武百官多有不服气，我如果死了，难免会有不测的事情发生。你们二人为了党国利益要精诚合作，牢牢保卫皇宫，切不可轻易出去，即使我出葬之时，亦切不可去送葬，方能避免被别有用心之人所制约。"

吕禄、吕产听后都唯唯受令。

后事交待完毕，又过了几天，吕雉病死在未央宫。按吕雉遗召，拜吕产为相国，拜审食其为太子太傅，立吕禄女为皇后。

就这样，吕产在宫廷内护丧，吕禄在宫廷外巡视，全城戒备，大有大兵压境的压迫感。待吕雉的灵柩出葬长安，他们亦谨遵吕雉生前吩咐，不敢擅自前去送葬，坐镇南北禁军大营，保卫宫廷，一步都不敢离开放松戒备。

吕雉一命呜呼，让人感叹良多。

回顾她的一生，起自市井，立于皇宫，从纯朴无邪的村姑一跃成为一国皇后，世人对她的评价多为：刚毅、恶毒、淫悍。

吕雉是一位典型的"百变女王"，她既纯朴又显市侩，既善良又显残暴，既无邪又显心计，既守旧又显敢为，既娇柔又显彪悍……

虽然"人彘"是惨绝人寰的，"斗城"是罪恶的，"残害忠良"是无道的，"冲动激情"是无德的，但无论如何，吕雉的敢为、敢爱、敢担是真真切切的，没有她也许就没有"临朝听政"，没有她也许就没有"女主称制"，没有她也许就没有"女性封侯"，没有她也许就没有史书中一篇篇精彩的故事。

铲除吕氏

陈平、周勃等人虽然有心除灭吕氏，可无奈吕产、吕禄防备严密，根本没有可乘之机，只好耐心等待时机。

唯独朱虚侯刘章，盘问妻室吕女，才知道吕产和吕禄原来是谨遵了吕雉的遗志，严守皇宫，严密防范，才有此困扰。

刘章意识到，如果继续这样下去，吕氏必将继续作乱，长安朝廷之内，根本没有人有能力彻底铲除吕氏势力，遂决定从外面寻找合适对象向吕氏发难声讨。

这外围发难对象究竟找谁合适呢？一时间让刘章着实为难一番。

当时刘氏血脉中还有好几个人选，高祖在世的儿子还有两位，一位是代王刘恒，一位是淮南王刘长；再加上刘氏王族，还有齐国、吴国、楚国和琅琊国等王室。

代王刘恒生性胆小怕事，且地处偏僻疆域不便作为发难先锋，淮南王刘长及吴国、楚国似有"亲吕"嫌疑，也不适合成为组建"多国部队"的理想统战对象。

左顾右盼，看来只有齐王刘襄是最适合的对象了，刘襄不仅是刘章的亲哥哥，是他完全可以信任的对象，更为关键的是，刘襄与吕氏有过节。

首先，刘襄与吕氏有不共戴天的杀父之仇。表面上看，吕雉虽然没有直接谋害刘襄的父亲刘肥（欲赐毒酒，犯罪未遂），可刘肥的死（气愤、害怕）也与吕雉有莫大的关联，所以刘肥的几个儿子都认定吕雉是间接的杀父仇人。

其次，刘襄与吕雉有割地赔款丧权辱国的夺土之恨。吕雉曾无端端地将刘襄所辖的济南郡划割给刘泽，建成琅琊国。

最后刘章决定联合齐王刘襄，里应外合向吕氏反动派发起正面反击。

刘章密令亲信到齐国，向哥哥刘襄报告，请他向西发兵，刘章在都中作为内应，里应外合诛灭吕氏，并誓约，如诛灭吕氏反动派，一定拥护刘襄为帝。

刘襄接到刘章的密报之后，心中向往权力巅峰的骚动顿时波澜四溅，随即召来舅舅驷钧、郎中令祝午、中尉魏勃共商大计，部署人马，指日出发。

齐国国相召平是吕雉中央政权下派到齐国的监督官，对吕氏家族那是忠心耿耿，无意间探听得知此事，当即派兵进入王宫，表面上说是要保卫王宫，实际上是要软禁刘襄为人质。

齐王刘襄被召平牵制，不便马上出兵长安起事，便急忙请来魏勃等人秘密商量对策。

魏勃素来就有智慧谋略，他为刘襄谋出一策。

魏勃异常恭敬地前往王宫面见召平，假装与刘襄道不同不相为谋，压低声音悄悄对召平说：刘襄在没有得到朝廷的虎符的情况下，就想私自起兵，这就等同于造反啊，现在召相国派兵围困刘襄，我个人是举双手双脚赞成的，我愿意为大人马首是瞻，指挥兵士，阻止刘襄擅自行动，不知道你是否愿意将兵符交给我？

也许是召平大脑一时短路，魏勃这种只能欺骗三岁小孩的鬼话，他居然相信了。

也许是召平求稳心切，他想拉拢一切支持他的势力，想利用魏勃的军事才能，但他却忽略了最为关键的因素——政治信仰是否坚定。

召平知道魏勃是个难得的军事人才，在此紧要关头能得到他的支持，很高兴、很振奋，当即将兵符交予魏勃使用，任命魏勃为将，领统三军大权。

而召平则愉快地回到相府玩耍，独自安居享乐躲清闲，悠闲地等待魏勃凯旋的大好消息。

就在召平在家喝着小酒唱着小曲时，突然有人闯进大厅禀报出大事了，原来魏勃是个背信弃义的大叛徒，不仅将围困刘襄的军队撤走，反而转向围困相府，大队人马即刻就到。

召平一听顿时吓得手足无措，急忙命令门卫紧闭大门，前门后院都派人守护。

没过多久，相府门外只听车水马龙、人喧马叫。士兵在魏勃的指挥下东冲西突南呼北号，一座相府门第已被魏勃手下围得水泄不通，眼看就要被攻破。

召平眼看大势已去，不禁仰天长叹道：道家有言，当断不断，反受其乱，我不能准确判断，将兵权交给了个"白眼狼"，反遭暗算，现在就是后悔都来不及了。

召平言毕，拔剑自杀。

不久魏勃推倒相府围墙，强攻入内，召平已身亡倒地，也免得再亲自动手，魏勃便回去向齐王刘襄禀报战绩。

齐王刘襄任命魏勃为将军，准备向长安首都出兵发难，并任命舅舅驷钧为丞相，祝午为内史，撰写了慷慨激昂的发兵檄文，号召四方共同讨伐吕氏反动派。

从地理位置分析，距离齐国最近的是琅琊国、济川国和鲁国三国。济川王是刘氏后宫的儿子刘太，鲁王是鲁元公主的儿子张偃，此两个人都是吕氏的死党，不便联络作为策应。

而琅琊王刘泽是刘氏族人中辈分最长的，又与吕氏不甚相投。按此分析，应该可以让琅琊王作为齐王刘襄的后援。

经过深思熟虑，齐王就让祝午去见刘泽，相约一同起事，以共图大业。祝午怕刘泽有其他不同的想法，就与齐王耳语数句之后才起身前往见刘泽。

祝午来到琅琊国，与刘泽相见，从两方面乘势进言。

其一拍马屁。说吕氏子弟作乱，已经危及朝廷，齐王从刘氏基业出发，起兵西征，讨伐乱贼，但又恐怕年纪轻、威望薄，又从来没有参与过兵事，难有胜算。齐王素闻琅琊王久经战场，具有非凡军事才能，而且琅琊王又德高望重，齐王愿意带领全国老百姓一同归顺听从于琅琊王，为此特意派遣祝午来恭迎琅琊王，迅速前往齐国临淄主持军务。

其二妄许诺。祝午代表齐王刘襄，恳请琅琊王马上联合齐国、琅琊国两国的兵马，组成"多国部队"，从西入关中，共同讨平内乱，到时候国平龙飞，九五之尊的宝座，非琅琊王莫属。

刘泽虽然被吕雉封为琅琊王，但他早已看不顺吕氏专横，特别是在吕雉病死之后，他就萌生出了起事发难的心思，现得知齐王已反，对他是大大的利好消息，当即就跟祝午一同起身前往临淄。

到了临淄，齐王刘襄表面上热情亲近，让刘泽很是舒服，但让刘泽蒙在鼓里的是，这次着实被刘襄、祝午忽悠了一把。

刘襄表面上很热情，可背地里却派人监视刘泽的一举一动，再派遣祝午前往琅琊国，假传刘泽的旨意命令，让琅琊国的所有兵马整装齐发，向西攻取济南。

琅琊国军民一呼百应，无不振奋。

济南原本是齐国的地方，由于吕雉强行将济南割让给了吕王，这次发兵以齐王为主导，自然首选攻取济南为上，名正言顺，出师有名。

同时齐王刘襄还陈情吕氏的各项罪状，通告天下：

高帝平定天下，立我为齐王。惠帝死了之后诸吕专断，随意废帝更立，杀三赵王，灭梁赵燕三国而封诸吕为王，更可恶的是瓜分我齐国，一分为四。朝中忠臣进谏，不仅不听而且在诸吕的专权下扰乱了天下的治理。现在诸吕氏又擅自尊官，聚兵以显威严，要挟列侯忠臣，假传圣旨以令天下，我刘氏伟业宗庙都岌岌可危。我现在代表正义之师、威武之师、胜利之师，率兵进入长安诛杀吕氏以匡扶天下正义。

这消息一传到长安，吕产、吕禄犹如热锅上的蚂蚁，手忙脚乱，惶惶不可终日。不知是忙中出乱，还是愚蠢无知，吕产吕禄居然派遣颍阴侯大将军灌婴领兵数万人马出城迎击齐国的军队。

颍阴侯大将军灌婴也是反吕义士，是陈平、周勃的左膀右臂，吕产、吕禄派遣颍阴侯大将军灌婴迎击敌人，就犹如"没有枪没有炮，敌人给我们造"。

灌婴按照陈平、周勃事先的交代，急行军到荥阳便逗留不前。灌婴驻扎荥阳，内结绛侯周勃，外连齐王，静候内外动向消息，再定前进还是后退。

齐王刘襄将兵马安扎在西界，暂停前进。

再说琅琊王刘泽被齐王刘襄软禁在临淄，知道已上当受骗，为了摆脱禁锢，刘泽想出一个办法，该办法也分为两步走。

第一步引诱。他对齐王刘襄说，悼惠王（刘肥的谥号）为高帝的长子，而齐王是悼惠王的亲戚，是高帝的嫡长孙，应该继承大一统伟业。

第二步许诺。如今听说朝廷文武百官大臣都在长安商议推举新主，刘泽在亲戚辈分中也还算是长辈，大臣都等着听他的意见，齐王将他留在临淄没有什么好处，不如放他进关，与众人一同商量此事，保管齐王能登上帝位。

齐王刘襄听了刘泽的话，已有所心动，随即为刘泽准备车马行李，并为刘泽饯行。刘泽出了齐国的国境，算是脱离了齐王的羁绊，也就慢慢悠悠地继续向西前行，静候长安内的消息。

与此同时，长安城内的情势已经有很大变动，右丞相陈平和太尉周勃冰释前嫌，为国家利益决定摒弃前嫌精诚合作，共商国家大事。

陈、周二人骨子里对吕氏都深藏不满和怨恨，两人密谋联合，为消灭吕氏反动派而时刻准备着。只是因为吕产、吕禄两个人分别手握互为攻守的南北禁军，暂时还不能有所行动。

此次，齐王刘襄决定讨伐，陈平和周勃判断其中必定有机可乘，就商议作为内应帮助刘襄。

同时，周勃还命令灌婴以出兵镇压齐王为名，屯兵荥阳，作为进可攻退可守的战略准备。

为了更有效掌握吕氏家族的动态，陈平决定派个"卧底"深入吕氏家族，一来是为了掌握了解敌情，二来是为了有效分化瓦解吕氏内部团结。

这个卧底的身份角色十分重要，综观吕氏人脉，陈平决定派郦寄担当此卧底角色。因为郦商、郦寄父子俩与吕产、吕禄相交甚密，身份隐蔽恰到好处。

为此，陈平还做了件为江湖英雄十分不齿的事情——绑票。

陈平以商量国家大事的名义将郦商骗过来，随即绑架扣押了他。随后，陈平命人请来郦寄，以他父亲郦商性命相要挟，要求郦寄诱导吕禄迅速到封国做他的藩王去。

郦寄由于父亲被绑架，为了保全父亲的人身安全，郦寄不得不昧着良心，勇担卧底角色，前往吕禄家中求见。

郦寄与吕禄本就是纯粹的狐朋狗友，他们在一次闲聊中，郦寄随性无意间就抛出了话题主旨：就国守藩。

吕禄也不是个无知之人，他从郦寄的话语行间听出了话外之音。

吕禄放下茶杯，整了整衣冠，猛然起身向郦寄行了个九十度大礼，请求赐教，慌得郦寄一时竟然不知所措。

郦寄见吕禄如此诚心，正中下怀，他乘机向吕禄阐述利弊得失，理由有三。

一是汉高祖跟吕皇太后共同框定天下，刘氏共立九位王，即吴、楚、齐、代、淮南、琅琊、恒山、淮阳和济川；吕氏则立三位王，即梁、赵、燕，立上述王都是经过满朝文武大臣共同商议而定的，布告了各诸侯国，且各诸侯国都没有什么异议。

二是吕皇太后已去世，少帝且年幼，吕大人身佩赵国大印，却没有听说要就国守藩，仍为汉朝上将军，统兵留守首都京城，请问如何能让众人不猜疑其中有鬼呢？

三是齐国已经起来造反，各国很有可能积极响应，实为汉朝大患啊。

阐明上述三条理由，郦寄继续发扬兄弟无私互助情怀，他不仅将吕禄存在的风险说明讲透，而且还为吕禄指出了改过自新、重新做人的出路。

出路：交还上将军将印，把兵权交由太尉周勃，再请梁王吕产也交出相印，与满朝文武大臣共立盟约，表明心迹，即日就国。

成效展望：齐国必定罢兵宁息；吕禄将尽占地千里，南面称王，可高枕无忧。

吕禄和郦寄两人是铁哥们，吕禄对郦寄的为人和才干只有八个字形容：深信无疑、五体投地。

吕禄当即表示感谢刘氏、感谢政府、感谢郦寄能给他改过自新，重新做人的机会。

吕禄随后就将郦寄的意思转告吕氏子弟，吕氏父老中有说可行也有说不可行。

吕禄虽然对郦寄深信不疑，但是在家族存亡重大原则性事项方面，他还是表现出了犹豫不决。

郦寄本来就心怀鬼胎，每天都找不同的借口到吕禄家查探动静，可吕禄家中多日风平浪静，他很是着急，毕竟父亲的小命已悬于一线。

为了不露马脚，郦寄并没有急着催促，他每天都像患了强迫症一般，强迫自己按捺住焦躁的心理，虚与周旋，见机劝说。

❀ 姑姑总是对的

吕禄散漫惯了，自吕雉辞世以来，他整日精神高度紧张，为了稍加放松，吕禄便在晴空万里的一天，邀请郦寄一同外出郊游狩猎。郦寄为了进一步探明虚实，自然欣喜一同前往。

吕禄和郦寄并排骑马同行，有说有笑。

长话短说，狩猎过程自然激烈，收获也十分丰盛。玩也玩了，鸟兽也获得不少，然后他们兴高采烈地哼着小曲回程。

回家途中，他们路过临光侯吕媭的府邸，吕禄决定顺道拜访这位姑姑。

吕媭之前就听说吕禄有交还将印的意思，本来她还想亲自去找吕禄问明情由，这下可好，吕禄主动前来拜见。

吕媭还没等吕禄上前向她跪拜请安，便怒目呵斥他：你这个庸奴，身为上将军，竟然背弃军队浪荡游玩，眼看吕氏家族将无从安身了。

之后的历史实践证明，吕媭这几句话，足见她在朝廷后宫摸爬滚打几十年，已具备了过人的洞察力和深邃的思考力，也算是一位有思想、有见地的妇人。

吕禄听了姑姑的无端呵斥，一开始觉得很是莫名其妙，满脸无辜，支支吾吾地还想解释什么。

吕媭见侄子这般窝囊窘态，更加动怒，随即返身回屋，将家中所珍藏的金银珠宝悉数拿出来，大臂一挥，将珠宝散落扔到大堂之下，恶狠狠地说：家族都快要灭亡了，这些物件始终都不归我所有，何必要替他人守着嫁衣裳呢？

吕禄见姑姑正在气头上，一时半会劝不动，就匆忙退出姑姑家。

郦寄等人都守候在吕媭府邸门口，见吕禄形色仓皇地退了出来，与此前笑容灿烂进入吕媭府邸时的表情迥然不同。

郦寄敏锐地觉察到，一定是发生了些不好的事情。郦寄就拐弯抹角地向吕禄问明了原委。

吕禄简单将吕媭表现描述了一番，郦寄听后不禁大吃一惊，觉得吕媭非同一般，不可小视。

吕禄满脸挂满了茫然和无辜，郦寄为了缓和稳住吕禄焦躁不安的情绪，他只是淡淡地避实就虚宽慰几句，无非是说吕媭她老人家多虑了。

无奈至此，吕禄也开始多虑起来，对郦寄的话似信非信，半路上就跟郦寄告别，返回府邸。

郦寄凭着多年的政治直觉，觉得吕媭的表现和吕禄的反常不是件小事情，应该引起反吕集团的高度重视。

与吕禄告别之后，郦寄就向陈平周勃汇报他所掌握的所有情况。

陈丞相周太尉得知此事之后也很是担忧不安。

㊥ 吕氏的覆灭

长话短说，为了彻底解决吕氏反动派，避免节外生枝发生不测，在太尉周勃、右丞相陈平、朱虚侯刘章、平阳侯曹窋等人的共同努力下，众人"为吕氏右袒，为刘氏左袒"展开了紧张而激烈的代号为"诛吕"的行动。

陈平、周勃等人密谋夺取吕产北军；刘章捕获吕产并将其击杀；周勃亲自率领襄平侯纪通，持节符圣旨接收北军；典客刘揭夺得吕禄南军，把将印交由周勃。

吕氏军权被夺，周太尉和陈丞相一股脑地将数百名吕氏反动派子弟统统一刀毙命。

临光侯吕媭被捕之后很不服气，嚣张异常，又哭又闹，可怜的她最后也只落了个被乱棍打死的结局。

那时燕王吕通已经赴燕国就任，周太尉派遣一名特使假称是遵帝命，迫使他自杀而亡。

而与吕氏关系密切的鲁王张偃则被削夺官爵，贬为庶人，成为草根平民。

这里补述一句，文帝即位之后，因念及张偃祖父张耳此前为大汉王朝立下过汗马功劳，就再封张偃为南宫侯。

吕氏集团就这样在一片暴风骤雨之后，彻底土崩瓦解，烟消云散。吕氏反动派虽然覆灭，但它的影响是深远的，不仅波及此后大汉王朝的发展，而且也给中国其他朝代的衍生进程产生了不可估量的影响。

㊉ 立新帝

消除了吕氏之患后，全国首要大事：选贤继位。

在满朝文武百官大臣一致商议和公推下，都认为代王刘恒是可拥立的贤君。理由有二。

一是高祖刘邦儿子中尚在人世的还有两王，代王刘恒就是其中之一，且代王刘恒又比较年长，性情又仁孝，是当之无愧的贤君。

二是代王刘恒的母家薄氏，一向宽厚贤淑，从来没有干涉参与国家政事，不存在后宫干政隐患，可以避免重蹈吕氏反动派专政的覆辙。上可以安刘氏基业，下可对黎民百姓。

可见，有一个好母家是多么重要。确立人选之后，以陈平、周勃为首的满朝文武大臣就开始着手往迎代王刘恒进京登基。

代王刘恒几历宫廷沉浮，素来谨慎有加，此次前往长安继位登基，其间曲曲折折地生出些意外和波折，这些都是无关大雅的细枝，在此就不多赘述。

代王刘恒顺利继承了汉朝基业，登基为一代帝王，世人称为汉文帝。

刘恒登基之后，陈丞相、周太尉为了斩草除根免除后患，连眼都没砸下，顺手就将少帝刘弘和惠帝因年幼还未前往封国的三个儿子（吕雉强行摊派给惠帝的，并非惠帝所生）：常山王刘朝、淮阳王刘武、梁王刘太统统绝了后患。

当然文帝对陈、周二位的此举也乐得置诸不问，真是一朝天子一朝臣，这朝不顾那朝人。

忙完登基国事，文帝开始忙家务事，尊母后薄氏为皇太后，并命舅舅车骑将军薄昭前往代国迎接薄皇太后入京同乐。

第二十八章

世人评述之无为而治

吕雉作为中国封建历史上三大最重要女性之一，有着特殊的历史地位和历史意义。吕雉的一生是传奇的一生，是极富喜剧色彩的一生，是敢为天下先的一生。

吕雉从一个普通富家女，历经人生艰辛坎坷，下嫁刘邦、两度入狱、充当密使、辅定朝纲，杀韩信、剁彭越、逼卢绾、平外交、弑刘氏、大分封、临朝听政、称制执政，所有的人生经历，无不书写了大汉王朝的历史辉煌轨迹。

吕雉头顶环绕了太多个"第一"的光环：中国第一个皇后、第一个起自平民的皇后、第一个两度入狱的皇后、第一个临朝听政的皇太后、第一个称制执政的皇太后、第一个两度废立少帝的皇太后、第一个分封女性为侯的皇太后，等等。

吕雉因为制造了惨绝人寰的"人彘"事件而臭名昭著，因残杀三任赵王而万夫所指；更因建筑"斗城"而民怨载道。

从公元前 195 年到公元前 180 年，吕雉实际掌权天下 15 年，其间有 8 年时间是以皇太后的身份临朝称制。正所谓"成也萧何，败也萧何"，吕家的命运与吕雉紧紧地连接在一起，吕家从一个相面之家，因吕雉身份的华丽转变，一跃成为权倾朝野的外戚派，也因吕雉香消玉玉殒，而遭遇万劫不复的灭族境地。

关于刘氏集团和吕氏集团的纷争前文已经讲过很多，不再过多评述。通观吕雉的一生，其前半生除了联合吕文为刘邦起事充当秘密使者，为刘邦争权夺位而舆论造势之外，出镜率非常低，但她的后半生则表现出了过人的政治手腕和独到政治眼光，其中细腻描述，极尽展示了她的阴暗、潮湿、阴险和歹毒。

对待异姓诸侯王，吕雉秉持着除恶务尽、刻薄寡恩、残忍无道；对待戚姬母子及后宫佳丽，吕雉肆意虐杀，令人发指，赤裸裸地展示近乎病态的嫉妒和深入骨髓的同态复仇式心理；对待刘氏宗室子弟，吕雉任意诛杀，妄加处置，其"家天下"思想贯穿始终。

通观吕雉后半生的所作所为，从道德层面看，她的许多行为无法让时人和今人坦然接受，既不像一个母亲，也不像个女性。

笔者时常想，历史若能假设命题。

从历史发展审视视角，吕雉的某些做法有她的一定道理，特别是在她身处权力巅峰之后，无论是时人还是世人，能否苛刻要求吕雉不虐杀戚姬母子呢？吕雉不这样做，她还有其他选择吗？

假设戚姬怂恿刘邦成功改易太子，等待吕雉的结果又会是怎样一个结果呢？假设戚姬作为皇太后临朝称制，吕雉、刘盈、刘氏家族、吕氏家族及曾经因反对改易太子而战斗过的大臣，他们会有什么样的结果呢？

在中国封建社会，无论是前庭争权抑或后宫争宠，无外乎为了权力为了利益。为此，统治阶级之间的残杀往往超过任何阶级之间的对弈。因此，我们不能用现今苛刻的眼光和道德标准去苛求吕雉当时的所为。

抛开前文所述的种种悲欢离合，吕氏覆灭也好，刘氏安固也罢，都只是大汉历史进程中的一页篇章。将吕雉的所作所为进行深层次剖析，吕雉的作为，都紧紧局限在上层社会，且时间短暂，对社会稳定、人民安康、经济发展、社会进步起了积极的推动促进作用，而这也正是笔者所最欣慰和欣赏的关键点。

这就要说到吕雉治国理政"无为而治"的理念。

吕雉执政大汉王朝15载，民心思治，她顺应民意，始终奉行"无为而治"，这自然与她起自市井民间，了解社会最底层人民疾苦，谨遵刘邦用人遗训有着莫大的关系。比如，吕雉在处理匈奴冒顿单于外交风波事件时，她表现出了惊人的大国外交风范，不为个人荣辱而至黎民百姓安危生死不顾，这一事件的处置，是吕雉"无为而治"执政理念最直接展现。

吕雉主政大汉王朝的15年中，矛盾冲突集中在最高统治集团内部，除了无道修筑"斗城"之外，对于广大穷困百姓而言是稳定、和谐、发展的15年，吕雉坚持正确的用人导向，适应了社会历史潮流，为后来的"文景之治"奠定了坚实的社会基础。

值得注意的是，吕雉对丞相人员的选定，萧何死后，她遵照刘邦的遗嘱先后任命曹参、陈平、王陵继任，虽然中间意外穿插了审食其为左丞相，但审食其在朝中行使的却是郎中令的职权，丞相职权则由陈平一人把持，这就在客观上保证了当时社会的安定和政局的平稳，有利于医治战争创伤，促进经济恢复。

特别是在曹参担任丞相的9年期间，在吕雉的首肯和支持下，完全推行的是"无为而治"路线，极大地稳定了社会民生，促进了经济发展，"萧何为法，讲若画一；曹参代之，守而毋失。载其清静，民以宁一"。

这并不是吕雉无意识遵照刘邦遗训的选择，而是她独到政治见解的判断取舍。

吕雉施行"无为而治"，一方面就如上面说言，按既定路线进行，不折腾不劳民；另一方面就是她坚持"依法治国"，以法治思维治理国家，是当今治世的有益经验尝试。

刘邦攻入咸阳城，当刘邦亲手接过子婴的传国玉玺之时，文臣武将都争先恐后地奔向皇宫库府，争抢金银珠宝，而伟大的萧何却直奔秦朝国家档案馆，首先封存秦朝的法律图书和财经档案。

大汉王朝建立之后，萧何就以秦朝的法律为底稿，制定了著名的汉律《九章律》。萧何所做的汉律在西汉前期就处于不断的变革更新之中，这个变革更新在惠帝时期便在积极酝酿，该汉律真正付诸实施，却是在吕雉称制执政之后，是吕雉"依法治国"路线的一大体现。

吕雉"依法治国"治国理政的一个鲜明政治特色就是发展经济、减轻刑法，比如允许私人开采山川林泽等经济资源、发展私营工商业、用赎刑代替肉刑和死刑，同时严格中央直辖郡县和各诸侯国之间的界限，严厉禁止中央直属郡县的经济资源流往诸侯国。

另外，明令废除秦朝实行的禁止百姓私藏图书的挟书律，散布不利于政治统治言论的妖言令，一人犯法则犯人的母亲一族、父亲一族、妻子一族连坐的三族罪等。

所有这些都说明，吕雉不仅忠实地继承了刘邦时代的治国思路，

第二十八章　世人评述之无为而治

吸取了秦朝灭亡的历史经验教训，与民休息，又能与时俱进，根据不断发展变化的现实，适时调整法律和政策，表现出吕雉过人的政治才干。